Peter W. Baumann

Der Alpensteinbock

der sachbuchverlag   ein unternehmen
www.ott-verlag.ch   der hep verlag ag

Peter W. Baumann
Der Alpensteinbock
Ein Leben über dem Abgrund
ISBN 978-3-7225-0096-6

Gestaltung, Layout: Design Desire, Suzanne Castelberg, Biel
Digitale Bildbearbeitung: Peter W. Baumann

Bibliografische Information der Deutschen Bibliothek:
Die Deutsche Bibliothek verzeichnet diese Publikation
in der Deutschen Nationalbibliografie; detaillierte
bibliografische Angaben sind im Internet unter
http://dnb.ddb.de abrufbar.

1. Auflage 2009
Alle Rechte vorbehalten © 2009 hep verlag ag, Bern

hep verlag ag
Brunngasse 36
CH-3011 Bern

www.ott-verlag.ch

Peter W. Baumann

Der Alpensteinbock
Ein Leben über dem Abgrund

Dank

Im Bestreben um sachlich richtige Angaben sind insbesondere Biologen aufgerufen, ihre Korrektur- und Verbesserungsvorschläge dem Autor mitzuteilen oder ein Exemplar ihrer Forschungsarbeiten zur Verfügung zu stellen. Ich danke herzlich folgenden Personen und Organisationen für ihre Unterstützung auf dem langen Weg zu diesem Buch:

Dr. Walter Abderhalden (ARINASenvironment, Zernez)
Elisabeth Aebischer-Bhend (Zweisimmen), Raymond Andrey (Cerniat)
Walter Anselmi (Valdisotto/I), Barbara Baumann (Burgdorf)
Hans Burkhalter (Zweisimmen), Andrea Conrad (Müstair GR)
Gian Cla Feuerstein (Samedan), Arno Fliri (Valchava)
Famiglia Emil e Anita Fliri (Valchava), Ruedi Fuchs (Wildhüter, Brienz), PD Dr. Marco Giacometti (Stampa)
Vreni Glaus (Steffisburg), Michael Gloor (Goldswil/Interlaken), Dr. Gunther Gressmann (Matrei, A)
Dipl. Ing. Graf Carl Anton Goëss Sarau (Frohnleiten/A), Jon Gross (Wildhüter, Tschierv)
Laila Gürtler Furer (Ringoldswil/Thun), Prof. Dr. Günther B. Hartl (Universität Kiel)
Peter Hunziker (Zweisimmen), Christiane Imstepf-Ruchet (Torgon)
Prof. Dr. Paul Ingold (Kirchlindach), Jean-Claude Jaccard (Lausanne)
Albin Kehrli (Wengen), Prof. Dr. Lukas Keller (Universität Zürich), Maria Kohler (Moosseedorf)
Ruth, Hans, Jakob Ludi (Rossinière), Famille Toni et Sonia Ludi (Les Granges), Dr. Peter Lüps (Schlosswil)
Ludmilla Martignoni (Gruyères), Carlo Occhi (Valdisotto/I), Dr. Jan Ryser (Langnau BE), Rosmarie Schmocker (Zweisimmen), Jost Schneider (St. Gallen)
Louis Sugnaux (Billens), Lucie Tissot (Cerniat), Cand. Dr. Christian Willisch (Täsch), Rudolf Wyss (Spiez)
Dr. Thomas Zimmerli (Zweisimmen), Dr. Fridolin Zimmermann (Spiegel bei Bern)
Dr. Peter Zingg (Unterseen), Rolf Zumbrunnen (Wildhüter, Gstaad)
Alle, die bei den Wiederaussetzungen mithalfen
Parc Naziunal Svizzer (Prof. Dr. Heinrich Haller, Dr. Flurin Filli, Fadri Bott, Alfons à Porta, Reto Strimer)
Conservation de la faune Vaud, St. Sulpice (Daniel Ruchet†, Marcel Cathélaz, Jean-Claude Roch,
Emile et Irène Gander, Dr. Gilbert Matthey, Dr. Cornélis Neet, Dr. Sébastien Sachot)
Amt für Wald, Wild und Fischerei des Kantons Freiburg,
Givisiez (Paul Ducry†, Alexandre Chappalley, Louis Jaggi†, Paul Demierre)
Amt für Jagd und Fischerei des Kantons Graubünden (AJF),
Chur (Dr. Georg Brosi, Hannes Jenny, Wildhüter Erwin Eggenberger Filisur)
Waldabteilung 1, Oberland Ost, Interlaken (Förster Ralf Schai, Oberförster Rudolf Zumstein)
Jagdinspektorat des Kantons Bern, Münsingen (Martin Zuber, Wildhüter Kurt Schweizer Lauterbrunnen)
Tierpark Dählhölzli Bern (Dr. Marc Rosset, Bernhard Rufener), Pro Natura (Dr. Urs Tester, José Collaud, Laudo Albrecht)
Centre Suisse de Cartographie de la Faune, Neuchâtel (Dr. Simon Capt)
Naturhistorisches Museum Bern (Beatrice Blöchlinger, Rosmarie Althaus, Youna Zahn)
Bundesamt für Umwelt (BAFU) Sektion Jagd und Wildtiere (Edy Holenweg, Sabine Herzog)
Ufficio della caccia e della pesca Ticino, Bellinzona (Marco Salvioni)
Jagdverwaltung Appenzell Innerrhoden, Appenzell (Alfred Moser)
Dienststelle für Jagd, Fischerei und Wildtiere Wallis, Sion (Urs Zimmermann, Peter Scheibler)
Amt für Wald, Natur und Landschaft FL, Vaduz (Dr. Felix Näscher, Wh. Wolfgang Kersting)
Amt für Wald und Raumentwicklung OW, Sarnen (Peter Lienert, Cornelia Bucher)
Amt für Justiz NW, Abteilung Jagd, Stans (Kurt Antener, Wh. Hubert Käslin, Wh. Hans Hug)
Amt für Natur, Jagd und Fischerei SZ, Schwyz (Claudine Winter, Wh. Pius Reichlin)
Amt für Jagd und Fischerei GL, Glarus (Dr. Christoph Jäggi)
Amt für Forst und Jagd UR, Altdorf (Josef Walker)
Amt für Jagd und Fischerei SG, St. Gallen (Markus Brülisauer)
Service de la faune, des forêts et de la nature NE, Neuchâtel (Arthur Fiechter)
Abteilung Fischerei und Jagd LU, Luzern (Josef Muggli, Dr. Otto Holzgang)
Jagdverwaltung AR, Trogen (Willi Moesch)

Lotteriefonds des Kantons Bern

Vorwort

Eine Eisenplastik von Louis Sugnaux aus Billens FR war mein erster freilebender Steinbock. Schon von weitem erblickte ich ihn auf einem Felsblock. Voller Aufregung fasste ich mein Fernglas, bestaunte die langen, schön geschwungenen Hörner. Dann folgte die masslose Enttäuschung – er war nicht «echt»! Er war nicht der, für den ich im Alter von 20 Jahren eine Tour in «meine» Voralpen unternommen hatte. Ich verzieh dem begabten Künstler und bekam nach steilem Aufstieg doch noch meine ersten echten freilebenden Steinböcke zu Gesicht.

Es sollte 27 Jahre dauern, bis ich wieder beim Steinbock von Louis Sugnaux vorbeikam. Diesmal habe ich die echten Steinböcke Steinböcke sein lassen; ich richtete meine Kamera auf den falschen Steinbock: für dieses Buch, für meine Erinnerung, für meinen Rückblick auf ein wundervolles Wildtier, für eine Zusammenfassung von Tausenden von Steinbockstunden. Aber auch im Andenken an Daniel Ruchet, einen herzensguten Steinbockprofi, der über den blutjungen Steinbocknarr mit seinem Alljahreszeitenschlafsack und seine damaligen Kletterkünste staunte, und der ihn unterstützte, wo er nur konnte.

Der zweite Teil des Titels («ein Leben über dem Abgrund») zeigt auf, wie gut der Alpensteinbock sein Leben als «Tierart» in schwierigstem Gelände und unter anspruchsvollsten Winterbedingungen heute wieder meistert. Über dem Abgrund kommt er zur Welt, im Fels lebt er sein halbes Leben, und wenn die Zeit für das einzelne Tier gekommen ist, verabschiedet es sich der Schwerkraft folgend fast unbemerkt von den andern über dem Abgrund.

Es möge das vierfüssige Erbe Vittorio Emanuele II. auch kommenden Generationen Lebensinhalt und Freude bereiten! Dank dem ersten italienischen König entging der Alpensteinbock, anders als in den Nachbarländern, in Italien dem Todesschicksal. Welch unermesslicher Verlust für Europa, welche Schande, wenn die Ausrottung des Alpensteinbockes endgültig gewesen wäre – ein ideeller Verlust, aber auch ein materieller Verlust für den Tourismus und die Fotoindustrie. Es hat wenig gefehlt um 1820 herum, und alle Alpensteinböcke wären im Abgrund versunken.

Ein Fisch grüsst alle Steinböcke, alle «Steinböckinnen», alle übrigen Steinbockinteressierten und wünscht frohe Stunden mit seinem Buch.

Peter W. Baumann, Zweisimmen

Inhaltsverzeichnis

Der Überblick	Verwandte, Verbreitung, Lebensraum, Lebensweise, Ernährung, Forschungslücken, Irrtümer, Literaturempfehlungen	10
Das Fluchtverhalten	und Sinnesleistungen, Lautäusserungen. Verhalten gegenüber Menschen, Fluggeräten und Feinden	36
Die Rudel	Gründe zur Rudelbildung, Rudeltypen, Rudelgrösse, Zusammenhalt, Koordination, Unterschiede zwischen den Geschlechtern	50
Die Geburtszeit	Verhalten vor und nach der Geburt, Geburtsplatzwahl (auch eine falsche), Geburt (wahrscheinlich nachts), Geburtstermin, Geburtsgewicht, Zwillingshäufigkeit, Geschlechterverhältnis bei der Geburt, eine Kitzentführung	64
Das Kitzjahr	Die ersten Lebenstage, die Nachwuchsrate, das Spiel, die Kitzsterblichkeit, Unterschiede im Wuchs, saugende Jährlinge	78
Die Hörner	und was mit dem Alter zusammenhängt. Wachstum, Form, Gewicht, Höchstalter, Alterszusammensetzung, Altersbestimmung (Bock/Geiss), Trophäenwilderei, Alterskontrolle dank Zahnwechselkenntnissen?	90
Die Rangordnung	und persönliches Kennen. Die Ausmarchungsmöglichkeiten zu zweit, das Rangordnungssystem der Böcke/Geissen, lebensgefährliche Auseinandersetzungen, der «Rang» zu anderen Tierarten	112
Die Wanderungen	und die Anziehungskraft von Salz. Art und Gründe der Wanderungen, Wanderdistanzen, Unterschiede zwischen den Geschlechtern	128
Die Paarungszeit	Zur Rudelzusammensetzung, die Rolle von Duftstoffen, Paarungstermin, Geschlechtsreife, Werbe- und Paarungsverhalten, wieso sieht man selten Paarungen? Sind auch Jungböcke erfolgreich? Konkurrenz der Böcke bis zur Selbstgefährdung	140
Der Winter	und der Tod durch Unfälle und Krankheiten. Der Winterlebensraum, Körpergewichtsverläufe, Steinadler und Füchse profitieren, das Geschlechterverhältnis als Indikator für die Winterhärte?	152
Die Steinwildjagd	und Landwirtschaftsschäden, Schutzwaldprobleme, Hornen und Verbiss. Politisches, Biologisches, die Euterbeurteilung, der Ablauf, Jagdethisches	168
Die Steinbockgeschichte	und heutige Erbgutprobleme sowie Zukunftsperspektiven. Ausrottung, Ausrottungsgründe, Rettung in Italien, Wiederaussetzungen (mit gewilderten Kitzen)	186
Die Kolonien	Tabellen mit Aussetzungen und Bestandeszahlen	206
Die Literaturübersicht	Zitierte und weiterführende Literatur	215
Das Stichwortverzeichnis		229

Der Überblick

Bei «Böcken» denkt man an männliche Vierbeiner. Im Artnamen «Alpensteinbock» dagegen sind die «Böckinnen», die Steingeissen, mitgemeint. Die deutsche Bezeichnung Alpensteinbock ist also nicht nur «unmodern», sondern auch missverständlich. Jäger verwenden gerne den geschlechtsneutralen Ausdruck «Steinwild».

Die steile, lawinengefährdete Wahlheimat der Weibchen (Steingeissen) gibt nach Schneefall das Gras jeweils bald wieder frei und ermöglicht normalerweise ein gutes Überstehen des Winters. Wandernde Männchen (Böcke) dagegen geraten mit ihrem hohen Körpergewicht ausserhalb ihres Lebensraumes im Tiefschnee öfter in Schwierigkeiten und gefährden ihr Leben. Böcke ab etwa sechs Jahren entwickeln im Winterfell einen gut sichtbaren, aber kurzen Kinnbart, an dem Talgdrüsensekrete aus den Haarwurzeln haften.

• Verwandtschaftliches

Normalerweise fasst man Lebewesen als Arten zusammen, die miteinander unter natürlichen Verhältnissen fruchtbare Nachkommen erzielen, und gibt ihnen einen zweiteiligen lateinischen Namen. Zumindest in Gefangenschaft haben alle Steinböcke und Ziegen miteinander zeugungsfähige Mischlinge. Auch die einheitliche Zahl von 60 Chromosomen (2n=60) im Erbgut jeder Körperzelle spricht nicht gegen die Einteilung in eine einzige Art. Hingegen besiedeln verschiedene Steinböcke und Ziegen weitgehend getrennte Areale und lassen sich äusserlich unterscheiden. Indessen vermochte trotz auffälliger Unterschiede in den Hornformen der Männchen niemand die verwandtschaftlichen Beziehungen gültig festzulegen (vgl. ZINGG). Erst genetische Untersuchungen ermöglichen eine allmähliche Klärung und sorgen für riesige Überraschungen:

Der Alpensteinbock, Capra ibex (Linné 1758), und der Iberische Steinbock gehören zur gleichen Art – lediglich eine Differenzierung als Unterarten ist gerechtfertigt (HARTL 1992, MANCEAU 1999)! Man tut dies durch Anfügen eines dritten lateinischen Namens. Im vorliegenden Buch reden wir hauptsächlich von der Unterart Alpensteinbock (Capra ibex ibex). In Frankreich und Deutschland (CRAMPE & CREGUT-BONNOURE, TOEPFER) gibt es Fundspuren von drei vorhistorischen Steinbockformen verschiedener Zeitepochen. Unter Berücksichtigung dieser Fakten und weil Alpensteinbock und Iberischer Steinbock nicht verschiedene Arten sind, muss wahrscheinlich die Steinbock-Geschichte umgeschrieben werden: In Westeuropa fand nach MANCEAU (vor ca. 350'000 Jahren) lediglich eine einzige Steinbock-Einwanderung statt und nicht noch eine zweite (vor ca. 80'000 Jahren).

Im Alpenraum leben heute etwa 45'000 Alpensteinböcke (Capra ibex ibex): knapp 15'000 in der Schweiz (inklusive Liechtenstein), fast ebenso viele in Italien, 7000 in Frankreich, fast 7000 in Österreich und je knapp 500 in Slowenien und Deutschland. In Spanien gibt es in 13(?) Vorkommen gut 10'000 Iberische Steinböcke (Capra ibex pyrenaica), welchen man ursprünglich eigenen Artstatus zudachte und sie in vier Unterarten gliederte. Von diesen starb eine bereits gegen 1892 aus und eine weitere (in den Pyrenäen) nach langem Abwärtstrend im Jahr 2000 (WYRWOLL). Die beiden überlebenden «Unterarten» (hispanica bzw. victoriae) scheinen allerdings nur die Stellung von Rassen zu haben (HARTL 1992, SHACKLETON).

Die übrigen Steinböcke (bzw. Ziegen) sind unter sich und mit dem Alpensteinbock weniger nah verwandt als gedacht; so dass sich ohne die Hausziege acht «Capra»-Arten unterscheiden lassen (siehe Verbreitungskarten). Mit «Capra» bezeichnen Biologen die Gattung aller Ziegen und Steinböcke. Verbliebene Abgrenzungsschwierigkeiten gehen auf Vermischungen in Berührungszonen zurück – insbesondere mit der Bezoarziege, der wichtigsten (aber wohl nicht einzigen) Stammlinie der Hausziege (MANCEAU, HASSANIN/LUIKART, MANNEN). Genetisch noch nicht untersucht ist der Walia Steinbock. Ob bisherige Unterarten der Bezoarziege, der Schraubenziege und des Sibirischen Steinbockes ihre Gültigkeit verlieren, bedarf weiterer Abklärungen. Fraglich bleibt, ob der Sibirische Steinbock zur Gattung Capra gehört oder unter anderem Gattungsnamen näher bei den Tahren einzuordnen wäre (vgl. HASSANIN, MANCEAU).

Zieht man den Verwandtschaftskreis über die Capra-Gattung hinaus – bei der Gattungsgruppe der Ziegen (Tribus Caprini) – gehören die Tahre (Hemitragus) sowie das Blauschaf (Pseudois nayaur) und voraussichtlich auch der Mähnenspringer (Ammotragus lervia) dazu. Entsprechend müsste man das Blauschaf zur Blauziege umtaufen. Ziegen und Schafe unterscheiden sich genetisch deutlich, sie wurden schon immer getrennt, obwohl man bisher beide der Gattungsgruppe der Ziegen zugerechnet hat und sich eigentlich eine neue Gattungsgruppe «Ovini» für die Schafe aufdrängt (vgl. HASSANIN, GRUBB).

Bei der Einteilung in eine übergeordnete Unterfamilie der Ziegenartigen (Caprinae) ist Vorsicht angebracht, bis alle Hornträger genetisch aufgearbeitet sind. Alle erwähnten Arten und Gruppen gehören zur Familie der Hornträger (Bovidae), zur Unterordnung der Wiederkäuer (Ruminantia), zur Ordnung Paarhufer (Artiodactila) und natürlich zur Klasse der Säugetiere (Mammalia).

• Der Lebensraum

Die Überwinterungsgebiete der Geissen liegen idealerweise über der Waldgrenze (etwa zwischen 1900 und 2500 Metern ü.M.) in ausgedehnten, 40 bis 45° steilen Südhängen mit hohem Rasenanteil. Naturgemäss weisen in west-östlicher Richtung verlaufende Bergzüge die meisten Südhänge auf. Der Winterlebensraum der Geissen kann vom Sommerlebensraum mehr oder weniger weit entfernt liegen – oder eine kleine bis grosse Zone des Sommerlebensraumes ausmachen (vgl. ABDERHALDEN 2005). Böcke bevorzugen nach der Paarungszeit weniger steile Winterlebensräume und unterbieten den genannten Höhenbereich nicht selten um 500 Meter oder übertreffen ihn im Sommer und Herbst um 500 bis 700 Meter. STEINBORN erwähnt sogar einen Steinbock auf 4300 Metern ü.M. am Matterhorn. Die höchsten Lagen dienen allerdings nur zum Ausweichen vor der Hitze und nicht zur Ernährung.

Männchen (Böcke) (links) erkennt man am leichtesten an knotenartigen Verdickungen auf den Hörnern. Diese fehlen bei den Weibchen (Geissen) (rechts). Ohne Übung empfiehlt es sich, bei jungen Böcken auf die äusseren Geschlechtsmerkmale zu achten. Wasserlassen wird man selten beobachten. Einzelheiten zum Hornwachstum finden sich im Kapitel Hörner.
Geissen kommen ab fünf Jahren auf herbstliche Maximalgewichte von 50 bis 65 Kilos. Böcke erreichen zwar bereits ab 2½ Jahren fast Geissengewichte und legen bis 7½ Jahre jährlich etwa acht Kilos zu, aber ihr Maximalgewicht von 100 bis 115 Kilos erzielen sie erst mit 10 bis 11 Jahren (vgl. Kapitel Winter). Die maximale Schulterhöhe liegt für Geissen bei 80 Zentimetern, für Böcke bei 95 Zentimetern, und die maximale Körperlänge beträgt gemessen vom Maul über Kopf, Hals und Rücken bis zur Schwanzspitze 135 Zentimeter (120 bis 150), bzw. 160 Zentimeter (120 bis 185)(vgl. GIACOMETTI & RATTI 2003a). Der bisherige Altersrekord für Geissen im Freiland steht angeblich bei 24 Jahren, derjenige für Böcke bei 20 Jahren. Aber Geissen erreichen selten 17 Jahre und Böcke selten 14 bis 16 Jahre (vgl. Kapitel Hörner).

Für Geisskitze (weibliche Jungtiere)(Bildmitte) sind Herbstgewichte von 15 bis 17 Kilos und für Bockkitze 17 bis 19 Kilos zu erwarten. (Bockkitze haben noch keine Knoten an den Hörnern.) Die Schulterhöhe beträgt etwa 55 Zentimeter und die Körperlänge rund 100 Zentimeter. Zum durchschnittlich erreichten Alter gibt es keine breit abgestützten Untersuchungen. Ich schätze, dass knapp 20 Prozent der Kitze kurz nach der Geburt sterben und im Durchschnitt weniger als 40 Prozent der geborenen Kitze den ersten Winter überstehen. Aber wenn ein Kitz das erste Lebensjahr hinter sich hat, könnte sich seine Lebenserwartung je nach Geschlecht auf 9 bis 12 Jahre oder mehr erhöhen. Böcke erreichen die Geschlechtsreife mit 1½ bis 2½ (bis evtl. 3½) Jahren, Geissen im Freiland in der Regel mit 2½ bis 3½ Jahren – im Zoo und in rasch wachsenden Populationen an klimatisch begünstigten Orten meistens schon mit 1½ Jahren. Danach bekommen Geissen bis im Alter von ca. 13 Jahren fast alljährlich ein Kitz (oder ganz selten Zwillinge) (Kapitel Paarungszeit/Kitzjahr).

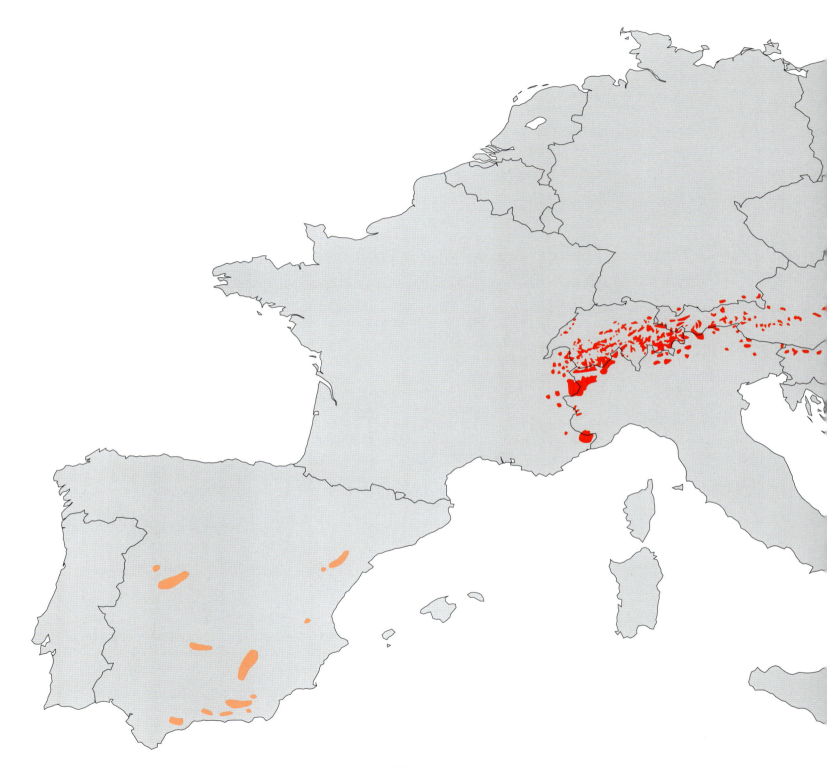

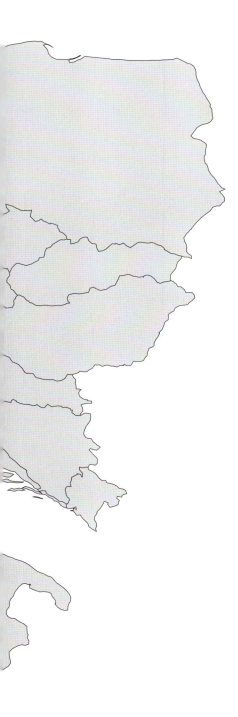

Verbreitungskarten

Die Karten und Bestandeszahlen stützen sich auf SHACKLETON bzw. für die Schweiz auf das CSCF und BAFU (beide 2008). Die Einteilung der Arten basiert auf MANCEAU und HASSANIN. Die Hausziege (Capra hircus) lässt sich nicht einzeichnen. Mit ihrem jetzt bestätigten Art-Rang (vgl. HASSANIN) hatten viele Forscher Mühe. Eine Zusammenstellung der erfolgreichen Aussetzungen von Alpensteinböcken finden Sie im Anhang (Seiten 206–214).

Die Verbreitung der westeuropäischen Steinbock-Unterarten von Capra ibex

Alpensteinbock (Capra ibex ibex)	ca. 45'000 ibex
Iberien-Steinbock (Capra ibex pyrenaica)	ca. 10'000 pyrenaica

Die Verbreitung der südöstlichen Ziegen und Steinböcke (Capra sp.)

Art	Bestand
Bezoarziege (Capra aegagrus)[1]	ca. 220'000 aegagrus
Nubischer Steinbock (Capra nubiana)[1]	ca. 1'500 nubiana
Walia Steinbock (oder Abessinischer Steinbock)(Capra walie)[1]*	ca. 500 walie
Schraubenziege (oder Markhor) (Capra falconeri)[1]	ca. 5'000 falconeri
Ostkaukasischer Steinbock (Dagestan Tur)(Capra cylindricornis)	ca. 25'000 cylindricornis
Westkaukasischer Steinbock (oder Kuban Tur) (Capra caucasica)[1]	ca. 10'000 caucasica
Sibirischer Steinbock(?) (Capra? sibirica)**	ca. 250'000 sibirica

* Der Art-Status des Walia Steinbockes ist genetisch noch nicht überprüft.
** Der Sibirische Steinbock steht evtl. den Tahren näher als den Steinböcken.
[1] Diese Arten oder einzelne Formen («Vorkommen») davon sind gefährdet.

Folgende Doppelseite: In den Voralpen sucht Steinwild im Sommer bei Tagesanbruch gratnah die wärmenden Strahlen der Sonne und weicht später der Hitze an Schattenplätzchen aus. Es weidet jedoch abends und nachts gerne tiefer unten.

Im Sommer werden gutwüchsige Rasen, manchmal mit Hochstaudenfluren, und mindestens in den Voralpen auch Gratlagen und Nordhänge als Lebensraum gewählt. In mehr als 10 Prozent der Populationen, z. B. am Mont Pleureur (CH) oder in Valdieri (I), soll zumindest ein Teil der Böcke ganzjährig den Wald für sich beanspruchen (CHOISY 1990, GAUTHIER 1994a).

Die Streifgebiete von Böcken sind im Engadin annähernd doppelt so gross wie die Streifgebiete von Geissen und Sommereinstände etwa dreimal grösser als Wintereinstände. ABDERHALDEN (2005) nennt 1,14 Quadratkilometer für sieben Geissen und 1,96 für acht Böcke im Winter. Im Sommer sind es 3,87 und 5,12 Quadratkilometer (Kernel-Methode mit besenderten Tieren von unterschiedlichem Alter). Über Jahre gesehen war die Gebietstreue von Geissen ausgeprägter als jene von Böcken. Zählungen des Amtes für Jagd und Fischerei des Kantons Graubünden ergaben in den Jahren 1981 bis 1990 im Unter- und Oberengadin je nach Jahreszeit 9 bis 29 und 13 bis 44 Tiere pro Quadratkilometer (GIACOMETTI 2002). Auch daraus lassen sich im Sommer dreimal grössere Nutzgebiete vermuten als im Winter (vgl. PARRINI, TERRIER, PEDROTTI, MICHALLET 1994).

Obwohl man in der Schweiz Steinböcke nur punktuell in die Freiheit setzte, kommen sie in geeigneten Lebensräumen heute fast flächendeckend vor. Beispielsweise bevölkern Steinböcke die ca. 100 Kilometer messende rechte Talseite des Wallis bzw. die linke Talseite des Engadins wieder zusammenhängend (HAUSSER). Italienische Steinböcke haben von sich aus Teile Frankreichs wiederbesiedelt (CHOISY 1990). Jedenfalls lassen sich die ursprünglichen Orte mit Aussetzungstieren (Kolonien) nicht mehr überall sauber trennen. Aber isolierte Einzelberge («Inseln») sind für Aussetzungen schlecht geeignet, Steinböcke durchqueren Haupttäler mit breiter Talsohle ungern. BATTAGLIA beschreibt eine Ausnahme im Gebiet Speer/Churfirsten – allerdings nur für Böcke (vgl. RUHLÉ 1994/1995). In den Hautes-Alpes (F) haben ausgesetzte Tiere ein Tal mit Nationalstrasse durchquert, um sich in der heutigen Population Cerces niederzulassen (CHOISY 1990).

Links: Steil, felsig und karg sind wohl die richtigen Bezeichnungen für die Lebensraum-Südflanke dieses Bockes – wenn nicht sogar für den typischen Steinwildbiotop. Karg bedeutet zwar keineswegs das Fehlen von Pflanzen, aber die Dominanz oft zäher Gräser, von denen sich andere Wildtiere auf Dauer nicht ernähren könnten.

Rechts: In den zentralen Alpen mit vielen 3000er- und 4000er-Gipfeln reichen die Ausweichmanöver vor der Hitze (vorwiegend der Böcke) zwar höher hinauf, aber meistens nicht weit über den Vegetationsgürtel hinaus, schliesslich müssen die Tiere gegen Abend zur Nahrungsaufnahme meist wieder abwärts steigen.

Oben links: Dieses Kitz vom Vorjahr scheint förmlich im Fels zu kleben. Lediglich die Kanten der felszugewandten Hufschalen haben Kontakt zur Steinunterlage. Aus solchen Momentbildern überschätzt man die Kletterfähigkeiten von Steinböcken und unterschätzt diejenigen der Gämse. Steinwild ist sich der vielfältigen Gefahren im Fels «bewusst» und zeigt entsprechende Anpassungen: Rangtiefe Individuen müssen selten vor ranghöheren ausweichen und werden kaum schikaniert. In der Paarungszeit lassen die eigentlich ranghöheren Böcke den Geissen den Vortritt.

Rechts: Wie ein Pingpongball sollen Steinböcke Felsspalten von einer auf die andere Seite hochfedern können. Bewiesen hat man solche Zickzacksprünge aber nur abwärts und nicht im blanken Fels – unter Umständen, wo auch andere Tierarten eine ebenbürtige Leistung hinkriegen ...

Unten links: Während ältere Steinkitze wohl seltener im Körperkontakt mit ihrer Mutter liegen als erwartet, kann man öfter ältere Tiere ruhen sehen, deren hintere Körperpartien sich berühren. Aber ein Zusammenfinden im «Viererpaket» wie auf dem Bild ist selbst beim Steinwild aussergewöhnlich. Dass es sich oben um die Mutter und unten um Kitze aus verschiedenen Jahren handelt, wäre von der Alterszusammensetzung der Gruppe her möglich.

• Zur Lebensweise

Selbstverständlich hätte man den Namen «Felsenziege» (rupicapra) als wissenschaftliche (lateinische) Bezeichnung dem Steinbock geben müssen und nicht der Gämse. Steinböcke verbringen mehr Zeit ihres Lebens im Fels. Zudem sind Gämsen keine echten Ziegen wie die Steinböcke. Die Kletterfähigkeiten des Steinbockes sind legendär und sollen die Möglichkeiten der Gämse weit übertreffen. Das hingegen zeigt sich im Lebensalltag der Tiere nicht. Im Herbst 1985 «verkletterten» sich in den Churfirsten nebst einer Gämse auch eine Steingeiss und ein junger Steinbock auf einem Felsband, das als «Mäusefalle» für Wild bekannt war. Bei der Rettungsaktion im Dezember befreite sich die ängstliche Gämse mit einem Riesensprung ohne menschliche Hilfe, während das Steinwild sich erst mehrere Tage nach der Installation eines Holzstegs weggetraute (BATTAGLIA). Verschiedentlich bemüht wurde GIRTANNERs phantasievolle Beschreibung des «Doublepas» von 1878. Steinböcke sollen in einem Felskamin vierfüssig von einer Seite auf die andere abfedernd das Hindernis dank Pingpongeffekt aufwärts überwinden können. Nur hat man den Doublepas bisher lediglich abwärts, mit zwei bis drei Zickzacksprüngen, beobachtet – oder im Spiel als Dreieckssprung (vgl. SCHRÖDER 1979). Auf Bäume kletternde Alpensteinböcke scheint einzig BURCKHARDT (wiederholt) nachgewiesen zu haben, jedoch klettern verschiedene Wildziegen zur Nutzung von Laub auf Bäume.

Sozialkontakte mit Körperberührung beschränken sich beim Steinwild weitgehend auf wenige Situationen wie die Mutter-Kind-Beziehung, Kitze im Spiel, Rangverhalten, gegenseitiges Tränensekret-Lecken, teilweise beim Liegen oder bei der Paarung. Speziell in der Paarungszeit fällt Alpensteinwild durch ausgesprochen starre, aus wenigen Elementen bestehende Verhaltensabläufe auf. In einem Rudel passen Tiere mit ähnlichen Bedürfnissen und ähnlichem Verhalten am besten zusammen. NEUHAUS & RUCKSTUHL bzw. RUCKSTUHL & NEUHAUS untersuchten Zeitbudgets für verschiedene Aktivitäten von unterschiedlichen Alters- und Geschlechterklassen und trugen so zur Klärung der Rudelbildungsmechanismen bei (Kapitel Rudel). Steinböcke sind ausgesprochene Gruppentiere. Jedenfalls gibt es beim Steinwild längerfristig kaum allein lebende Böcke. Ausserhalb der Paarungszeit gilt als Gruppierungsprinzip die Aufteilung der Geschlechter. Aber bereits diese Aussage beschreibt die tatsächlichen Verhältnisse nur ungenau. Die enge Bindung zwischen Jungtieren und ihren Müttern dauert knapp ein Jahr. Alljährlicher Nachwuchs ist die Regel. Es scheint aber Orte zu geben, wo Geissen nur jedes zweite Jahr erfolgreich ein Kitz aufzuziehen vermögen (COUTURIER 1962, TOÏGO 2002a). Andererseits treten ab und zu Zwillingskitze auf. Kitze bekommen bis im Dezember, teilweise sogar bis im Februar, Milch. Das Ende regelmässiger Fortpflanzung liegt bei ca. 13 Jahren (GIACOMETTI & RATTI 1994). Ab diesem Alter dürfte sich die Sterblichkeit der Geissen zumindest gebietsweise erhöhen.

Mit Beginn stabiler Schönwetterperioden im Sommer bevorzugen Böcke während der heissesten Tageszeit zum Ruhen kühlere und höhere Regionen. Auf der Suche nach der «richtigen» Umgebungstemperatur einerseits und geeigneten Ernährungsbedingen andererseits absolvieren grössere Bockgruppen saisonale und tageszeitliche Wanderungen. LÜPS (1983) und ABDERHALDEN (2005) heben hervor, dass dies für Geissen weniger ausgeprägt gilt. Abderhalden diskutiert die Bedeutung, sich in möglichst idealen Temperaturbereichen aufzuhalten, um Energie zu sparen, und führt die Unterschiede zwischen den Geschlechtern auf die verhältnismässig geringere Wärmeabfluss-Oberfläche der grossen Böcke zurück – auf eine physikalisch-biologische Gesetzmässigkeit. NIEVERGELT (1966a) zitiert aus SCHAFFER, wonach Böcke und Geissen keine (aktiven?) Schweissdrüsen besitzen. Indessen kostet Schwitzen viel Energie, so dass selbst schwitzende Steinböcke gezwungen sein könnten, die Hitze zu meiden (Abderhalden, brieflich). Für die Temperaturregulation ebenfalls eine Rolle spielt der spezielle Fellwechsel ohne Ausbildung eines Sommerfells (siehe Bildtexte).

Insbesondere die Böcke nehmen während der Vegetationszeit bei warmem Wetter die Nahrungssuche erst gegen Abend auf. Dazu kehren sie nach Hitzetagen oft in gut begrünte Hänge tiefer unten zurück. Die Nahrungsaufnahme kann bis tief in die Nacht andauern, und am nächsten Morgen tauchen die Tiere nicht lange nach den ersten Sonnenstrahlen schon wieder an ihren hochgelegenen Siestaplätzen auf – diesmal zum Wärme-Auftanken! Im Vorsommer ist Steinwild morgens aktiver und bei bedecktem oder regnerischem Wetter ähnlich wie im Winter fast den ganzen Tag auf den Beinen. Allerdings verzögern im Winter am Morgen manchmal tiefe Temperaturen den Aufbruch (DAENZER). Grundsätzlich liegen die Aktivitätsschwerpunkte morgens und abends. Jedoch ist der Steinbock nicht ganz so eindeutig das Tagtier, als das er gerne dargestellt wird (GEORGII). Längere Nachtaktivität tritt mit Sicherheit an Hitzetagen auf (RAUCH), aber auch in der Paarungszeit, z.B. ein paar Stunden nach Einbruch der Dunkelheit oder gelegentlich sogar um Mitternacht herum – dies lässt sich beim Übernachten in der Nähe der Tiere an Steinfall, Hornfechtgeräuschen und Pfiffen feststellen. COUTURIER (1962) nimmt ohne Überprüfung an, dass Kitze in gleichen Zeitabständen wie tagsüber auch nachts Milch bekommen. Im Übrigen hängt Nachtaktivität wohl weniger vom Mondlicht als von hohen Temperaturen tagsüber ab.

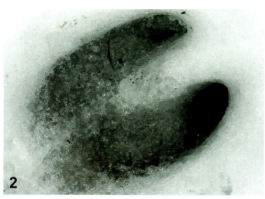

1 Spätestens Anfang Juni beginnt die Winterwolle aus dem Winterfell hell auszuflocken. An geeigneten Stellen, z.B. Erdabbrüchen oder Baumstämmen, reiben die Tiere ihre Flanken und helfen auf diese Weise etwas nach. Wolle eines toten Schafes überdauert in der Natur etwa doppelt so lange wie Haare eines toten Steinbocks: Steinbockhaare enthalten mehr Lufteinschlüsse, isolieren aber aus diesem Grund besser gegen Kälte.

2 Beim Steinwild fällt es schwer, das typische Trittsiegel zu beschreiben. Was wir in Spurenbildern sehen, sind in der Regel nur Hinterhufabdrucke. Diese können im Sommer sehr spitz auslaufen und bei alten Böcken gegen 9 Zentimeter lang sein. Im Winter (im Fels) aber ist die Abnutzung sehr stark und die Einsinktiefe im Schnee zu gross, weshalb ein wildschweinähnliches, vorne abgerundetes Bild entsteht wie abgedruckt. Wildschweinen fehlt allerdings im Gegensatz zum Steinbock die Spreizfähigkeit der Hufschalen.

4 Bei einem täglichen Nahrungsumsatz bis 15 Kilos sind Steinböcke mit ihren Ausscheidungen für europäische Verhältnisse ökologische Schwergewichte. Wenn man weiss, dass sie im Sommer weiter unten zu fressen pflegen, ihre Mistballen aber hoch oben in Flachzonen deponieren, ist dort langfristig ein Einfluss als Bodenverbesserer nicht auszuschliessen. Im Winter dagegen folgt die Steinbocklosung der Schwerkraft.

5 Im Winter ist die Losung trocken-bohnenförmig und sammelt sich bisweilen unübersehbar auf der Schneedecke unter steilen Wänden. Die Form ist rundlich bis länglich, die Grösse vergleichbar mit grossen Fingernägeln einer erwachsenen Person.

6 Vom Geruch weither angezogen interessieren sich Dungfliegen und Mistkäfer selbst hoch oben für die sommerlichen Fladen von Steinwild und Schafen. Sie saugen stickstoffhaltige Nährstoffe auf und besorgen die Eiablage für ihren Nachwuchs, der die Substanz rasch schwinden lässt. Die Gelbe Dungfliege (Scatophaga stercoraria) paart sich direkt an solchen Treffpunkten.

7 Immer wieder wird Steinwild als Auslöser von Erosionsvorgängen vermutet (vgl. DRISCOLL, BUCHLI & ABDERHALDEN 1999). Tatsächlich ist Steinschlag bei seiner Fortbewegung im Fels ein ständiger Begleiter – man bekommt die Tiere wegen losgetretener Steine oft früher zu hören als zu sehen. Erosion vollzieht sich aber durch Gefrier- und Auftauvorgänge mit 10 Prozent Volumenveränderungen so oder so (vgl. BRANDT, KRÜSI) und trägt zur ökologischen Vielfalt für Insekten und Pflanzen bei. Kitze spielen gerne auf bestehenden vegetationslosen Flächen wie hier. Solche Flächen entstehen manchmal durch spezielle Ausaperungsverhältnisse bei der Schneeschmelze.

8 Die beiden bis 25 Millimeter grossen Aorta-Knöchelchen («Herz-Kreuzerl») waren möglicherweise mitverantwortlich für die Ausrottung des Steinbockes hauptsächlich in Österreich. Viele Städter glaubten an eine Kraftübertragung von Körperteilen des bewunderten, schwindelfreien Bergtieres auf den Menschen. Nach KNOTEK sollen unter 15 bis 20 erlegten Tieren nur 2 bis 3 Herzkreuzchen gefunden werden, nach COUTURIER (1962) in jedem Tier zwei. Hunderte Jahre zurück diente aber alles Wild letztlich wohl der mausarmen Bergbevölkerung zur eigenen Ernährung. (vgl. Kapitel Steinbockgeschichte, Ausrottungsgründe). (Abbildung aus COUTURIER 1962, verändert.)

3 An diesem Hinterhuf einer jungen Steingeiss heben sich im Herbst hell die harten, abgenutzten Hufschalenränder von den dunklen, elastischen Hufsohlen ab. Im Gegensatz zu den meisten Huftieren ist beim Steinwild der hintere Sohlenballen nicht von den Hufschalen umrandet, woraus man voreilig auf die besten Kletterfähigkeiten schloss. Dabei hat die Gämse im Ballenbereich weiche Schalen, welche ihren Besitzer ähnlich felstauglich machen. Steinwild-Vorderhufe laufen vorne weniger weit aus als die Hinterhufe.

• Die Ernährung

Böcke könnten theoretisch gegen 20 Liter Nahrungsvolumen auf eimal aufnehmen, aber man findet selten mehr als fünf bis sieben Kilos (Liter) (KOFLER 1981) (vgl. COUTURIER 1962). BURTHEY schätzte in einem Freilandexperiment, wohl bei Böcken, die Tagesration im Mai auf 15 Kilos. Dies entspricht den Berechnungsbeispielen von BUBENIK, der zudem im Winter (für 65 Kilos schweres Steinwild) den täglichen Bedarf mit 6,9 bis 8,6 Kilos angibt – oder unter Abbau der Fett- und Gewebereserven mit 4,4 bis 5,5 Kilos. Die Darmlänge beträgt bei Böcken 24 bis 33 Meter (COUTURIER 1962), bei einer Geiss 21,9 Meter, und der Blinddarm misst 60 Zentimeter (BUBENIK). Die meisten Nährstoffe sollen allerdings direkt aus dem Pansenmagen aufgenommen werden.

Links: Steinwild verbringt den Winter auf rasch ausapernden Südseiten. Auf dem Bild sehen wir am Hang mit den Böcken wenig Schnee, während die Nordflanke auf gleicher Höhe im Hintergrund noch im tiefen Winter steckt. Im Sommer steigen die Tiere höher und begeben sich zumindest in den Voralpen auch gerne in Nordhänge.

Rechts: Steinböcke sind ausgesprochene Gruppentiere. Aber nach der Paarungszeit ziehen sich alte und mittelalte Böcke einzeln oder grüppchenweise aus den Geissenrudeln zurück und schliessen sich erst nach und nach wieder zusammen. Diese Böcke wichen Ende Juni am Morgen bei gutem Wetter vor der Hitze auf den Grat aus. Am Nachmittag entwickelte sich eine Gewitterfront mit kühlendem Nebel und belebte die Tiere vorzeitig, was typisch ist und den Einfluss der Temperatur auf das Aktivitätsmuster zeigt.

Im Vergleich zur Gämse nutzt Steinwild eine schlechtere Nahrungsqualität effizienter und wirtschaftet obendrein mindestens 1 bis 3½ (?) Stunden mehr «Freizeit» heraus. Ein 18 Monate alter Bock war während 10½ von 24 Stunden aktiv (GEORGII). Dank grossem Magen kommt der Steinbock für die Nahrungsaufnahme mit ein bis zwei Hauptäsungsperioden pro Tag aus (vgl. HINDENLANG & NIEVERGELT, SCHAERER, DAENZER). In diesen Zeitabschnitten widmen sich fast alle Tiere der Nahrungsaufnahme. Die Angabe von Äsungsperioden bezieht sich auf Durchschnittswerte vieler Tiere, während das Einzeltier Ruhephasen mehrmals unterbrechen kann: Steingeissen mit Kitz schieben im Sommer beim Ruheplatzwechsel gerne zusätzliche kurze Nahrungsaufnahmen dazwischen.

Über die ausgewählten Nahrungspflanzen gibt es beim Steinbock nur wenige Angaben, die sich zudem stark auf (kalkarme) Silikatböden beziehen und kaum unterscheiden zwischen den wahrscheinlich selektiver fressenden kleineren Geissen und den grossen Böcken. Steinböcke nehmen wie mit einer Handsichel heraus, was andere Wildtiere erst fressen, wenn keine grosse Auswahl mehr bleibt: faserreiche, eiweissarme Gräser (TATARUCH & ONDERSCHEKA). Im Winter würde man weitgehend dürre Gräser erwarten; KLANSEK fand aber in 70 Mägen vom 15. November bis am 14. April (1983 bis ca. 1994) im Durchschnitt 12,7

Prozent frischgrünes Gras, was mit der starken Winterbesonnung von Steilhängen zu tun haben dürfte. Vergleichbare weitere Untersuchungen fehlen allerdings. Steinböcke bevorzugen nach TEN HOUTE DE LANGE die Gräser in Höhenlagen um 2000 Meter ü.M. gegenüber denjenigen in 2500 Metern aus der Krumm-Seggen-Zone. Trotzdem bewirken die energiearmen, dürren Wintergräser bis im Vorsommer einen aufgeblasenen Bauch, «Heubauch» genannt (GIACOMETTI & RATTI 2003a), und das Gewicht reduziert sich enorm (vgl. Kapitel Winter). Beides sind deutliche Zeichen der Entbehrungen vom Winter, wenn die schlechte Grasqualität mit mehr Fressen wettgemacht werden muss. Noch aber versteckt sich die starke Gewichtsabnahme im dichten Winterhaar, und man lässt sich vom Heubauch täuschen. Der Umstieg vom dürren Spätwintergras aufs frische Grün scheint erst zu erfolgen, wenn die neue Farbe nicht mehr zu übersehen ist (TEN HOUTE DE LANGE) – die Mindesthöhe zur Nutzung einer Pflanze muss zwei Zentimeter übersteigen (LEONI). Der langsame Wechsel vom Wintergras auf die eiweissreichere Sommernahrung bewahrt den Steinbock vor lebensgefährlichen Magen-Umstellungsproblemen anderer Wildtiere. Im Sommer fallen oft in «Schneetälchen» «botanisierende» Geissen auf. Die Nahrungsaufnahme der Geissen dort kann lange dauern, aber die dabei gewonnenen eiweissreichen Kräuter sollen mengenmässig nur wenige Prozente ausmachen (KLANSEK); ebenso beim «Beliebtheitsrenner» im Geröll des Albrisgebietes, dem Schildblättrigen Ampfer (Rumex scutatus) (TEN HOUTE DE LANGE). Steinböcke greifen ihre Pflanzen nahe über dem Boden und verschlingen sie ganz. Sie bewegen sich auf der Nahrungssuche ständig vorwärts (Schrittrate bei NEUHAUS & RUCKSTUHL, TOÏGO 1999a) und hinterlassen anders als Hausschafe oder Rothirsche nicht kahle Flächen nach Rasenmäherart. Somit erreichen Steinböcke unter normalen Verhältnissen nicht Dichten (bzw. Zahlen), die für die Vegetation ökologisch bedenklich sind. KRÜSI kam für das Wild im Schweizerischen Nationalpark allgemein zu diesem Schluss, weil die Weiden im Sommer theoretisch 11'000 bis 25'000 Hirsche ernähren könnten und es nur 1500 bis 2200 hat – und weil die Artenzahl der Pflanzen auf den stark beweideten Rasen seit 1917 oder 1947 zunahm. HOLZGANG hat im Park den Graskonsum der Tiere im Vergleich mit abgezäunten Flächen ermittelt. Demnach blieben im Sommer 1996 64 Prozent der produzierten Trockensubstanz (von insgesamt 2723 Tonnen) ungenutzt. Den Nahrungsbedarf für die Nationalpark-Steinböcke veranschlagt er in der gleichen Zeit nur auf 1,4 Prozent (39 Tonnen). Hirsche beanspruchen 16 Prozent, Gämsen 7 Prozent, Murmeltiere 2½ Prozent, Feldmäuse 2 Prozent (vgl. auch ZIMMERMANN, HEMMI). Selbst die Heuschrecken sind mit 1 Prozent Konsum noch ähnlich bedeutend wie die Steinböcke. Holzgang stellt allerdings diesen Befunden eine ungünstigere Variante mit stärkerem Konsum (oder wetterbedingt wenig «Ertrag») gegenüber, wo im Sommer lediglich 24 Prozent der auf 1996 bezogenen Pflanzenproduktion nicht gefressen würden.

Beliebte Steinwild-Gräser sind Roter, Violetter und Niedriger Schwingel (Festuca), Blaugras, Haar- und Felsen-Straussgras (Agrostis), Alpen-Ruchgras (Anthoxanthum), Alpen-Rispengras (Poa) – im Winter auch Horst-Segge und Krumm-Segge. Seltener fressen Steinböcke (ob Geissen und Böcke?) z.B. auch Krautpflanzen wie Alpen-Pestwurz, Alpen-Kratzdistel, Halbkugelige Rapunzel, Alpen-Wegerich, Alpenmargerite, Grossblütiges Sonnenröschen oder Moschus-Schafgarbe (alle Pflanzenangaben vor allem nach TEN HOUTE DE LANGE). Der Anteil von Zwergsträuchern kann im Winter auf fast 10 Prozent steigen (KLANSEK), speziell Zwerg-Wacholder, spärlicher die Kleinblättrige Moorbeere.

Auffällige Grössenunterschiede zwischen Männchen und Weibchen (siehe Bildtexte) gehen fast zwangsläufig einher mit voneinander abweichenden Ernährungsansprüchen. Grosse Körper (wie die älteren Böcke) sind sehr kälteresistent und können die zugeführte Nahrung im gut entwickelten Verdauungssystem besser ausnutzen als die kleineren Geissen. Aber Böcke müssen trotzdem mehr Nahrungsenergie aufnehmen als Geissen ausserhalb der Säugezeit – ihr Grundbedarf liegt höher. Ältere Böcke haben zwei Möglichkeiten: Sie können entweder mehr fressen oder Pflanzen von besserer Qualität suchen. In der Regel ist eine Auslese der Pflanzen für grosse Tiere zu zeitaufwändig. Bei den älteren Böcken mehren sich aber die Anzeichen für eine «mittlere» Strategie: sie ziehen grossräumig den für sie geeigneten Vegetationsflächen nach (vgl. Kapitel Wanderungen). Damit stellen sie nicht immer nur mengenmässig, sondern zeitweise auch bezüglich der Qualität der Nahrung höhere Ansprüche als Geissen! Wider Erwarten wenden ältere Böcke zur Nahrungsaufnahme im Sommer tagsüber weniger Zeit auf als Geissen und Jungböcke (NEUHAUS & RUCKSTUHL), im Frühling etwa gleich viel (TOÏGO 1999a). ALADOS (1986a) belegt für ältere Iberische Steinbockmännchen im Winter und in der Paarungszeit (am Tag) leicht kürzere Aktivitätszeiten als bei Geissen oder Jungtieren. SCHAERER gab als Erster Anhaltspunkte, wonach einjährige männliche Alpensteinböcke im Sommer tagsüber 1¼ Stunden länger fressen als sechsjährige. Somit fragt sich, wann ältere Böcke im Vergleich zum übrigen Steinwild mehr fressen – im Sommer bei Schlechtwetter und nachts, oder im Herbst? – oder wie läuft es sonst? NEUHAUS & RUCKSTUHL (2002) beobachteten bei Böcken ab vier Jahren eine geringere(!) Bissrate (Bisse pro Zeiteinheit) als bei Geissen, was GROSS bereits 1995 in Fütterungsversuchen mit Nubischen Steinböcken beschrieb. GROSS (1995) konnte nachweisen, dass Böcke (mit ihrem leicht grösseren Maul) in gleicher Zeit trotzdem fast doppelt so viel Nahrung aufnehmen wie Geissen. Es ist anzunehmen, dass dies auch beim Alpensteinbock und für Gras an Stelle von Heu zutrifft. Leider fehlen für den Alpensteinbock Zeitbudgets zum Wiederkäuen. GROSS führt für seine Nubischen Steinböcke bei Böcken 9½ Stunden und bei Geissen 8½ Stunden täglichen Zeitbedarf fürs Wiederkäuen auf. Es handelt sich dabei aber um Beobachtungen mit verfüttertem Heu, die an der obersten Grenze des Bekannten liegen. Die Zeit zum Wiederkäuen hängt auch davon ab, ob ein Steinbock bereits bei der Nahrungsaufnahme viel Aufwand zum Vorkauen betreibt oder nicht. Die Nahrungsaufnahme selbst dauerte nur 3⅛ bzw. 2⅝ Stunden. In den Fütterungsversuchen von GROSS (1996) blieb gefressenes Heu mindestens 24 bis 36 Stunden in Magen und Darm. Geissen des Nubischen Steinbocks mit Kitzen fressen wegen des höheren Energiebedarfs zur Milchproduktion mehr, behalten die Nahrung länger im Verdauungstrakt und käuen gründlicher wieder – damit verhalten sie sich ähnlich wie die wesentlich grösseren Männchen, aber anders als Geissen ohne Kitz.

• Irrtümer

Können Steinbockpopulationen ab einer bestimmten Obergrenze der jährlichen Niederschläge nicht mehr gedeihen? Diese Frage füllte über Jahrzehnte viel Papier (VON ELSNER-SCHACK und viele andere), während «totgesagte» Kolonien blühten und falsche Messwerte kursierten. Zudem schneiden ausgerechnet das Gran Paradiso-Gebiet und die Piz Albris-Kolonie mit (korrekt gemessen) ca. 1560 Millimetern jährlichem Niederschlag nicht sehr gut ab, und in den französischen Voralpen sind es sogar über 2000 Millimeter. Wesentlich ist jedoch kaum der Gesamtwert der jährlichen Niederschläge, sondern das Winterhalbjahr mit der aufsummierten Schneehöhe (CHOISY 1990+1994, GRESSMANN 2000). Möglicherweise noch mehr Druckerschwärze benötigt haben all die unterschiedlichen Ansichten und Spekulationen über die Verwandtschaftsbeziehungen der Steinböcke und Ziegen. Ganz abgeschlossen ist diese Diskussion auch jetzt noch nicht, offizielle Beschlüsse fehlen. Das vorliegende Buch ist meines Wissens das erste, welches die neuen Erkenntnisse aus verschiedenen Quellen in den Alltag zu bringen versucht. MEILE hat im 2003 diesen Schritt nicht gewagt, ebenso wenig NIEVERGELT im gleichen Jahr.

COUTURIER (1962) war dezidiert der Meinung, Steingeissen hätten einen einzigen Eisprung (seien also nicht poly-östrisch). Es dauerte lange, bis man sich vom Gegenteil überzeugt hatte (Kapitel Paarungszeit). Der gleiche Autor glaubte, Steingeissen hätten mehrheitlich nur alle zwei Jahre ein Kitz, was statistisch betrachtet im Herbst mancherorts zutrifft, aber bezogen auf die einzelne Geiss trotzdem falsch und längstens widerlegt ist – am deutlichsten durch GIRARD (1998). Meines Erachtens sollte im Weitern der Fellwechsel kontrolliert werden – Kitze haben,

entgegen bisheriger Ansicht (seit Couturier?), nämlich einen echten Herbstfellwechsel (vgl. Bildteil). Neu überprüfen sollte man zudem alle vorhandenen oder fehlenden Drüsen – auch die Schweissdrüsen, die für die einen fehlen, für die andern aber vorhanden sind. Über Drüsen bestehen selbst in der neueren Literatur Widersprüche. Man zieht Drüsen zur Klärung verwandtschaftlicher Beziehungen bei, teilweise ohne breit abgestützte Befunde zu besitzen. COUTURIER (1962) erwähnt, dass er an den Klauen keine Drüsen fand. Nach NIEVERGELT & ZINGG fehlen zwar Zwischenklauensäckchen, es sind aber im Klauenspalt der Vorderfüsse Hautdrüsen vorhanden. GEYER vertritt diese Version für alle Füsse von Hausziegen. Bisher verneinte man Leistendrüsen, während GEYER solche für die Hausziege neuerdings eher bejaht und gleich noch weitere Drüsenfelder hinter und zwischen den Hörnern, am Kinnbart und am Brustbein beschreibt, welche man bisher für den Steinbock nie in Betracht zog! Während praktisch alle Autoren allgemein von Schwanzdrüsen sprechen, sollen für HEPTNER & NAUMOV sowie NIEVERGELT & ZINGG nur die Böcke Schwanzdrüsen besitzen. GEYER hält fest, dass diese Drüsen bei Ziegenböcken zwar besonders ausgeprägt, bei den Weibchen aber ebenfalls nachweisbar sind. Dies dürfte auch beim Steinwild zutreffen, weil sonst weiblichen Kitzen der Individualduft fehlen würde, bzw. müsste man für beide Geschlechter Analdrüsen annehmen. Nicht einig ist man sich, welche Drüsen den Geschlechtsgeruch der Böcke bewirken. Offenbar wird viel abgeschrieben, ohne selber den Geruchstest zu machen – ich habe ihn gemacht (Kapitel Paarungszeit). Im Übrigen müsste man nach meinem Dafürhalten (vom «Markierverhalten» her beurteilt) beim Steinwild Drüsen nicht primär hinter, sondern zwischen, oder sogar vor den Hörnern erwarten (Kapitel Jagd, Waldschäden – hornen).
COUTURIER (1962) stützt sich sehr oft auf Aussagen ehemaliger Wächter im italienischen Nationalpark Gran Paradiso, die auszugsweise auch hier erwähnt sind. Leider besteht der Verdacht, dass diese Parkwächterangaben teilweise erfunden oder aus überlieferten Vorstellungen konstruiert sind: Wenn Parkwächter reihenweise gesehen haben wollen, wie Steinadler selbst älteste Böcke in den Abgrund stürzten (Seite 1181f) oder 25 Geissen hintereinander von zwei verschiedenen Böcken begattet worden sind (bei insgesamt 57 Paarungsbeobachtungen an 31 verschiedenen Tagen (Seiten 1023 und 1043), dann leidet die Glaubwürdigkeit der Aussagen oder sogar des Textautors. Zur Lebensweise war in der Zeit von Couturier das Wissen dürftig. Angaben zum Verhalten bleiben beliebig unverbindlich oder sogar gegensätzlich. Couturiers «Hauptzeuge», der damalige Chefparkwächter Felice Eduardo Berthod, soll vorher im Park über 200 Steinböcke gewildert haben (Seiten 1265 und 1304). Wie seriös sind die Angaben von beobachteten Drillingskitzen (Seite 1056), von zwei Kilos schweren Magenkugeln (Seite 172)? Wieso werden die Horndaten eines 22-jährigen Zoobockes mitberücksichtigt,

der darüber hinaus vermutlich nicht reinerbig war? Couturier will ausserhalb Italiens die Hörner je eines 20-, 19- und 18-jährigen Bockes aus dem Gran Paradiso persönlich ausgemessen haben. Seine Lebensjahr-Deklarationen müssen aber immer um ein Jahr auf die im deutschen Sprachraum übliche Altersjahr-Norm (Anzahl Geburtstage) zurückgestutzt werden. (Häufig wird dieser Unterschied gar nicht bemerkt und führt zu unkorrekten Zitaten und Verwirrung.) Ausserdem bestehen generelle Zweifel an seinen Altersangaben, nachdem sich das Alter des Bockes auf Seite 149 als um zwei Jahre überhöht herausstellte (NIEVERGELT 1966a: «irrtümlich als ... anschrieb»). Beispielsweise fällt es schwer, einen Bock mit beidseitig nur 9 bis 10 ausschliesslich grossen Knoten, einer Hornlänge von 63 Zentimetern und durchschnittlichem Aussehen als 12-jährigen zu akzeptieren (Seite 359, Mitte). Meistens handelt es sich in einem solchen Fall um einen 5½-Jährigen. Im Alter überschätzt sieht auf der gleichen Seite auch die untere der Trophäen mit weiss eingezeichneten Jahrringen aus.

Oben: Der abgebildete Bock würgt eine neue Nahrungsportion aus seinem Pansenmagen zum Wiederkäuen ins Maul hoch, was sich am Hals als Verdickung zeigt. Steinwild benötigt viel Zeit zum Wiederkäuen. Ältere Böcke zerreiben auf ihren Zähnen im gleichen Zeitabschnitt gut 50 Prozent mehr Nahrung als Geissen (GROSS 1995), benötigen aber zum täglichen Wiederkäuen für die aufgenommene Mehrmenge insgesamt etwas länger als Geissen (vgl. im Lauftext). Auch bei der Nahrungsaufnahme fressen Böcke mit weniger Bissen mehr als Geissen.

Oben links: Steinwild scheint nach allgemeiner Darstellung seit COUTURIER (1962) im Herbst keinen echten Fellwechsel (mit ausfallenden Sommerhaaren) zu durchlaufen. Diese bisherige Ansicht trifft indessen für Kitze nicht zu: Gegen Ende Juli wechseln Kitze ihr Sommerfell Richtung Winterkleid. Sie verlieren zuerst am Kopf und an den Beinen ihre leicht gekräuselten, hellen Sommerhaare und ersetzen sie durch glatte, dunklere Winterhaare. Auf dem Bild ist der Wechsel im Bereich der Nase abgeschlossen, während die Stirne noch von Sommerhaaren besetzt ist. Kitze mit vollzogenem Fellwechsel sind auf den Seiten 89 rechts und 97 zu sehen.

Unten links: Spätestens Anfang Juni flockt die Winterwolle hell aus dem Fell aus. Dann reiben sich die Tiere die Wollhaare vom Körper (Bild). Im Juli (bis Anfang August) lösen sich manchmal flächenhaft nach und nach die übrigen Winterhaare, die zunehmend ausbleichen. Diese langen Winterhaare scheinen direkt durch neue, sommerlich kurze Winterhaare ersetzt zu werden (vgl. Diagramm bei WEBER, Seite 22). Somit tragen Tiere ab einem Alter von einem Jahr streng beurteilt nie ein Sommerfell. Der Fellwechsel erfordert viel Eiweiss und ist daher auch eine Frage des sparsamen Umganges mit den verfügbaren Körperreserven.

Mitte: Wo die Hörner nicht hinkommen zum Kratzen, hilft ein Hinterbein weiter. Fellpflege ist vor allem während des monatelangen Fellwechsels im Juni und Juli angesagt. Öfter sah ich auch ein paar Meter weit auf dem Hinterteil dahinrutschende Tiere – aber vielleicht geht es dann eher um Hämorrhoiden als um etwas anderes ...

Rechts: Jüngere Böcke und Geissen sind im Winter hell gefärbt – mit schwärzlicher Zeichnung an den Beinen und zwischen Bauch und Flanken (vgl. Bildtexte Kapitel Hörner). Ab sechs bis acht Jahren wird das Winterfell der Böcke dunkelbraun, belässt aber eine helle Halskrause und die schmutzigweisse Bauchpartie. Bei den abgebildeten älteren Böcken ist es Ende Oktober nahezu voll ausgebildet. Das Winterfell eines Bockes ist fast überall 3 bis 4 Zentimeter dick, im Nacken sogar über 5 Zentimeter.

Oben: Geissenrudel verlegen im Sommer ihre Ruheplätze tagsüber entsprechend dem Temperaturverlauf mehrfach. Am Morgen bleiben sie oft in den Nordhängen, lassen sich aber gratnah von den ersten Sonnenstrahlen aufwärmen. Später (wie auf dem Bild zu sehen) geht es darum, windige oder vor der Sonne geschützte, schattige Plätzchen zu finden.

Forschungslücken

An lebendem Steinwild (biologisch) ist erst in den letzten Jahren viel geforscht worden. Zur Verständigung in der Biologie über Landesgrenzen hinweg ist die Sprache der Forschenden allmählich englisch geworden. Etwa ab 1980 überwachte man Steinböcke mit Ohrmarken oder Sendern individuell. Neuerdings hält modernste Computertechnik Einzug, welche neben dem exakten Aufenthaltsort eines Tieres auch dessen Aktivität, Körpertemperatur und Puls übermittelt. Claudio Signer will mit diesen Daten für seine Doktorarbeit in der Albriskolonie beispielsweise herausfinden, ob Steinböcke im Winter nachts ihren Stoffwechsel markant herunterfahren wie mittlerweile beim Hirsch nachgewiesen (Jenny brieflich, AJF Chur: VONOW). Vielleicht lassen sich so auch Einblicke gewinnen, wie sehr die Brunft die Böcke beansprucht. Bereits publiziert sind Körpergewichtsreihen freilebender Steinböcke an einer Salzlecke (BASSANO 1996) oder fotografische Hornvermessungen freilebender Steinböcke (BERGERON 2006). Sofern auf diese Weise genügend Daten (und nicht nur technische Probeläufe) zu neuen Aspekten zusammenkommen, gehen wir spannenden Zeiten entgegen. Jedenfalls blieben beim Steinbock bis heute grössere Bereiche seines Lebens, seiner Ökologie und damit seiner Biologie lückenhaft oder völlig offen. Ich vermochte nicht eine einzige Arbeit über die Säugeperiode, das Saugverhalten, die Milchzusammensetzung, die Rangordnung im Freiland oder andere Lautäusserungen als das Brunftmeckern der Böcke aufzufinden. Auch über die Fortpflanzung der Geissen sind die Angaben spärlich. Von besonderem Interesse wäre die «Fortpflanzungsgeschichte» einzelner Geissen oder verschiedener Altersstufen unterschiedlicher Populationen (vgl. GIRARD 1998, BUCHLI & ABDERHALDEN 1997). Prüfenswert wäre, ob vor allem junge Geissen ihre Kitze verlieren oder Geissen im besten Alter (TOÏGO 2002a). Unklar bleiben die Gründe für von mir festgestellte grosse Wachstumsdifferenzen bei Kitzen im Alter ab ca. sieben Wochen (Kapitel Kitzjahr). Ich vermute hauptsächlich unterschiedliche Milchmengen der Mütter – ein Faktor, den man bisher beim Steinwild kaum in Betracht zog. Nachtaktivität ist mittlerweile verbreitet festgestellt, aber noch kaum systematisch untersucht worden. Zum Zeitaufwand für die Nahrungsaufnahme besteht unter anderem deswegen kein abgerundetes Bild. Unbekannt ist selbst der Zeitbedarf zum Wiederkäuen. Klar dokumentiert sind geschlechterspezifische Temperatur-Wohlfühlbereiche – nicht aber die Unterschiede in den Ernährungsgewohnheiten der beiden Geschlechter. In ökologischer Hinsicht ist unsicher, ob Böcke den höheren Energiebedarf im Vergleich zu Geissen wirklich mit mehr Fressen wettmachen oder nicht doch auch durch eine bessere Grasqualität. Im Kanton Graubünden möchte man den Ursachen für den rätselhaften Erschöpfungstod vieler Böcke «mittleren» Alters auf die Spur kommen. Die Existenz eigenständiger Jungbockrudel fand bisher wenig Beachtung in der Forschung, ebenso die Wechselbewegungen vom einen ins andere Rudel. Im Übrigen wären vermehrte Datenvergleiche zwischen verschiedenen Steinwild-«Kolonien» sinnvoll. Erstaunlich wenig publiziertes Wissen existiert bisher über die Alterszusammensetzung und die durchschnittliche Lebenserwartung in verschiedenen Kolonien («Lebenstafeln») – dieses wäre aber aus Wildhüterdaten heute wenigstens ansatzweise vorhanden. Das Gewicht für Vergleiche von Hörnern hat ausser Couturier noch niemand genutzt. Früher mussten in der Schweiz die Finder toter Tiere die Hörner abtreten, woraus viele Fundverheimlichungen resultierten und die Forschung an Hörnern behinderten (vgl. Kapitel Hörner). Selbst im liberalen und forschungsaktiven Kanton Graubünden kennt man offiziell beim Steinwild nur eine jährliche natürliche Sterbequote von 2 bis 8 Prozent (oder durchschnittlich 3,6 Prozent). Nach GIACOMETTI & RATTI (2003c) liessen sich im Albrisgebiet nur rund ein Viertel der errechneten Todesfälle tatsächlich feststellen. Auf der anderen Seite existieren heute in der Schweiz nicht überall überprüfte Altersbestimmungen und nachgeführte Adresskarteien der Finder von Steinbockhörnern. Das bisherige «Wissen» zum Paarungsablauf auf Ebene der Population basiert eher auf gut überlegter Theorie als auf Fakten im Feld. Die Weibchen sollen den ranghöchsten Bock «wählen». In Wahrheit blieb aber offen, ob überhaupt die Wahl (oder Ablehnung) eines bestimmten Bockes stattfindet. Das Thema ist jetzt auf genetischer Basis in Bearbeitung – zu solchen Untersuchungen können heute sogar Kotproben beitragen. Vielleicht lässt sich gleichzeitig auch etwas über die Gründe zum Schwanz-Hochklappen der Böcke in der Paarungszeit herausfinden. KURT & HARTL haben aus der Literatur auch über die Gattung der Steinböcke und Ziegen ein Inventar der wichtigsten Verhaltensweisen der Böcke zusammengetragen – ein Ethogramm. Dieser Versuch, alte Daten aus der Pionierzeit der Verhaltensforschung auf den heutigen internationalen Standard zu bringen, sollte aber für die einzelnen Arten bzw. für den Alpensteinbock unternommen werden (vgl. FACOETTI, AESCHBACHER 1978, ALADOS 1984 und 1986b sowie Kapitel Rangordnung/Paarungszeit/Stichwortverzeichnis).

Zur Steinbockliteratur allgemein

Bis Ende 1991 sollen sich nach TOMICZEK 300 bis 400 Publikationen dem Steinbock hauptsächlich in jagdlicher Hinsicht gewidmet haben. Ich führe im Literaturverzeichnis über 600 Publikationen auf. Pionierarbeiten entstanden 1962 (COUTURIER), 1966 (NIEVERGELT) und 1978 (AESCHBACHER). Viele historische Angaben im Kapitel Steinbockgeschichte sind den beiden Arbeiten von BÄCHLER (1917/18 und 1935) entnommen. Diese Publikationen entpuppten sich als wahre Fundgruben für die Ausrottungs- und die erste Wiedereinbürgerungsgeschichte des Steinwildes in der Schweiz. AUSSERER (1946) ist gewissermassen der Bächler Österreichs. Beide bieten seriöse Hinweise auf die älteste Literatur, die heute nur noch selten konsultiert wird. Für Geschichtsrückblicke ähnlich wichtig waren auch das Standardwerk von COUTURIER (1962) mit riesiger Literaturliste sowie GIACOMETTI (2006), dessen Autorenteam neue Blickwinkel öffnet – nicht zu vergessen selbstverständlich die Artmonografie von MEILE (2003), aber ebenso der thematisch aufgebaute, etwas Frankreich-zentrierte wissenschaftliche Überblick von GAUTHIER (1991). Empfehlenswert sind zusätzlich die überzeichneten ökologischen Überlegungen von CHOISY (1990), die mit allem im Widerspruch zu stehen scheinen, letztlich aber eine gute Ergänzung zum Gewohnten, zu wenig Reflektierten bilden.

Rechts: Eigentlich billigen Magenuntersuchungen toter Tiere dem Steinwild fast nur Gräser zu; diese sind weniger eiweissreich als Krautpflanzen. In der Praxis halten sich Steingeissen allerdings fast täglich auch in lange schneebedeckter Vegetation oder in Hochstaudenfluren auf und bedienen sich mit Pestwurzblättern, so wie hier Anfang August. Nur die Kitze fressen mit sieben bis acht Wochen immer noch fast nichts und spielen, während die Geissen für gute Milch sorgen. Steinwild erreicht sein Höchstgewicht Ende Oktober oder Anfang November (COUTURIER 1962, vgl. LÜPS 2007). Dies erstaunt, wenn man sich das zunehmend austrocknende Gras vor Augen hält. Möglicherweise profitieren die Tiere zu dieser Zeit in gewissen Jahren noch stärker von der Hochstaudenflur-Vegetation, als gemeinhin vermutet. Schneit es hingegen früh, baut sich nach meinen Beobachtungen die verwertbare Pflanzensubstanz rasch ab.

Das Fluchtverhalten

Wurde der Steinbock ausgerottet, weil er zu wenig scheu war? Haben Wildtiere scheu zu sein? Warum flüchten «zahme» Steinböcke vor Gleitschirmen in Panik durch die Felsen? Können Steinböcke Menschen oder Hunde angreifen? Die Auslegeordnung zum Fluchtverhalten, zu den Lautäusserungen (Pfiffen), zum Wahrnehmungsvermögen und im Umgang mit Feinden beantwortet nicht alle Fragen.

Steinböcke haben ausgezeichnete Augen, die ihnen fast einen Rundumblick gewähren und eine grosse Zone mit räumlichem (Stereo)Sehen ermöglichen. Auch bewegungslose Menschen entgehen auf kürzere Distanzen kaum der Entdeckung. Seit dem Einsetzen der Bejagung gibt es Orte, wo die Tiere zu flüchten beginnen, wenn der Jäger weit unten aus seinem Wagen steigt! Eine solche Flucht führt aufwärts – bei Gleitschirmen dagegen flüchten die Tiere meistens abwärts bis in die untersten Bereiche z.B. des Paarungslebensraumes.

• Die Reaktion auf Menschen

Wer freilebende Steinböcke überhaupt aus eigener Anschauung kennt, ist vermutlich geprägt von einem Bergbahnerlebnis und vom Bild träger, knapp neben dem Wanderweg ruhender Böcke. Im Volksmund und in Zeitungen und Zeitschriften hat der Steinbock den Ruf, «zahm» zu sein. Für Böcke in touristisch stark genutzten Gebieten mag das stimmen. Aber Geissen mit kleinen Kitzen sind enorm scheu (vgl. TOÏGO 1999a, COUTURIER 1962). Erst im Laufe des Sommers legen sie an stark begangenen Orten ihre Ängstlichkeit ab. Genau genommen werden aber nur die Geissen zutraulicher, während ihre Kitze sehr viel misstrauischer bleiben. Für gute Beobachter ist rasch eine Altersabhängigkeit im Aufmerksamkeitsverhalten erkennbar: Sogar in Bockrudeln reagieren junge Tiere wesentlich schreckhafter auf Menschen als mittelalte oder alte (vgl. KRÄMER & AESCHBACHER, SCHÜTZ 1995). Eine geringe Fluchtdistanz ist also sozusagen «erlernt», schliesslich dienen Böcke vielerorts fast täglich als Fotoobjekte.

Es gibt vereinzelt Grate, wo ruhende Böcke den Wanderweg nur zögernd vor Menschen räumen. Dann taucht in Diskussionen schnell mal die Frage auf, ob ein Bock jemanden angreifen könnte. Es ist aber bisher im Freiland, abgesehen von einem zahmen Aussetzungstier aus dem Wildpark (RAUCH), kein Fall eines Steinbockangriffes auf Personen bekannt. Mischlingsböcke Steinbock/Ziege aus menschlicher Obhut dagegen führten öfter zu Problemen. Im Tierpark Bern sind Bernhard Rufener keine Angriffe von Steinböcken bekannt. Aber der Tierpfleger schränkt ein, dass seine Tiere alles andere als (hand)zahm sind. Wildhüter denken beim Fang von Steinböcken immer an die Gefahr von Hornstössen: AESCHBACHER (1978) und COUTURIER (1962) bezeichnen den beidseitig ausholenden «Sichelschlag» der Böcke als gefährlich. Ersterer erwähnt zwei Fälle aus dem Wildpark Langenberg, wo der dominierende Bock in der Paarungszeit wegen enger Platzverhältnisse zwei Konkurrenten damit letztlich zugrunde richtete. Der gleiche Autor äussert sich aber missverständlich, wenn er angibt, ein Bock hätte den Sichelschlag gegen einen Sibirischen Husky ausgeführt. An der betreffenden Stelle (KRÄMER & AESCHBACHER) heisst es nämlich, der Husky sei an der langen Leine bis 35 Metern auf die Tiere losgestürmt. Freilebende Böcke reagieren beim Mitführen von Hunden an der Leine bereits auf Distanzen von 200 bis 300 Metern besonders aufmerksam, flüchten aber – man glaubt es kaum – weniger schnell als in Vergleichssituationen ohne Hund (Rudolf Wyss, Spiez) (vgl. COUTURIER 1962). Ruth Thomann aus Faulensee erlebte mit einem Bernhardinerhund sogar eine Steingeiss samt Kitz aus nächster Nähe, die sich «interessiert», aber abwehrbereit zeigte. Ich beobachtete bisher im Freiland ernsthafte Sichelschläge von Böcken einzig gegen Pflanzenstängel beim Bodenhornen (vgl. Kapitel Jagd, Waldschäden) und beurteile sie wegen des «Trägheitsmomentes» von alten Böcken als vorhersehbar und demzufolge im Ernstfall durch Ausweichen

vermeidbar. Aber beim Mitführen eines Hundes in nächster Nähe von Steinböcken könnte einem die Kontrolle über die Situation entgleiten. Im historischen Italien auf königlichen Jagden bedrängte oder verletzte Steinböcke sprangen bei versperrtem Fluchtweg mehrfach direkt in eine Person und setzten dann über sie hinweg (COUTURIER 1962).

Wir haben bis jetzt hauptsächlich das «Fluchtverhalten» von an Menschen gewöhnten Steinböcken besprochen. Diese Vorstellung dominiert in der Regel jedes Gespräch über die Ausrottungsgründe des Steinbockes (siehe Kapitel Steinbockgeschichte). Wo selten Menschen vorbeikommen, sind die Tiere aber generell ängstlicher. Steinböcke können auf Menschen sogar mit einer sofortigen 100-Meter-Flucht reagieren, wenn sich ihnen jemand (in Deckung) anzuschleichen sucht oder plötzlich aus einem Versteck auftaucht: Ich sammelte solche Erfahrungen anfänglich mit auf mich zuwandernden Bockrudeln. Langes Zögern vor einer Flucht und Stampfen mit einem Vorderfuss wie bei der Gämse fehlen beim Steinwild (vgl. KURT & HARTL) – Ausnahmen sollen nach COUTURIER 1962 (Seite 1006), KRÄMER & AESCHBACHER sowie MEILE vorkommen. Früher wurde auf der italienisch-schweizerischen Grenze der Piz Albris-Kolonie im Heutal oder bei Puntota viel gewildert. Jedenfalls machte sich das Steinwild dort vor den Biologen KRÄMER & AESCHBACHER auf Hunderte von Metern davon. Heute kommen in der Schweiz während der Jagd Rückzüge in Jagdschutzgebiete vor oder aus dem Gasterntal BE der Kantonswechsel ins Wallis (LÜPS 1983). Andernorts sucht Steinwild in der Jagdzeit verfrüht die steilen, felsigen Wintereinstände auf. Zudem sollen mit steigender Jagdintensität zumindest die Fluchtdistanz und die Fluchtstrecke leicht zunehmen – also die Entfernung, ab welcher Tiere flüchten oder der dabei zurückgelegte Weg (RIEDI). Als zwei Wildhüter im Dezember unter einer Fluh mit einem Pistolenschuss eine blinde Steingeiss von ihrem Schicksal erlösten, durchquerte ein Geissenrudel fluchtartig die hohe Felswand, obwohl die Distanz zu den Männern annähernd einen Kilometer betrug.

Links: Während Steingeissen mit zunehmendem Alter der Kitze ihre Ängstlichkeit verlieren, bleiben die Kitze gegenüber Menschen vorerst scheu. Auf dem Bild fällt deutlich die Unsicherheit des Kitzes in der Mitte auf. Links ist nicht eine der Mütter, sondern ein 4-jähriger Bock zu sehen, der sich in diesem Alter meist schon einem Bockrudel anschliesst. Auch dieser Bock gibt sich gegenüber dem Fotografen vorsichtig. Im Hintergrund liegt eine typische, vom Steinwild im Sommer stark genutzte Nordflanke.

Rechts: Knufft oder pfeift ein erwachsenes Tier, beginnen Kitze oft bereits wegzuspringen und veranlassen so in einer Art Rückkoppelungseffekt manchmal ihrerseits eine kurze Flucht der ganzen Gruppe.

Oben links: Wer neben Steinböcken auch das Verhalten der Menschen gegenüber Tieren einbezieht, wird mit grossen Teleobjektiven gelegentlich zum nicht erkannten Voyeur. Gehört «Hochwürden» zu den Abgebildeten, ist ein volkskundlicher Wert des Bildes nicht von der Hand zu weisen, zur Dokumentation einer unbekannten Seite. Vielleicht richtet sich das Fernglas auf Steinböcke weit weg, dabei sind die Tiere doch so nah …

Unten links: Steingeissen mit kleinen Kitzen sind überall sehr ängstlich. Sie verlieren aber im Verlaufe des Sommers in touristisch stark genutzten Kolonien ihre Ängstlichkeit und getrauen sich dann manchmal recht nahe an Menschen heran, wobei es selten um Futtergaben geht, sondern um salzhaltige menschliche Harnstellen (vgl. Kapitel Wanderungen).

Oben Mitte: Steinböcke gelten als zahm. Das Bild erfüllt die Klischeevorstellungen von Steinböcken, die dem Wanderer den Weg versperren. Dies trifft aber nur für ältere Böcke in viel begangenen Gebieten zu. Jüngere Böcke und Geissen sind wesentlich misstrauischer. Also beruht scheinbare Furchtlosigkeit älterer Böcke auf (erlernter) Erfahrung und Tradition. Auch ein Tier mitten in einem Rudel ist in der Regel furchtloser, als wenn es sich gleichenorts allein aufhält (vgl. TRÖSCH & INGOLD, COUTURIER 1962).

Unten Mitte: Während bisher nie ein in Freiheit geborener Steinbock Menschen angriff, besteht für mitgeführte Hunde eine gewisse Gefährdung (INGOLD Seite 223) – und zwar wegen eines Angriffes des Hundes und der Gegenwehr eines Bockes (COUTURIER 1962). Von Kennern wird gerne der bodennah geführte «Sichelschlag» der Böcke erwähnt (vgl. im Haupttext). (Bild: © Prof. Paul Ingold, Kirchlindach)

Rechts: Man sollte sich Steinböcken zum Fotografieren offen zeigen, sonst bewirkt man ungewollt eine Flucht. Auch lässt man die Tiere besser auf sich zukommen, als in Hauruckversuchen Fluchtdistanzen auf einmal zu unterschreiten. Stark bejagtes Steinwild wird heute teilweise erstaunlich scheu und wirft im Rückblick Fragen auf über die Ausrottung angeblich «zahmer» Steinböcke. Verhängnisvoll dürften sich die riesige Schwäche für Salz, das ausgeprägte Rudelverhalten selbst nach Störungen sowie weit hörbare Pfiffe und Hornfechtgeräusche ausgewirkt haben (vgl. Kapitel Steinbockgeschichte, Ausrottungsgründe).

• Die Reaktion auf Fluggeräte

Selbst Wildhüter und Jagdaufseher haben in der Umfrage von MOSLER-BERGER die Häufigkeit von Störungen für Steinböcke stark unterschätzt. Das zeigt sich erneut nach den Untersuchungen der Forschergruppe INGOLD (2005) im Augstmatthorngebiet, wo Fluchtreaktionen von Bockrudeln vor Deltaseglern oder Gleitschirmen vom Grat bis zu 500 Höhenmetern tiefer hinab vorkommen konnten. Die mittleren Fluchtdistanzen liegen im Augstmatthorngebiet zum Teil hoch: 300 Meter auf Gleitschirme (50 bis 1550 Meter), 325 Meter auf Segelflugzeuge (100 bis 500 Meter), 180 Meter auf Motorflugzeuge und Hubschrauber (100 bis 400 Meter) (vgl. auch SZEMKUS). Mittelwerte für die zurückgelegten Fluchtstrecken fehlen zwar; das Maximum betrug 1200 Meter. Ingold diskutiert den möglichen Einfluss solcher Fluchten auf die Energiebilanz der Tiere, zumal am Tag nach der Flucht jeweils der Aufwand zum Wiederaufstieg in die Gratregion hinzukam. Eigene Beobachtungen, insbesondere von Reaktionen auf Gleitschirme oder auf Hubschrauber vor ca. 1986, sind damit vergleichbar. Auch hat mir ein Wildhüter brieflich mitgeteilt, dass Ende Sommer 1981 während der Hubschrauberbergung eines Bergsteigers ein älterer Steinbock tödlich abstürzte. Seit etwa 1987 brummen die wahrscheinlich schwerer gewordenen Hubschrauber möglicherweise tiefer und sind auf weitere Distanzen hörbar, weshalb sie heute für das Wild selbst an akustisch abgeschirmten Orten weniger überraschend auftauchen und seltener eine Flucht verursachen. Andererseits verschoben sich an meinen Beobachtungsorten Bockrudel manchmal nur dorthin mit langen Fluchtstrecken, wo sie ein paar Stunden später ebenfalls hingegangen wären. Solche Abwärtsverschiebungen erfolgen selbst ohne Störungen teilweise springend. Steinböcke pflegen zwar im Sommer ihre Ruhezeit oft hoch oben zu verbringen, steigen aber bei schönem Wetter spätabends fast täglich in wesentlich tiefer liegende Weiderasen ab und kehren am nächsten Morgen zurück (siehe Kapitel Wanderungen). Dies trifft indessen für das Augstmatthorngebiet nicht zu (Ingold, brieflich).

In der jungen Steinwildkolonie Spillgerten BE tauchen nach Angaben von Rudolf Wyss (Spiez) Heissluftballone meistens bodennah und überraschend hinter dem Grat auf. Der Ballonschatten und die zischenden Geräusche beim Aufflammen des Gasbrenners führen regelmässig dazu, dass Steinböcke und Gämsen einen Kilometer weit und 200 Meter tief aus der Fluh in den darunterliegenden Wald flüchten. Eine Kaltluftströmung nach der Fluhkante erfordert häufig den Brennereinsatz und verschärft das Problem. Dagegen führten andernorts im Winter von mir beobachtete Fluchten nie wirklich abwärts, sondern quer durch Felswände und endeten meistens nach 100 bis 200 «Laufmetern». In der Paarungszeit bewirken manchmal Geissen nahe des Eisprungs oder Rivalitäten zwischen zwei Böcken ähnlich aussehende «Verfolgungen» in eiligem oder gemächlicherem Tempo quer durch Felswände (Kapitel Paarungszeit, abweisende und paarungsbereite Geissen bzw. Kapitel Rangordnung, Ablauf von Rangauseinandersetzungen). Ob ein Beispiel für die Tiere vom Energieverbrauch her relevant ist, hängt in erster Linie von der Häufigkeit solcher Vorkommnisse ab und betrifft vor allem Kitze und alte Tiere. Weil die Zukunft einer Population von den überlebenden Kitzen abhängt, sollten Störungen speziell im Winter nicht bagatellisiert werden.

Links: Horrorobjekt Nummer eins für Steinwild sind Gleitschirme. Taucht einer in Hunderten von Metern am Himmel auf, ist er augenblicklich entdeckt und eine ganze Gipfelregion innert weniger Minuten steinbockleer. Ich hatte in einem Sommer allein wegen Flugobjekten an vier von siebzehn Fototagen keine Tiere mehr im Umfeld. In der Geburtszeit liessen sich verschiedentlich lebensgefährliche Fluchten quer dem Felsfuss entlang und gestresste Reaktionen einzelner Geissen auf Kitze mit Nachfolgeproblemen beobachten. Jedenfalls wird heute zunehmend der Nachweis von Stress bei Tieren erbracht (vgl. HÜPPOP). 1995 sollen in der Schweiz 16'685 Gleitschirmpiloten aktiv gewesen sein – heute dürfte ihre Zahl weiter zugenommen haben. Neben den Gleitschirmen geht zusätzlich von Deltaseglern und Heissluftballonen ein sehr hohes Störpotenzial aus.

Mitte: Düsenflugzeuge und Motorflugzeuge stören nur selten. Gleichwohl zeigt dieses Bild symbolhaft, dass uns einige Schattenseiten der Zivilisation bis in die höchsten Gipfel zu den Steinböcken begleiten. Nach COUTURIER (1962) haben Steinböcke zu Beginn der Fliegerei ängstlicher auf Motorflugzeuge reagiert.

Rechts: Ein Militärhubschrauber hat aus etwa 200 Metern dieses Bockrudel beim Ruhen aufgeschreckt und bewirkte eine kurze Flucht mit baldiger Beruhigung. Praktisch alle jüngeren Böcke rennen weit vorne im Rudel davon. Ältere Tiere gewöhnen sich vor allem im direkten Kontakt zum Menschen an bestimmte, wiederkehrende Störungen, werden allerdings mit dem Alter auch generell träger (vgl. SCHÜTZ 1994), schliesslich haben sie praktisch keine natürlichen Feinde. Inwieweit Wolfsrudel im Winterlebensraum der Böcke eine Gefahr darstellen, lässt sich noch nicht eindeutig beantworten, weil selbst Böcke sich selten mehr als 200 bis 300 Meter von Felsen entfernen.

• Reaktionen auf natürliche Feinde

Gleitschirme und Deltasegler veranlassen selbst «zahme» Steinböcke reflexartig zur weiten Flucht. Dagegen fallen Reaktionen auf natürliche Feinde meistens nicht speziell auf (vgl. CHOISY & PACQUET oder DAVID 1994 gegenüber dem Steinadler). HALLER (1996a) oder KRÄMER & AESCHBACHER schreiben von Hornstoss-Bewegungen gegen anfliegende Adler. Von den Muttertieren rechtzeitig entdeckte Adler sind dadurch beim Kitz chancenlos. Während Geissenrudel Adler in kurzer Entfernung meistens intensiv beobachten und näher zusammenrücken (KRÄMER & AESCHBACHER; HAURI), zeigen sich Böcke deswegen nicht beunruhigt. Steinadler müssen selbst in einer Felswand Huftiere mit den Krallen am Rücken packen und normalerweise etwas in die Luft hieven können. Fallenlassen bewirkt dann mindestens die Schockstarre mit Nachstossmöglichkeit, zumeist aber den sofortigen Tod, sogar wenn der Adler den Kopf des Opfers nicht bearbeitet hat. Mindestens junge Steinkitze dürfen bei einem Adlerangriff auf das Einschreiten des Muttertieres zählen. HALLER (1996a) beobachtete sogar noch an einem 1. April, wie eine Steingeiss erfolgreich einen Adlerangriff auf ihr etwa 10-monatiges Kitz zu verhindern vermochte – allerdings nur, weil der Adler das Kitz vorzeitig fallen liess und es lediglich 15 Meter tiefer stürzte. In Riesensätzen sei die Geiss früher als der Adler bei ihm gewesen. In einem von mir beobachteten Fall Ende Dezember scheint das Steinkitz, soweit von meinem nahe gelegenen Beobachtungsplatz einsehbar, keine Hilfe von der Mutter erhalten zu haben. Der Adler trug das Kitz wohl 200 Meter weit durch die Luft, bevor er es fallen lassen musste.

Steinwildkolonien sind in unterschiedlichem Ausmass von der Bejagung der Kitze durch Adler betroffen: Junge Vögel haben die Fähigkeit zum Beuteschlagen erst schlecht entwickelt, und erwachsene Adler (Brutpaare) richten ihr Jagdgebiet nicht speziell auf Steinwild aus. Auch eignen sich nicht alle Gebiete für die Adler-Jagdtechnik gleich gut. In der Geburtszeit sterben regelmässig Kitze. Steinadler und Füchse zeigen jeweils starke Präsenz und finden tote Kitze im Suchverfahren. COUTURIER (1962) vermutet im Gran Paradiso-Gebiet 10 Prozent oder 55 Kitze, die den Adlern jährlich zum Opfer fallen. Es muss indessen offen bleiben, wie realistisch diese Zahlen sind und welchen Anteil lebend erbeutete Kitze haben. Couturier geht für seine Schätzung von der Aussage eines Chefparkwächters aus, die im Bereich von 15 bis 20 Prozent liegen. Die Zeitepoche nahezu bis 1962 war geprägt von der Absicht, den Steinadler auszurotten und von regen Fantasien über seine «Schädlichkeit»: nach erfundenen Aussagen damaliger Parkwächter sollen Adler mehrfach selbst älteste Böcke mit ihren Flügeln in den Abgrund gestossen haben. Geissen und Böcke bewegen sich jedoch nach heutigen Kenntnissen in einer Gewichtsklasse weit oberhalb der Möglichkeiten des Steinadlers. Nur Steinkitze und allenfalls einjährige Tiere liegen vom Gewicht her im optimalen Bereich für Adler (HALLER 1996b/Seiten 91 bis 102). Im Win-

Links: Einzelne Steingeissen schliefen noch unter dem Felsfuss, als der abgebildete Steinadler den Überflug über das weit zerstreute Rudel begann. Der jüngere Adler griff aber nicht diese an, sondern Tiere im steilen Fels. Auf einer Bildserie lässt sich nachvollziehen, dass die Geiss den Vogel erst beim Auftauchen des riesigen Flugschattens wahrnam. Im nächsten Augenblick bäumte sie sich auf die Hinterbeine auf und präsentierte ihre Hörner. Stetige Aufmerksamkeit, die Möglichkeit gefährlicher Hornstösse und das beachtliche Gewicht verunmöglichen den Jagderfolg des Adlers auf älteres Steinwild. Zuverlässige Beobachtungen (oder gar Fotos) von Adlerangriffen auf Steinwild sind extrem selten. Adler entdecken in der Regel Menschen in ihrer Nähe und ziehen sich zurück. Daraus zu schliessen, Adler jagten immer erfolglos auf Steinkitze, wäre aber falsch.

Mitte: Dieses Steinkitz entging dem Adler nur um Haaresbreite – dank einem Sprung hangaufwärts, während die Schussbahn des Adlers hangabwärts führte. Es handelt sich um ein Bild wenige Sekunden vor dem Angriff auf die Geiss. Bei eng zusammenstehenden Tieren bekäme ein Adler höchstens eine einzige Gelegenheit zum Beutemachen, weil Geissen ihre Kitze in einer solchen Situation besser zu schützen vermögen. Nur überraschende Angriffe sind erfolgversprechend.

ter profitieren die Adler zudem von (bereits toten) Lawinen- und Schwächeopfern.

Im Dezember 2004 blieben sowohl bei Gämsen wie beim Steinwild grössere Reaktionen auf den wiederholten Überflug eines jungen Bartgeiers aus – ebenso ein Jahr später beim Überflug eines adulten Bartgeiers in nur ca. 20 Metern Höhe über einer Geiss! Dies verdient im Vergleich zu Gleitschirmen der Erwähnung. Der Bartgeier ist gegenüber einem Steinadler deutlich wahrnehmbar grösser; er schlägt nicht selber Beute, segelt auf der Suche nach totem Wild praktisch ohne Flügelbewegungen und ohne abrupte Richtungswechsel – aber mit hörbarem Rauschen.

Unmittelbare Begegnungen von lebendem Steinwild mit Füchsen sind selten. Im Literaturvergleich (mit COUTURIER 1962) dürfte eine Beobachtung etwa 50 Meter über dem Felsfuss aussergewöhnlich sein, als eine einzelne Geiss vom Rudel wegtrat, um einen von mir vorher übersehenen Fuchs vielleicht 15 Meter weit zu verfolgen. Der Fuchs verzog sich sofort unter einen Felsblock. Die kleine Steinwildgruppe enthielt keine Kitze. Füchse steigen im Allgemeinen nur dann in steile Felswände, wenn sie vor Menschen flüchten – selbst in der Geburtszeit. Es ist mir kein Nachweis bekannt, dass Füchse lebende Steinkitze erwischen konnten.

Luchse scheinen bisher nur in Ausnahmefällen junges Steinwild erbeutet zu haben, ihr Lebensraum liegt in der Regel tiefer unten, stärker im Wald und weniger im Fels. Ähnliches dürfte auch für einzeln auftretende Wölfe

Rechts: Erstaunlicherweise reagiert Steinwild auf Überflüge des Bartgeiers kaum – selbst wenn der Vogel dabei nur eine Flughöhe von etwa 20 Metern hat und sein «Flugrauschen» zu hören sein muss. Der Steinadler wird stärker als Feind wahrgenommen als der Bartgeier und erbeutet gelegentlich Kitze. Gleichwohl liessen verschiedentlich Geissen in der Geburtszeit ihr Kitz alleine an einem nicht adlersicheren Ort zurück.

gelten. Für den Luchs spielt darüber hinaus das Gewicht eines Beutetieres eine gewisse Rolle. Jedenfalls riss das leichtere Luchsweibchen deutlich weniger erwachsene Gämsen als das schwere Männchen (HALLER 1992). SCHRÖDER (1979) legt anhand zweier handaufgezogener Steinkitze und seines Hundes glaubhaft dar, dass das Angstbild vor dem suchenden Wolf vererbt sein muss. Wölfe könnten die oft tief unten überwinternden älteren Böcke hinaufdrängen. Nach MEILE sollen männliche Sibirische Steinböcke im Altai oft nahezu totale Verluste durch Wolfsrudel erleiden, weil sie die Lufttrockenheit im Winter zum Trinken an Wasserlöcher der Flüsse hinabtreibe (vgl. HEPTNER & NAUMOV).

• Die Sinnesleistungen

Wahrnehmungsfähigkeit der Augen

Das Sehvermögen ist mindestens bei erwachsenem Steinwild hervorragend. Selbst unbewegliche, halb versteckte Menschen können sich der sofortigen Entdeckung auf kürzere Distanzen kaum entziehen. Nach Aussagen eines Wildhüters gibt es mittlerweile sogar Orte, wo die Tiere zu fliehen beginnen, wenn der Jäger tief unten aus seinem Wagen steigt. Hingegen scheinen noch mehrere Monate alte Kitze auf der Suche nach der meckernden Mutter diese meist nur aus Entfernungen unter 50 Meter zielsicher ansteuern zu können. Innerhalb dieses Umkreises bewegen sie sich oft sehr selbstständig von einem Tier zu einem andern. Möglicherweise sind die Augen von Jungtieren noch nicht voll funktionsfähig. Jedenfalls wirkt der Glaskörper (Augapfel) bei jungen Kitzen farblos hell bis gelblich und dunkelt erst im Herbst gegen braunorange ab. Die Augenpupillen sind waagrecht langgezogen, fast rechteckig. Die stark lichtreflektierende Netzhaut (Retina) deutet zudem auf besonders gute Sehfähigkeiten in der Dunkelheit hin. Für Farbensehen (zweier Farben) gibt es erste Hinweise bei Hausziegen (JACOBS).

Wahrnehmungsfähigkeit der Nase

Steinböcke vertrauen angeblich lieber auf ihre Augen als auf ihren Geruchsinn. Aber an einem 1. Juli unternahm eine Steingeiss mit ihrem jungen Kitz entlang des Felsfusses zwei Vorstösse in meine Richtung und wich jeweils ab etwa 100 Metern wieder zurück – sie konnte mich weder sehen noch hören. Ich wäre in der Lage, dazu weitere Beispiele aufzuführen. Später, mit älteren Kitzen, spielt die Witterung keine nachweisbare Rolle mehr. Im Übrigen kennen Steingeissen ihre Kitze persönlich am individuellen Schwanzdrüsen-Geruch. In der Paarungszeit klappen die Böcke ihre Schwänze hoch und verbreiten somit wohl ebenfalls ihren Individualgeruch (vgl. Kapitel Paarungszeit). So weit ein paar Hinweise, den Geruchsinn beim Steinwild nicht zu unterschätzen.

Links und Mitte: Steinwildaugen erwachsener Tiere haben eine schöne, orangebraune Farbe. Die Pupillen sind tagsüber schlitzförmig. Nachts angestrahlt reflektieren die Augen als helle Punkte und beweisen dadurch gutes Sehvermögen bei spärlichem Licht. Dann vergrössern und runden sich die Pupillen – auch am toten Tier.

Rechts: Die Augen junger Kitze wirken farblos hell bis gelblich und sind wohl für Distanzen auf über 50 Meter noch längere Zeit nicht voll funktionstüchtig – jedenfalls scheinen Kitze meistens überfordert zu sein, eine meckernde Steingeiss auf weitere Enfernungen zielsicher zu finden. Es gibt aber dazu keine Untersuchungen.

Wahrnehmungsfähigkeit der Ohren

Ähnlich wie beim Geruchsinn lassen sich über das Gehör nur vage Aussagen machen. Der Frequenzbereich ist völlig unbekannt. Kamerageräusche aus ca. 80 Metern Entfernung können Geissen mit kleinen Kitzen unter Umständen zum Rückzug bewegen, selbst wenn sie im Fels stehen und den Fotografen nicht sehen.

• Die Lautäusserungen

Pfiffe

Die Pfiffe des Steinbocks kommen durch Ausstossen von Luft aus der Nase zustande und lassen sich somit nicht ganz vergleichen mit den unterschiedlichsten Pfiffen von uns Menschen. Steinbockpfiffe tönen immer gleich kurz und scharf. Dadurch erhöht sich ihre Reichweite auf fast einen Kilometer – beinahe auf die Distanz, aus welcher wir auch zusammenschlagende Bockhörner bei Kämpfen zu hören vermögen. Steinböcke pfeifen sowohl beim überraschend nahen Auftauchen von Menschen, wie bei Lawinen oder bei Steinschlag, ausgelöst durch Artgenossen. Auch pfeifen in einem Rudel häufig mehrere Tiere fast gleichzeitig. Somit zeigen Pfiffe in erster Linie Aufregung. Eigentliche Warnabsichten für Artgenossen bleiben fraglich. Aber es kommen ausnahmsweise Situationen vor, wo man nur allzu gerne an einen Warnlaut denkt: So bekundeten in der Nähe vorbeiziehende Geissen morgens beim Beziehen der Tagesruheplätze und bei bereits anwesendem Fotografen leichte Beunruhigung durch unterdrücktes Niesen («Knuffen»), während eine weit entfernt auftauchende Geiss plötzlich pfiff. Daraufhin stellte sich heraus, dass knapp über mir hinter einem Felsriegel eine nichtsahnende weitere Geiss auf mich zuschritt, um die sich die Pfeifende möglicherweise sorgte ... Im Laufe einer langen Auseinandersetzung zwischen zwei Geissen (um ein Kitz) pfiff die Rangtiefere verschiedentlich. Steinböcke pfeifen oft auch, wenn sie gegen Abend zur Nahrungsaufnahme aufbrechen und in Gruppen spielerisch abwärts springen. Bei dieser Gelegenheit kommt es regelmässig zu kurzen Horngefechten. Dabei geraten mehr oder weniger ungewollt auch ungleiche Gegner kurz aneinander und veranlassen vermutlich den Rangtieferen zum Pfeifen. Bei Gleitschirmen, Deltaseglern und Heissluftballonen, die auf Hunderte von Metern lange Fluchten durch Felswände auslösen, habe ich bis jetzt nie Pfiffe festgestellt! KRÄMER & AESCHBACHER erwähnen Pfiffe bei den Rennspielen in Kitzgruppen. Erste Pfiffe eines Kitzes sind mir jedoch erst am 12. August aufgefallen, bei acht bis neun Wochen alten Kitzen, die nicht mehr regelmässig spielen.

Knuffen

Knuffen beim Steinbock hört sich an wie ein unterdrücktes Niesen. Gelegentlich treten Knuffen, Pfeifen und Flucht in dieser typischen Reihenfolge auf und lassen Rückschlüsse auf den Grad der Erregung oder der Verunsicherung des Tieres zu (KRÄMER & AESCHBACHER). Erstes Knuffen hörte ich von einem rund vier Wochen alten Kitz (am 5. Juli). Knuffen ist nicht weit hörbar, deshalb lässt sich nicht eindeutig sagen, ob es (wie Pfeifen) auch bei Steinböcken unter sich vorkommt. In menschlicher Nähe verhalten sich Geissen oft deutlich gehemmt, z. B. lassen sie (evtl. knuffend) ihre Kitze nur ungern oder gar nicht saugen.

Meckern

Meckerlaute scheinen in enger Verbindung zu stehen mit der Säugeperiode. Beim Steinwild dauert die Säugeperiode öfter bis im Februar. Deshalb hört man rufende Kitze bis tief in den Winter hinein. Ob allerdings die Mutter zu dieser Zeit noch antwortet, ist fraglich. Steingeissenmütter reagieren zwar am Anfang der Säugeperiode erstaunlich zuverlässig, aber später wahrscheinlich nur noch, wenn sie den Rudelanschluss und ihr Kitz verloren haben, was nach einer Flucht vor Gleitschirmfliegern öfter vorkommt. Neugeborene rufende Kitze sind für uns Menschen ca. 250 Meter weit hörbar, ältere im Winter in seltenen Fällen bis einen Kilometer. Normalerweise rufen Kitze langgezogen eintönig «mee» (Kitzmeckern), manchmal wimmernd wie zwängelnde oder weinende Kleinkinder «maa-mii», «mii-kii» – ausnahmsweise fast wiehernd wie Pferde oder Milane. Gelegentlich meckern Kitze wie ihre Mütter auf- und abschwellend kürzer und leiser (Geissmeckern). Jedenfalls kann man Geissmeckern von Kitzen fast nicht vom Meckern der Geissen unterscheiden. Umgekehrt hört man Kitzmeckern von Geissen auf längerer Suche nach ihrem Kitz (unter Umständen sogar «ärgerlich genervt» tönend). In zwei Fällen von anhaltend meckernden Geissen mit Kitzmeckern stand möglicherweise eine Geburt bevor oder lag ein Kitzverlust vor – allerdings reagierte nach Kitzverlust unmittelbar danach und am nächsten Tag nur eine von zwei betroffenen Geissen mit zeitweiligem Meckern in der Umgebung des Kitzabsturzortes. Die Unterschiede im Meckern dürften eher an der Situation liegen als am einzelnen Tier. Weder Geissen noch Kitze scheinen sich im Rudel zweifelsfrei an der Stimme zu kennen. Jedenfalls haben Anfang August meist mehrere Geissen auf ein rufendes Kitz geantwortet oder sind mehrere Kitze auf eine meckernde Geiss zugegangen. Dies genügt allerdings bei weitem nicht, um persönliches Kennen an der Stimme beweiskräftig auszuschliessen. Im Übrigen könnte es sich bei allen in der Literatur postulierten, von mir aber bisher nie so empfundenen «Klagelauten» lediglich um besonders lautes Meckern handeln.

AESCHBACHER (1978) behandelt das Brunftmeckern werbender Böcke als obligatorisches Verhaltenselement. Dieses soll fast nur beim gemeinsamen Werben der Böcke (während der «Kommunalbrunft») und kaum mehr kurz vor der Paarung (in der «Individualbrunft») auftreten. Brunftmeckern ist nach Aussage von Bernhard Rufener (im Tierpark Bern) keine 10 Meter weit hörbar, tönt aber sonst wohl ähnlich wie Geiss- oder Kitzmeckern. Ich vernahm zudem von einem Bock im Freiland kurze tiefe Meckerlaute, als eine lange von ihm umworbene Geiss plötzlich wegen eines aufdringlichen Jungbockes Reissaus nahm. Der Hauptbock verlor sie aus den Augen und meckerte wiederholt auf der Suche nach ihr. Dieses Bockmeckern war mindestens 80 Meter weit hörbar.

Weitere Lautäusserungen, ausser Niesen und Husten (ausnahmsweise) stellte ich nicht fest. Jedoch soll auch Zungenflippern (Züngeln) der Böcke während der Paarungszeit nicht lautlos sein. Beim Heraufwürgen einer Nahrungsportion zum Wiederkäuen oder bei der Verdauung sind gelegentlich zusätzliche Töne zu hören ...

Oben: Steinwild ist bei günstigen Windverhältnissen in der Lage, Menschen auf mindestens 100 Meter zu riechen! Menschliche Witterung bewirkt bei Geissen mit ganz kleinen Kitzen die Flucht – jedenfalls bleibt es die grosse Ausnahme, dass eine Geiss mit Kitz im Juni Menschen offen auf unter 80 Meter an sich herankommen lässt. Auch nicht absolut leise Kameras können auf diese Distanz eine Geiss mit jungem Kitz zur Flucht veranlassen.

Die Rudel

Wildtiere fühlen sich in grossen Gruppen sicherer als allein. Der Steinbock hat fast keine Feinde, ist aber ein ausgesprochenes Gruppentier geblieben – und das erstaunlicherweise nicht nur als Jungtier, sondern auch als langhorniger Bock. Der wichtigste Grund zur Bildung verschiedener Rudeltypen liegt in abweichenden Bedürfnissen von Tieren unterschiedlichen Geschlechts und Alters.

Steinbockarten in bewaldeten, d.h. Deckung bietenden Gegenden, leben in kleineren Gruppen als unsere Alpensteinböcke. Die Bildung grosser Rudel erklärt man sich mit Vorteilen bei der Feindvermeidung. Nur haben alte Böcke wie auf dem Bild ohne Wolf kaum mehr Feinde, weshalb ihr starkes Rudelbedürfnis erstaunt. Aber vielleicht sitzt dieses Verhalten unauslöschbar im Erbgut – und die Lebensraumwahl der Geissen mit kleinen Kitzen im Steilen hat ihren ursprünglichen Grund in einem Ausweichmanöver vor den Bodenfeinden Wolf und Luchs.

• Welche Tiere leben zusammen und weshalb?

Beim Steinbock sind nicht immer die gleichen Individuen gemeinsam unterwegs. Die Anzahl Tiere und die Zusammensetzung der Gruppen (der Rudel) können von Kolonie zu Kolonie anders sein. In kleinen Beständen (z.B. kurz nach einer Aussetzung) trifft man Weibchen und Männchen jeder Altersstufe miteinander an, weil sich kleine Gruppen im offenen Gelände (ohne Deckung) unsicher fühlen. Es dürfte sich um ein vererbtes Verhaltensmuster zur Feindvermeidung handeln: Mitglieder eines Rudels müssen weniger Zeit zur Umgebungskontrolle einsetzen als das Einzeltier und gewinnen an Sicherheit (ALADOS 1985).
Mit steigender Individuenzahl bilden Geissen und Böcke mindestens in der Vegetationszeit nach Geschlecht getrennte Trupps. Die Trennung der Geschlechter nach der Paarungszeit (ab der zweiten Januarwoche) vollzieht sich, abhängig vom Alter der Böcke, nach und nach – sie ist erst schlecht erforscht und nicht überall gleich stark ausgeprägt (siehe Kapitel Wanderungen). Die ältesten Böcke wandern einzeln oder in kleinen Grüppchen aus den Winterlebensräumen der Geissen ab. Sie gehen in spezielle Bock-Überwinterungszonen. Bis gegen Ende März folgen ihnen die Böcke ab einem Alter von etwa 6 bis 7 Jahren nach und bis im Mai oder Juni sogar noch jüngere Böcke ab 2 bis 4 Jahren. Die letztgenannte Altersgruppe sammelt sich allerdings gelegentlich eigenständig andernorts. Böcke halten sich somit je nach Alter, Jahreszeit und örtlichen Umständen in drei verschiedenen Rudeltypen auf: in den Weibchenverbänden, in Altbockrudeln oder in Jungbockgruppen. Jedoch bilden sich kopfstarke Bockrudel kaum vor Ende März. Nach NIEVERGELT (1967) verlassen Jungböcke in Populationen mit wenig Nachwuchs das Geissenrudel in späterem Alter als an Orten mit grosser Jahrgangsstärke. Auch bilden sich separate Jungbockrudel nur in grösseren Populationen – eine kleine Gruppengrösse würde wohl zu wenig Sicherheit bieten.
Weshalb gibt es beim Steinwild verschiedene Rudeltypen? Steinböcke unterscheiden sich in ihrer Körpergrösse – nicht nur zwischen den Geschlechtern, sondern auch zwischen verschiedenen Altersstufen. Der Zeitaufwand für einzelne Aktivitäten (insbesondere die Nahrungsaufnahme) unterscheidet sich je nach Geschlecht, Alter oder Fortpflanzungsumständen (z.B. für die Milchproduktion). Tiere mit gleichem Zeitbudget halten sich mit Vorteil im gleichen Rudel(typ) auf (vgl. NEUHAUS & RUCKSTUHL, RUCKSTUHL & NEUHAUS). Jedoch lassen sich die Rudeltypen beim Steinbock nur teilweise allein mit diesen Unterschieden begründen. Ändert die Lebenssituation bestimmter Tiere, kann dies eine besondere Wahl ihres Lebensraumes zur Folge haben: Geissen mit kleinen Kitzen bewerten den Schutz vor Bodenfeinden stärker als die bestmögliche Grasqualität (Kapitel Geburtszeit).

Links: Während Steinadler, Wolf und Luchs die Erklärung dafür bieten, dass es Rudel gibt, lässt sich weniger leicht begründen, weshalb es verschiedene Rudeltypen gibt. Ältere Steinbock-Männchen wiegen in etwa doppelt so viel wie Weibchen. Der Grössenunterschied führt zu höherem Nahrungsbedarf, geringerer Hitzetoleranz und letztlich auch zu getrennten Rudeln von älteren Böcken und Geissen. Knapp nach Tagesanbruch «flüchtet» dieses Bockrudel Mitte Juni vor der erwarteten Tageshitze nach oben. In dieser Jahreszeit halten sich Geissen oft in extrem steilen Rückzugsgebieten auf kleinen Flächen auf und bekommen dort ihre Kitze.

Mitte: Böcke meistens im Alter von drei bis fünf Jahren bilden speziell Ende Mai/Anfang Juni gelegentlich eigene Jungbockgruppen, die sich in Randzonen von Geissenrudeln aufhalten. Solche Böcke verbringen praktisch den gesamten Winter im Geissenrudel und gehen erst kurz vor der Geburtszeit eigene Wege – wohl auf der Suche nach ergiebigeren Grasflächen. Weshalb sie sich jetzt nicht überall den älteren Böcken anschliessen, ist nicht bekannt. Bei geringer Jahrgangsstärke bleiben drei- und vierjährige Böcke in den Weibchenrudeln.

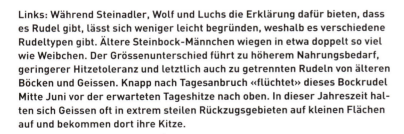

Rechts: Geissen gruppieren sich meistens nur während der Geburtszeit in unterschiedlichen Rudeltypen. In dieser Zeit steht für die einen die Sicherheit des Kitzes im Vordergrund, für die andern hat die bestmögliche Ernährung Priorität. Im gemischten Geissenrudel auf dem Herbstbild halten sich Geissen mit und ohne Kitze auf – und auch junge Tiere beiderlei Geschlechts.

Links: In diesem Ausschnitt aus einem Geissenrudel mit jungen Böcken fehlen Anfang Oktober Kitze. Kitze bilden im Winterfell über der hellen Bauchpartie noch keinen durchgehend dunklen Streifen aus und haben hellere Beine. Es handelt sich bei den drei kleinsten Geissen mit den kürzesten Hörnchen um Jährlingsgeissen (weibliche Vorjahreskitze).

Mitte: Während der grössten Hitze halten sich Böcke ab ca. vier Jahren nicht nur zum Ruhen, sondern gelegentlich sogar zur Nahrungsaufnahme in magererer Vegetation höher oben auf als Geissen. Zumindest im Winter und Frühjahr ist es eher umgekehrt. Geissen sind hitzetoleranter als Böcke und zur Zeit der Milchbildung auf verhältnismässig gute Nahrungsqualität angewiesen. Im Oktober haben die gezeigten Böcke bereits dunkle, aber noch nicht fertig ausgebildete Winterfelle.

Rechts: Mitte November ältere Böcke im dunklen, praktisch fertig ausgebildeten Winterfell. Jetzt lösen sich die Bockrudel auf. Böcke der verschiedensten Altersklassen durchmischen sich langsam mit einem von mehreren Geissenrudeln – ohne sich unbedingt an eines allein zu binden. Es sind die ältesten Böcke, die sich nach der Paarungszeit (ab der zweiten Januarwoche) am raschesten wieder von den Geissenrudeln lösen. Mittelalte Böcke folgen ihnen erst später nach und ein Teil der jüngsten erst im Vorsommer oder gar nicht.

Folgende Doppelseite: In dieser idyllischen Berglandschaft haben die Böcke viele Jahre nahe der Geissen den Sommer und Herbst verbracht (wie auf dem Bild ersichtlich). Heute halten sie mehr Distanz – wohl wegen einer Salzlecke für die Böcke (vgl. Kapitel Wanderungen). Grundsätzlich könnten auch höhere Tagestemperaturen, stärkere Störungen oder, obgleich unwahrscheinlich, Vegetationsveränderungen am Nordhang den Aufenthaltsort beeinflussen (vgl. Kapitel Überblick, Ernährung).

Älteren Böcken macht die Sommerhitze derart zu schaffen, dass sie in erster Linie kühle Zonen aufsuchen und den Ort mit dem besten Gras mindestens zeitweise verlassen (Kapitel Überblick/Wanderungen). NEUHAUS & RUCKSTUHL fanden im Sommer (tagsüber) den geringsten zeitlichen Aufwand in der Nahrungsaufnahme bei den Böcken ab vier Jahren (vgl. Kapitel Überblick, Ernährung). Deutliche Unterschiede bestehen zwischen Geissen ohne und mit Milchproduktion. Diese beiden «Geissentypen» bilden allerdings beim Steinwild meistens nur im Juni getrennte Rudel. Den grössten zeitlichen Aufwand bei der Nahrungsaufnahme betreiben Jährlingsgeissen, die sich aber trotzdem in der Regel in den Weibchenrudeln aufhalten. Dafür fällt auf, wie Tiere von ähnlichem Alter innerhalb von Rudeln Untergruppen bilden können (NIEVERGELT 1967, SCHAERER).

Rudel nur mit Jährlingen, d.h. mit einjährigen Tieren, kommen beim Steinwild im Vorsommer eher sporadisch (bei genügender Individuenzahl) vor und vermischen sich zum Ruhen meistens so gut mit anderen Altersklassen, dass sie nicht auffallen. Jährlinge und Geissen ohne Kitze bilden zwar im Vorsommer mitunter eigene Rudel, aber später im Jahr kaum mehr. Wo sich Geissen und Böcke nahe beieinander aufhalten, entscheiden sich Jungböcke bisweilen von Tag zu Tag neu, welchem Rudel sie sich anschliessen – und lässt sich auch mal ein älterer Bock in einem Geissenrudel entdecken oder eine Geiss in einem Bockrudel. Bei isolierten Geissen mit Kitz läuft sozusagen nie gleichzeitig ein Jährling mit (COUTURIER 1962), auch an Orten, wo Steingeissen praktisch alljährlich ein Kitz haben.

Leben etwa einhundert Steinböcke in einem Gebiet, gibt es oft bereits mehrere Geissen-Kernzonen mit eigenständigem Winterlebensraum. Ähnliches gilt auch für die Böcke. Der Unterschied von grossen Kolonien zu kleinen Kolonien liegt in der Entstehung mehrerer gleichartiger, unter Umständen aber auch neuer Rudeltypen (Jungböcke, Jährlinge) und demzufolge in mehr Wahlmöglichkeiten für das Einzeltier, wo und wann es sich welchem Rudel anschliesst.

• Rudelgrösse, Rudelzusammenhalt und Koordination

Es gibt nicht viele detaillierte Studien über Rudelgrösse und -zusammensetzung im Jahresverlauf. Bei GAUTHIER (1994b) bewegt sich die durchschnittliche Grösse von Geissenverbänden nur leicht über 10 Geissen, bei GIRARD (2000) knapp darunter und bei TOÏGO (1995) wohl auch. Demgegenüber beobachte ich sei Jahren von Juli bis September um 40 Köpfe zählende Rudel mit über 15 Geissen. TOÏGO (1995) erwähnt Geissen- und Kitzgruppen als besonders grosse Verbände. Aber Bockrudel sind im Durchschnitt grösser als Geissenrudel (vgl. GIRARD 2000, GAUTHIER 1994b, ABDERHALDEN 2005) – dafür hat es meist mehr Geissenrudel als Bockrudel. In hohen Beständen werden die Rudel zahlreicher, aber nicht einfach immer grösser (vgl. TOÏGO 1996). COUTURIER (1962) führt aus dem Gran Paradiso maximale Gruppengrössen mit etwa 70 und Rekordangaben von über 100 Böcken auf, die aus den Jahren um 1910 und 1920 stammen. Es handelt sich dabei vorwiegend um Juni- oder Herbstzahlen. Für Geissenrudel liegt die entsprechende Grösse ungefähr bei 55 erwachsenen Geissen (unter Weglassung der Kitze und jungen Tiere), was insgesamt auch über 100 Individuen ergibt. Halten sich ein grosses Geissen- und Bockrudel benachbart auf, können theoretische Höchstzahlen von 150 bis 200 Tieren resultieren.

Wer diese Zahlen sieht, stellt sich wahrscheinlich vor, Steinböcke seien leicht zu zählen. GAUTHIER (1991) nennt aber wanderungsbedingte Differenzen (Unsicherheiten) von 20 bis 40 Prozent. Die Unzuverlässigkeit steigt mit zunehmender Tierzahl. Nach MICHALLET (1997b) und TOÏGO

Links: Auf diesem Bild von Mitte Juni sind acht Jährlinge am hellen, wolligen Fell ohne klare Abgrenzung zwischen Bauchseite und Flanke kenntlich. Weiter lassen sich aufgrund geringer Körpergrösse fünf 2-jährige Geissen und zwei 2-jährige Böcke ausmachen. Hinzu kommen lediglich vier ältere Geissen. Andere Geissen halten sich nebenan und im Rudel mit Kitzen auf. Den 6-jährigen Bock rechts würde man eher in einem Bockrudel erwarten. Beim Steinwild trennen sich Geissen ohne Kitz, Jährlinge und Jungböcke allenfalls im Vorsommer von Geissen mit Kitzen – kaum aber bis im Sommer und Herbst.

Rechts: Mit etwas Übung lassen sich selbst im Nebel junge Böcke (links) und Geissen in einem Geissenrudel auseinanderhalten.

Links: Steinböcke suchen zum Ruhen gerne windexponierte Gratzonen auf – hier nochmals ein reines Bockrudel. Im Gegensatz zur Gämse fällt auf, dass sich regelmässig Tiere im Rudel ein Nickerchen gönnen. Bei einer Störung durch Menschen sind aber bald wieder alle hellwach – ein dösender Steinbock hört spätestens, wenn andere neben ihm aufstehen oder pfeifen. Offensichtlich profitieren Steinböcke beim Ruhen doppelt vom Rudel: durch mehr Schlafmöglichkeiten und durch die Information «Achtung Gefahr». Man beachte, dass die Tiere ungleich ausgerichtet sind und unterschiedlich weit auseinander liegen; es ergibt sich weder eine zufällige noch eine «abgesprochene» Anordnung. Menschliche Präsenz, der Hangverlauf und Rangunterschiede beeinflussen wohl das «Liegemuster».

(1996) bringt das Erfassen von Bockrudeln im Frühling rasch präzisere Informationen, als sich unter viel Aufwand mit Geissenrudeln zu befassen – die Forschergruppe besass in einem Bestand von ca. 350 Tieren 108 markierte Böcke und 58 markierte Geissen (vgl. auch TOSI & SCHERINI). SÆTHER (2007) vermutet in 28 untersuchten (verhältnismässig kleinen) Kolonien aus der Schweiz lediglich plus/minus 5,1 Prozent mittleren Zählfehler der Wildhüter. Oft erschweren Kantons- oder Landesgrenzen die Zählungen.

Wenn sich in grossen Beständen mehrere gleichartige Rudeltypen bilden, nimmt der Zusammenhalt einzelner Individuen ab. Dann haben Tiere, die den Sommer gemeinsam verbringen, nicht mehr unbedingt denselben Winterlebensraum und umgekehrt. GAUTHIER (1990) erwähnt ein Sommer-Bockrudel mit Böcken aus sechs Überwinterungsplätzen. In solchen Gebieten bestehen ausser zwischen den Müttern und ihren Kitzen langfristig keine stabilen persönlichen Bindungen mehr (vgl. VILLARET & BON). Derartige Verhältnisse mögen zunächst unerwünscht scheinen, bedeuten jedoch den Schritt aus künstlichen Bedingungen einer Kolonie weg in weniger von Menschen beeinflusste Beziehungen einer Population. Dazu braucht es aber sehr grosse Gebiete wie z.B. in der Grenzzone Albris/Schweizerischer Nationalpark/Italien. ABDERHALDEN (2005) legt Wert darauf, dass man bisher den Raumbedarf für echte Steinwild-Fortpflanzungsgemeinschaften (Populationen) unterschätzt habe.

Sowohl für Böcke wie für Geissen fallen Zeitabschnitte auf, wo der Zusammenhalt einen auffälligen Tiefpunkt erreicht. Bei den Geissen liegt diese Phase in der Geburtszeit (NIEVERGELT 1974). Es handelt sich

Mitte: Anfang Oktober gegen Abend scheinen sich die Böcke beim Aufbruch zur Nahrungsaufnahme nahe des Geissenrudels nur schwer für getrennte Wege entscheiden zu können.
Ab wann man ein Rudel als zweigeteilt beurteilt oder Einzeltiere als Rudel, mag nebensächlich scheinen. Aber wer bei Forschungsarbeiten praxisfremde Definitionen vorgibt, erhält unerwartete oder missverständliche Resultate, deren Akzeptanz entsprechend schwerfällt. GAUTHIER (1994b) unterscheidet sieben Rudel-Haupttypen mit insgesamt 20 Varianten.

Rechts: Hier zerstreut sich Anfang Oktober ein kopfstarkes Geissenrudel grossflächig über eine Hochstaudenflur. Im Herbst sind manchmal Steinwildrudel von 50 bis 100 Tieren möglich oder beim Zusammentreffen von Böcken und Geissen theoretisch sogar von 150 bis 200 Tieren.

weniger um eine tagelange Isolation einzelner Geissen als um gewisse Tagesabschnitte oder tägliche Ortsverschiebungen im Alleingang. Die Geissen befinden sich in sehr gegensätzlichen Lebenssituationen: Trächtige, Gebärwillige, Mütter und Geissen ohne Kitz oder nach Kitzverlust. Entsprechend lassen sich Rudel mit und Rudel ohne Kitze beobachten, aber auch besonders viele kleine Wanderbewegungen zwischen diesen. Kitzlos gebliebene Geissen oder Geissen nach Kitzverlust, können weit in den Juni hinein öfter in Randbereichen ihres Gebietes allein unterwegs sein – manchmal auch auf Wanderrouten von Böcken. Die älteren Böcke verbringen nach der Paarungszeit den Winter bis gegen den April in Kleingrüppchen. In dieser Zeit halten sich Böcke wohl nicht zufällig gerne in teilweise bewaldeten Gebieten (mit Deckung!) auf.

Isoliert stehende Individuen in Gebieten ohne Deckung handeln entgegen der üblichen Vorsicht. Hartnäckig da und dort zitierte alte Einzelgängerböcke sind deshalb meistens weder aussergewöhnlich alt noch echte «Solisten». Beispielhaft entpuppt sich der «sehr alte, solitäre» Bock im Buch von WEBER auf Seite 42 für Kenner nur als ca. 8-jährig. VILLARET & BON stellten in einer zweijährigen Untersuchung fest, dass sich der älteste individuell kenntliche Bock von 13 (bzw. 14) Jahren in neun von 12 Wiederbeobachtungen zusammen mit anderen Tieren aufhielt. Auch beobachteten sie in drei von 19 Sichtungen beispielsweise einen 4- bis 5-jährigen Bock allein. Steingeissen kann man oft einzeln unterwegs zu einer Salzleckstelle sehen – ohne ihr Kitz und 500 Meter entfernt von ihrem Rudel. Deshalb sei darauf aufmerksam gemacht, dass ein Steinbock unterwegs zwischen zwei Rudeln eine Zeit lang als isoliertes Individuum in Erscheinung tritt. Krankheit kann hingegen ein Grund zum Einzelgängertum sein, wenn ein Tier kurz vor dem Tod einem Rudel nicht mehr zu folgen vermag.

Ähnliches wie für Einsiedlerböcke gilt für die Existenz von ranghohen Leittieren. Leittiere haben sich in den Köpfen der Jäger eingegraben und sind dort kaum mehr zu vertreiben. Es fällt auf, dass die Tagesabläufe oft recht starr und damit voraussehbar sind. Auch junge Tiere kennen diese Muster sehr genau und können alten, erfahrenen Tieren bei Ortsverschiebungen vorangehen. Wenn es einen heissen Tag oder einen markanten Schlechtwettereinbruch gibt, spüren dies nicht nur alte, sondern auch junge Böcke, sind entsprechend motiviert, und handeln danach (vgl. CATANIA). Bereits COUTURIER (1962) und vor allem SCHAERER fanden, dass in wandernden Bockgruppen kein Gruppenleader fest vorgegeben ist, bzw. die vorausgehenden Tiere auffällig oft wechseln oder jung sind und keinen hohen Rang besitzen. Beobachtungen von STECK an einer freilebenden Kleingruppe von Steingeissen rücken ebenfalls kein einzelnes Individuum als allgemeines Leittier ins Zentrum.

Die Geburtszeit

Die kleinen Steinböcke kommen vielerorts im steilen Winterlebensraum zur Welt – in eigernordwandähnlichen, aber nach Süden ausgerichteten Felsen. Diese Felsen bieten Ende Mai und im Juni Sicherheit und akzeptables Gras. Dass es trotzdem schief laufen kann, zeigt eine ungeeignete Geburtsplatzwahl oder eine Kitzentführung.

Mindestens vom Muttertier her ist die Bindung zum Kitz streng persönlich (exklusiv) (vgl. Kapitel Rangordnung, persönliches Kennen). Meistens schon einen Tag nach der Geburt geht n Mutter mit ihm in ein Rudel von Geissen mit Kitz. Dort fällt es uns oft schwer, die einzelnen Kitze den Müttern zuzuordnen. Die beiden Kitze auf dem Bild sind keine Zwillinge. Eine seitlich gesehen beeindruckende Postur älterer Geissen im Mai/Juni mit Heubauch ist eher ein Alters- und Saisonmerkmal als der Hinweis auf Trächtigkeit. Der Anblick von oben zeigt nämlich im Vorsommer ein ziegenähnlich schmales, «zerbrechliches» Tier.

• Zum Verhalten vor der Geburt

Die Geissen wählen für die Geburten die untere Felszone bis etwa 100 Meter Höhe über dem Grund aus – in Einzelfällen wahrscheinlich sogar den Felsfuss oder steile Waldzonen. Selbst hochträchtige Geissen legen beim Weiden täglich Hunderte von Metern zurück und begehen Ende Mai auffällig oft tiefstgelegene Felsrouten, wo das neue Gras zu spriessen beginnt. Nebenbei frischen sie so vielleicht ihr «Gebärplatzgedächtnis» auf. Zumindest fällt eine gute Routenkenntnis bei den Tageswanderungen auf, selbst wenn einzelne Tiere teilweise den Geruchsspuren anderer folgen sollten. An geeigneten Geburtsplätzen besteht kaum Mangel. Felsnischen (Halbhöhlen) sind zwar beliebt, aber keine Notwendigkeit – sie fallen uns Menschen beim Beobachten wohl einfach stärker auf. Die Geburten können sich auf Felszüge von mehreren Kilometern Länge verteilen. Meistens ergeben sich traditionelle Konzentrationspunkte – die Nähe zu anderen Geissen scheint wichtig zu sein. Einzelne Geissen bevorzugen wahrscheinlich über Jahre hinweg immer den gleichen Felssektor, aber nicht unbedingt exakt die gleiche Stelle. Insofern beanspruchen ranghohe Geissen nicht zwingend die besseren Plätze. Die Konkurrenz um geeignete Geburtsplätze ist wohl auch deshalb kleiner, als man denkt, weil sie nur wenige Stunden besetzt sind, nur wenige Kitze zur Welt kommen und sich die Geburten auf ca. 20 Tage verteilen. Die Geissen scheinen besonders Fluhbereiche zu mögen, die am Nachmittag früh abschatten. Schlüsselfaktoren für die Geburtsortwahl sind die Steilheit des Geländes oder der Zeitpunkt, aber kaum, ob es sich dabei um den Winter- oder den Sommerlebensraum handelt.

• Eine ungeeignete Geburtsplatzwahl

Steingeissen wählen für Menschen und Bodenfeinde schlecht zugängliches Geburtsgelände aus, kümmern sich aber kaum um Luftfeinde (Steinadler) (vgl. HALLER 1996a) – so wie NIEVERGELT (1974) dies für Walia Steingeissen beschreibt. Vor Wolf und Luchs müsste die Mutter aus flachem Gelände fliehen, gegenüber dem Steinadler kann eine Geiss ihr Kitz verteidigen (vgl. Kapitel Fluchtverhalten).
Bei der Geburtsplatzwahl spielt die Erfahrung eine Rolle. Erfahrene Mütter wissen besser, welche Kletterkünste sie einem kleinen Kitz zumuten dürfen. Ein «unzugänglicher» Geburtsort ist die falsche Wahl; das Kitz muss ihn ohne Probleme verlassen können um seiner Mutter nachzufolgen. Am 7.6.2004 beobachtete ich eine 3- bis 4-jährige Erstlingsgeiss(?) mit fehlender Erfahrung, die sich wahrscheinlich aus Angst vor Störungen durch anderes Steinwild eine sonst unbegangene, bereits für sie selber fast nicht erreichbare Felsnische auswählte – im Konflikt wohl zwischen Nähe und Abgrenzung zum Rudel. Darauf deutete jedenfalls ihr Beobachten und Stillhalten in der Nische beim Kitz, wenn anderes Steinwild in Sichtweite war. Einige Male gesellte sie sich jeweils etwas später (ohne Kitz) kurz zu den eben vorbeigezogenen Tieren. Am siebenten Lebenstag stürzte ihr Kitz beim Abstieg vom Geburtsplatz ab. COUTURIER (1962) erwähnt ein neugeborenes Kitz, das 14 Tage lang auf einem Felsband «gefangen» war, dessen Schicksal aber offen blieb.

• Geburten vorwiegend nachts?

Über die Geburt selbst ist aus dem Freiland so gut wie nichts bekannt. Die Parkwächter im Gran Paradiso wollen acht Geburten mitverfolgt haben. Erhalten geblieben sind dazu fast keine Einzelheiten. Die Wehen sollen um die sechs Stunden in Anspruch nehmen – verbunden mit unruhigen Ortswechseln. Die Geburt ist stehend oder liegend möglich und scheint höchstens eine halbe Stunde zu dauern. Die Kitze sind in der Regel nach 10 bis 30 Minuten auf den Beinen. Wenn ein Kitz keine Aufstehversuche unternimmt, kann es aber auch mal mehrere Stunden dauern (COUTURIER 1962). Die Mütter fressen in der Regel die Nachgeburt auf (MEYER-HOLZAPFEL 1958). Soweit ich sehen konnte, bleiben

Steingeissen-Mütter nach der Geburt mehrere Stunden ruhend mit dem Kitz am Geburtsplatz. Auch besetzen sie einen Geburtsplatz unter Umständen bereits am Vorabend. Bei meinen Beobachtungen häufen sich die Hinweise auf nächtliche Geburten (vgl. PLETICHA). Einmal brachte eine ältere Geiss ihr Kitz vermutlich nachts in aller Stille bei 20 Zentimetern Neuschnee am Felsfuss zur Welt. Geissen gebären kaum je in Anwesenheit von anderem Steinwild. Bisher habe ich erst in einem Fall den Verdacht, ein Kitz sei tagsüber hinter einem Schneerest unter den Felsen beim Rudel zur Welt gekommen.

Links: Ein typischer Geburtsplatz liegt im Fels und weist oft eine dachartige Felsvorwölbung auf. Wahrscheinlich finden die meisten Geburten nachts statt. Den Tag nach der Geburt verbringen die Geissen ruhend mit ihrem Kitz, bzw. säugend (Bild). Danach nehmen sie die Tageswanderungen zusammen mit ihrem Kleinen im Rudel mit den Kitzen wieder auf.

Mitte: Nicht umsonst sind in der Steinkitz-Geburtszeit Steinadler und Füchse besonders aktiv. Knapp 20 Prozent der Steinkitze stürzen nach eigener Erhebung in den allerersten Lebenstagen zu Tode. Stürze könnten teilweise auch bedingt sein durch Schwäche oder Krankheiten. Das tote Kitz im Bild wurde nur entdeckt, weil die Mutter vom Rudel mit Kitzen wegging und kurz zu ihm zurückkehrte.

Rechts: Die Geburtsplatzwahl ist heikel. Die Geissen legen Wert auf die Wahrung ihrer Intimsphäre, lieben aber gleichzeitig die Nähe zu anderen Geissen mit Kitzen. Diese 3- bis 4-jährige mutmassliche Erstlingsgeiss hat eine falsche Wahl getroffen – in einer für sie fast unzugänglichen Felsspalte, wo das Kitz sieben Tage lang gefangen war und dann tödlich abstürzte. Erfahrene Geissen hätten diese Stelle nie gewählt.

Unten links: Das Bild gibt einen Eindruck davon, wie schwierig das Klettern mit kurzen Beinchen in hohen Felsstufen sein muss. Abgesehen von fehlendem Absichern im Fels sind aus menschlicher Sicht bei Steingeissen weitere Grenzen der mütterlichen Fürsorge zu orten: Manchmal verhindert die Geiss durch ungeschickte Wahl des Ruheplatzes, dass ihr Kitz unmittelbar an sie angeschmiegt liegen kann. Wenn es sehr kalt ist, sind Bedenken wegen des dünnen Kitz-Sommerpelzchens angebracht. Allerdings steht dem Kitz die Möglichkeit offen, sich gegenüber der Mutter bemerkbar zu machen, damit sich diese anders hinlegt.

Mitte: Nur ein einziges Mal (hier auf der Flucht wegen eines Gleitschirmes) stellte ich im Fels den Ansatz zum Stützen eines Kitzes fest – allerdings im Hochrisikobereich, wo es ebenso gut den Sturz des Kitzes hätte bedeuten können, weil sich die Geiss bei der Fortsetzung ihres Sprunges zwischen Kitz und Fels durchzwängte.

Rechts: Dieser Felsriegel scheint für einwöchige Kitze unüberwindbar zu sein – ist es aber dank Sprungkraft und Interesse am Schwierigen nicht. Die Kitze müssen grundsätzlich ohne die Hilfe der Mutter auskommen. Das war auch im Fall des zu Tode gestürzten Kitzes nicht anders. Ausnahmsweise kann eine Geiss bei Schwierigkeiten das Kitz ganz allein (und vor dem Steinadler ungeschützt) ablegen und erst nach mehreren Stunden zu ihm zurückkehren. Umgekehrt weigerte sich einmal bei grosser Hitze ein älteres Kitz, seiner Mutter hinterherzugehen, worauf diese schlussendlich zu ihm in den Schatten zurückkehrte.

Oben links: Im Fluchtstress setzt es für ein kleines, fremdes Kitz, das Schwierigkeiten hat zu folgen, manchmal heftigere Hornstösse ab. Gegenüber dem eigenen Kitz aber sind Geissen bei Schwierigkeiten im Fels normalerweise sehr geduldig und können gelegentlich mit der leckenden Zunge eine Motivationsspritze geben.

Geburtstermin, Zwillingshäufigkeit, Geburtsgewicht, Geschlechterverhältnis

COUTURIER (1961) nennt eine Tragzeit von 165 bis 170 Tagen, was etwas weniger ist als bei der deutlich kleineren Gämse. STÜWE & GRODINSKY (1987) fanden im Zoo durchschnittlich 167 Tage, schlossen aber für die Berechnung drei Fälle von 185, 189 und 205 Tagen aus. Im Freiland sollte man die Tragzeit bis zum Gegenbeweis nicht als fest vorgegebene Grösse betrachten.

In der 2001 gegründeten Kolonie Spillgerten BE stellte Rudolf Wyss (Spiez) bis ins Jahr 2007 fünf Geburten vor dem 20. Mai fest. COUTURIER (1962) publiziert Freilandgeburten ab dem 20. Mai. Üblicherweise sind Jungtiere aber nicht vor dem 26. Mai zu beobachten (vgl. auch DAVID 1994). Die Mehrzahl meiner Feststellungen neugeborener Kitze lagen knapp vor dem 10. Juni – bis zum 14. Juni scheinen jeweils praktisch alle Geburten abgeschlossen zu sein. Hingegen endete die Geburtssaison 2006 etwa 10 Tage später und begann ohne Maigeburten. Die Hauptgeburtszeit dauert nur etwa 20 Tage.

Der Tierpark Bern verzeichnet die erste von 111 Geburten am 29. April! 67 Prozent aller Steinkitze kommen in Bern vor dem 25. Mai zur Welt, 11 Prozent der Kitze nach dem 15. Juni, das späteste am 10. August (Angaben nach Einblick in Zoounterlagen der Jahre 1981 bis 2005). NIEVERGELT (1966b) zeigt mit Daten verschiedener Zoos gesicherte Abweichungen der Setztermine und führt sie auf unterschiedliche Futterqualität (während der Kriegsjahre) zurück – aber auch auf unterschiedliches Alter der Geissen, indem sich der Termin mit zunehmendem Alter allmählich vorverschiebt und im hohen Alter wieder zurück.

ABDERHALDEN (2005) datiert im dicht besiedelten Gebiet Trupchun/Albris die letzten Geburten jeweils Anfang Juli im Sommerlebensraum – ROCHAT im Trupchun (im Schweizerischen Nationalpark) einen Einzelfall nach dem 23.7.1993. GIACOMETTI & RATTI (1994) erwähnen am Albris den Nachweis einer 12-jährigen Geiss, die am 21. August noch trächtig war (weitere Einzelfälle Kapitel Paarungszeit). In der Natur haben vor Mitte Mai und ab Mitte Juli gesetzte Kitze kaum Überlebenschancen. Beobachtungen kleiner Kitze im Juli/August dürfen nicht unbesehen als späte Geburten gewertet werden (vgl. Kapitel Kitzjahr).

Gelegentlich kommen Zwillinge vor, die es aber zu entdecken und kritisch zu überprüfen gilt. Meine fünf Nachweise (vgl. Bildtexte Kapitel Kitzjahr) entsprechen ungefähr 1 Prozent der Geburten (so dass 2 Prozent der gezählten Kitze Zwillinge sind). COUTURIER macht aus dem Gran Paradiso eine Angabe von weniger als 1 Prozent der Geburten. Auf den doppelten Wert kamen GIACOMETTI & RATTI (1994) am Piz Albris bei Gebärmutterüberprüfungen von 52 Geissen mit entwickelten Keimlingen. Der höchste Freilandwert mit 7,7 Prozent stammt aus der rasch wachsenden Kolonie Belledonne/Sept/Laux (F) (TOÏGO 2002c). In Zoos sind Zwillingsgeburten insbesondere bei Geissen im mittleren Alter häufiger. NIEVERGELT (1966b) fand im Tierpark Langenberg gut 30 Prozent Zwillingskitz-Geissen. STÜWE & GRODINSKY (1987) nennen für den Wildpark St. Gallen für die Folgezeit gar 33 Prozent Zwillingsgeburten. Im Tierpark Bern gebären heute 10 Prozent der Geissen Zwillinge. Nach BÄCHLER (1917/18) treten die Geschlechter bei Zwillingen in allen Kombinationsmöglichkeiten auf – in Bern fehlt die Kombination von zwei Bockkitzen.

Das durchschnittliche Geburtsgewicht von 98 Steinkitzen im Tierpark Bern erreicht ganz knapp drei Kilos (1,5 bis 4,6 Kilos), wobei Bockkitze 3,14 Kilos wiegen, Geisskitze 2,87 Kilos und Zwillinge 2,89 Kilos (2,3 bis 3,6 Kilos). Später geborene Kitze fallen öfter durch geringe Geburtsgewichte auf als früher geborene. Ein selber gewogenes, sieben Tage altes Geisskitz einer mutmasslichen Erstlingsgeiss aus dem Freiland brachte es nach dem Saugen auf 3,13 Kilos.

110 Kitzgeburten aus dem Tierpark Bern setzen sich aus 47 Bockkitzen und 63 Geisskitzen zusammen, was statistisch gesehen nicht von einem ausgeglichenen 1:1-Verhältnis abweicht – wie bei STÜWE & GRODINSKY (1987), aber mit gegenläufigem «Geschlechterüberhang». Auch unter den 22 Zwillingskitzen sind lediglich sechs Bockkitze. Angaben zum Geschlechterverhältnis im Bestand stehen im Kapitel Winter unter eigener Überschrift.

Rechts: Die meisten Kitze kommen zwischen Ende Mai und Mitte Juni zur Welt. In einem Beobachtungsjahr stellte ich eine mittlere Verspätung von ca. 10 Tagen fest. Die Gründe sind entweder in verspäteter Brunft oder verlängerter Tragzeit zu suchen. Man geht aber im Allgemeinen von einer einheitlichen Tragzeit von 167 Tagen aus (Zoowert).

Links: Bei diesem mutmasslichen Zwillingsnachweis hielt sich die erfahrene Mutter mitten in einem grossen Geissenrudel auf. Im Freiland sind ungefähr 1 Prozent der Geburten Zwillingsgeburten, im Zoo ca. 10 bis 33 Prozent. Aussergewöhnlich war darüber hinaus, dass die Geiss sich vor dem Fotografen mit ihren kleinen Kitzen nicht sofort davonmachte. Normalerweise sind die Mütter junger Kitze extrem scheu.

Rechts: Zur Mittagsruhe treffen Kitzmütter mit kitzlosen Geissen und Jungböcken zusammen, welche aus weniger steilen Gebieten oft von höher oben zurückkehren. Manchmal begeben sich von hier aus einzelne Geissen eine Weile lang ohne Kitz in tiefer liegende, bessere Weiderasen.

• Rudelanschluss nach der Geburt

In der Geburtszeit ist der Rudelzusammenhalt der trächtigen Geissen am geringsten. Während der Nahrungsaufnahme sind sie öfter allein unterwegs. Aber bis unmittelbar vor der Geburt treffen sie sich zumindest tagsüber zum Ruhen. Wie rasch nach der Geburt eine Geiss mit ihrem Kitz ins Rudel geht, war meines Wissens nie ein Forschungsthema. COUTURIER (1962) nennt 2 bis 3 Wochen, MEILE «ungefähr 14 Tage». In der neu gebildeten Kolonie Spillgerten BE fielen Rudolf Wyss (Spiez) höchstens bis zu einer Woche nach der Geburt abgesonderte Geissen auf. In Übereinstimmung mit GAUTHIER (1994) suchten von mir beobachtete Geissen meistens bereits einen Tag später dauerhaften Anschluss an andere Mütter mit Kitzen. Auch schlossen sie sich ihrerseits in den Ruhephasen tagsüber oft weiterhin Geissen ohne Kitz und jungen Böcken an. Hingegen blieb eine Geiss zu Beginn der Geburtszeit mit ihrem Kitz mehrere Tage allein, nachdem das Kitz einer Begleiterin starb und ein längerer Schlechtwettereinbruch folgte. Ich konnte zwei Geissen nach der Geburtsnacht sowie das erste Zusammentreffen der beiden Kitze einen Tag später, am 1.6.2003, direkt mitverfolgen. Kitze haben grosses Interesse aneinander, wenigstens halten sie sich gerne nahe nebeneinander auf. Sie laufen unabhängig voneinander viel herum und kehren jeweils zueinander zurück. Sonst aber benehmen sie sich (noch), wie wenn das andere Kitz nicht danebenstünde.

Links: Es ist anzunehmen, dass Kitze dank ihrer Nase oder teilweise beim Erfahrungensammeln die richtige Nahrung finden und dazu nicht die Hilfe der Mutter benötigen. Hier scheint ein Kitz an einer Kalk-Polsternelke zu schnuppern – lange bevor es von Milch allmählich auf Pflanzennahrung umstellt.

• Eine Kitzentführung

Am 2.6.2005 «beobachtete» ich, wie eine ranghohe Geiss mit ausser-gewöhnlich schönen Hörnern unter nicht genau nachvollziehbaren Umständen ihr Kitz verlor. Es gab unmittelbar danach nur drei Kitze im Gebiet. Die Geiss war vorher drei Tage lang mit einer rangtiefen, kurzgehornten Geiss und deren Kitz unterwegs. Nach dem Kitzverlust trennten sich die Wege der beiden Geissen. Zwei Tage später sprang nach drei kurzen Horngefechten andernorts eine isoliert stehende, rangtiefere kitzführende Geiss meines Erachtens vor der Geiss mit Kitzverlust etwa 100 Meter vom Tages-Ruheplatz weg, ohne dass ihr liegendes Kitz ihr nachfolgte. Die ranghohe Geiss zeigte anfänglich wenig Interesse am fremden Kitz. Erst nach ca. einer Stunde muss es in der Abenddämmerung zur Bindung zwischen den beiden gekommen sein, und sie blieben in den nächsten Tagen standorttreu (und isoliert). Biologen gehen bei einer Kitzadoption von nahem Verwandtschaftsgrad der beiden Geissen (z.B. Mutter/Tochter) aus – ein nicht verwandtes Kitz würde demnach seinem Schicksal überlassen. Vier Tage später liess sich praktisch an der gleichen Stelle die rangtiefere Geiss ohne Kitz beobachten, wie sie hinzukam und von unten her während des Säugens das Kitz der ranghöhere Geiss zur Identifizierung von hinten beroch. Offenbar glaubte sie dabei ihr Kitz zu erkennen, jedenfalls versuchte sie es daraufhin zu belecken. Dies wiederum liess die ranghohe Geiss nicht zu. Es kam deswegen mehrfach zu kurzen Horngefechten, ausgelöst immer durch die rangtiefere Geiss. Im Verlaufe der Auseinandersetzungen geriet diese zwischen das Kitz und die Ranghöhere, welche sofort ihre Hörner zeigte. Daraufhin flüchtete die Rangtiefere erneut abrupt in hohem Tempo – diesmal sprang das Kitz im typischen «Fluchtreflex» direkt nebenher, obwohl es vorher den Annäherungen durch seine mutmassliche Mutter eher ausgewichen ist. Die ranghohe Geiss folgte dem Duo mindestens 50 Meter weit. Nach einer kurzen Beobachtungslücke war das Kitz nirgends mehr zu sehen, während beide Geissen sich etwa eine halbe Stunde lang in Horngefechte verwickelten und dabei höher stiegen. Die wahrscheinliche Kitzmutter pfiff öfter, griff häufig an, unterlag aber immer. Erst nachts scheint sie zum Kitz zurückgekehrt zu sein. Jedenfalls konnte ich die gleiche Geiss zwei Tage später mit einem Kitz eindeutig bestätigen. Die beobachteten Auseinandersetzungen zwischen den beiden Geissen waren die hitzigsten und längsten je von mir beobachteten Vorfälle zwischen zwei Geissen. Ich war nachher noch fünf Tage lang im Beobachtungsgebiet. Während dieser Zeit fiel nichts Besonderes auf. Die Geiss mit Kitzverlust hielt sich nicht mehr hier auf.

Im Tierpark Bern drängte einmal eine ältere Geiss eine rangtiefere Mutter unmittelbar nach der Geburt von einem Kitz weg und verwehrte ihr bis zum Eingreifen des Tierpflegers am nächsten Tag jegliche Kontaktaufnahme. Die ranghöhere Geiss gebar fünf Tage später ein eigenes Kitz (MEYER-HOLZAPFEL 1974). Ansonsten scheinen in der Literatur echte Kindsentführungen mit Säugen des fremden Nachwuchses unbekannt zu sein. Möglicherweise sind beobachtete Rangauseinandersetzungen nach Zoogeburten rangniedriger Geissen in ähnlichem Zusammenhang zu sehen (Seite 123).

Rechts: Immer vor dem Saugen kontrollieren Steingeissen-Mütter ihre Kitze an den Schwanzdrüsen (der Schwanzunterseite), die den Individualduft verströmen. Während der ersten Lebenstage beriechen sie ihr Junges auffällig oft, ganz besonders aber nach der Rückkehr ins Rudel, wo anfänglich jedes Kitz in der Nähe einer Geiss sofort einer Geruchskontrolle unterzogen wird, wenn die Kleinen ständig in Bewegung zwischen den verschiedenen Müttern sind. Geissen scheinen ältere Kitze auch an der Atemluft zu erkennen. Dies ist aber nicht belegt und nur selten zu sehen.

Oben: Während Steingeissen ihr Kitz am Geruch individuell zu unterscheiden vermögen, bleibt fraglich, ob Steinkitze umgekehrt ihre Mutter persönlich kennen und darüber hinaus wissen, dass sie nur bei ihr saugen dürfen. Dieses Kitz ist soeben aus einer Gruppe auf die Geiss zugesprungen, wo es offensichtlich saugen möchte. Die Geiss prüft vorerst die Umgebung, ob das Kitz vor einer Gefahr geflüchtet sei.

Mitte: Das Kitz streckt den Hals vor und verhält sich abwartend unsicher, was aber bei Steinböcken nicht einem «normierten» Verhalten mit festgelegter Bedeutung entspricht (vgl. Kapitel Rangordnung, «Unterlegenheitshaltung»). Der Geiss scheint bereits klar zu sein, dass es sich nicht um ihr Kitz handeln kann. Möglicherweise hat sie gar keines und braucht sich deshalb nicht um eine «Identifizierung» zu bemühen – oder sie konnte an der ausgetauschten Atemluft das eigene Kitz ausschliessen, was hier zutreffen dürfte. Oft fehlt aber auch ganz einfach die nötige Menge Milch, um das eigene Kitz immer saugen zu lassen (vgl. Kapitel Kitzjahr).

Unten: Jetzt senkt die Geiss die Hörner und gibt dem Kitz unmissverständlich zu verstehen, dass es von ihr lassen soll. Das Kitz versteht augenblicklich und springt davon. Selbst mehrere Monate alte Kitze können auf die beschriebene Weise Geissen (oder ausnahmsweise junge Böcke) angehen.

Links: Dieser junge Bock zeigt grosses Interesse an einem neugeborenen Steinkitz. Direkt am Geburtsplatz schnuppert er eingehend dessen Atem, während es die Mutter vor dem Fotografen vorübergehend mit der Angst zu tun bekam. Junge Böcke bis 4-jährig gehören im Sommer zu den Rudeln mit Kitzen und benehmen sich gegenüber Jungtieren noch toleranter als Geissen mit eigenem Kitz.

Rechts: Steingeissen weisen in den ersten Tagen ein fremdes Kitz mit den Hörnern meist erst ab, wenn es zu saugen versucht – manchmal weichen sie ihm einfach aus. Im Verlaufe der Zeit aber werden die Hornstösse heftiger. Hier stiess eine Geiss ein zweites Mal sanft nach und hängte dabei ihr eigenes, saugendes Kitz ab. Die Beobachtung vom 11. 6. 2006, dass ein Kitz hintereinander bei zwei Geissen saugen konnte, blieb bisher isoliert. Die zweite Geiss hatte nach Kitzverlust offenbar noch Milch.

Das Kitzjahr

Steingeissen im besten Alter haben alljährlich ein Kitz, ausnahmsweise sogar Zwillinge. Die ersten Tage nach der Geburt und der erste Bergwinter treffen unter den Kitzen eine harte Selektion. Geburtsgewicht, Milchmenge und Säugedauer können über Leben oder Tod mitentscheiden. Das Jungtier folgt seiner Mutter fast ein Jahr lang auf Schritt und Tritt überall hin. Danach ist es für das eigene Leben gerüstet. Gelegentlich profitiert ein Jährling von der Milch der Mutter.

Steingeissen bekommen ab 3 bis 4 Jahren bis im Alter von etwa 13 Jahren fast alljährlich ein Kitz. Die Todesfälle unter den Kitzen sind aber bis nach dem ersten Winter so zahlreich, dass man lange von einer Geburt alle zwei Jahre ausging. Die Zahl der überlebenden Kitze hängt stark von der «Bevölkerungsdichte» der Tiere ab. In jungen, dünn besiedelten Populationen überleben mehr Kitze. An dünn besiedelten und klimatisch begünstigten Orten in Frankreich haben viele Geissen schon mit zwei Jahren ihr erstes Kitz.

Die ersten Lebenstage

Ungefähr ab Ende Juni verlassen viele Geissen mit ihren Kitzen das steile Geburtsgebiet zu Gunsten von Gipfelebenen, Nordhängen oder grösserer Höhe am gleichen Bergzug. Geissen ohne Kitze oder nach Kitzverlust sind zumeist schon deutlich früher an solchen Orten anzutreffen. Wenn ein Gebietswechsel stattfindet, erfolgt dieser wegen der Sommerhitze und berücksichtigt ein änderndes Nahrungsangebot mit. Zudem ängstigen sich die Geissen um grössere Jungtiere weniger, die sich überall flink wie Erwachsene fortbewegen können.

Junge Steinkitze schliessen sich kurz nach der Begegnung zu Gruppen zusammen. Das andere Kitz scheint schon beim ersten Zusammentreffen zweier Kitze sehr attraktiv zu sein. Aber ein gemeinsames Spiel mit Aufreiten und zaghaftem Köpfe-Gegeneinander-Halten beobachtete ich erst ungefähr ab dem 12. Lebenstag. Steinkitze sind in ihrem Spiel weniger bewegungsfreudig als Gämskitze – insbesondere fehlen Luftsprünge mit anschliessendem Sichfallenlassen. Dieser Verzicht ist im felsigen Lebensraum wohl nötig. Regelrechte Kinderhorte mit ein, zwei Geissen und vielen gehüteten Kitzen traten in meinen Beobachtungsgebieten nur mit wenige Tage alten Kitzen auf. Im aussergewöhnlichsten Fall wurden fünf Kitze über eine Stunde ungehütet allein gelassen. Gleichzeitig machen sich meistens nur wenige Geissen ohne ihr Kitz davon. Ich konnte schon am zweiten Tag nach dem Zusammenschluss zweier Geissen beobachten, wie sich die Ranghöhere etwas entfernte und ihr Kitz beim anderen Jungtier blieb. Möglicherweise halten sich Kitze lieber bei rangtiefen «Hüterinnen» auf, weil sie von ihnen weniger häufig weggewiesen werden als von ranghohen Geissen. Abweisende Hornbewegungen «schützen» die Milch für das eigene Jungtier vor fremden Kitzen.

Wie zahlreich sind Kitze?

In rasch wachsenden (zumeist jungen oder bejagten) Kolonien stellt man etwa doppelt so viele Kitze fest wie in bereits lange existierenden, nicht bejagten Populationen: Wer die Anzahl Kitze durch die Anzahl Geissen ab zwei Jahren teilt, kann verschiedene Populationen direkt vergleichen. Die so berechnete Zahl heisst Nachwuchsrate und bezieht sich eigentlich auf den Herbst. (Im späten Frühjahr sollte man von Zuwachsrate sprechen, weil die Kitze dann den schwierigen ersten Winter hinter sich und gute Überlebenschancen vor sich haben.) Es gibt auch anders definierte Zahlen, aber die beschriebene Nachwuchsrate wird heute am häufigsten verwendet.

GAUTHIER (1991) führt maximale Nachwuchsraten bis 0,90 (90 Prozent) auf. STÜWE & GRODINSKY geben 1987 für Zooverhältnisse bezogen auf 3- bis 13-jährige Geissen wegen vieler Zwillingsgeburten 0,93 bis 1,13 an – aber die Nachwuchsrate liegt unter 90 Prozent. GIRARD (1998) und TOÏGO (2002a) nennen für Frankreich tiefste Werte von 45 Prozent. Im Gran Paradiso-Gebiet beträgt die Nachwuchsrate im Herbst seit Jahren knapp über 40 Prozent, die Jährlingsrate (der Vorjahreskitze) deutlich über 20 Prozent (PERACINO, bzw. VON HARDENBERG 2000) – zusammen also mehr als 60 Prozent. In der Schweiz zählt man Kitze und Jährlinge nicht getrennt (und zudem im späten Frühling). Der Jahresdurchschnitt im bejagten Teil der Albris-Kolonie in den Jahren 1992 bis 1995 ergab 88,5 Prozent Kitze und Jährlinge – im unbejagten Teil (im Schweizerischen Nationalpark) nur 40,2 Prozent (Abderhalden brieflich,

Links: Wo zwei kleine Steinkitze sind, dauert es nicht lange, bis sie sich zusammenschliessen und die Mütter fast vergessen. Manchmal benutzt eine Geiss diese Gelegenheit und macht sich auf der Suche nach Salz oder besserem Gras für eine Stunde davon. Es kommt aber beim Steinwild selten vor, dass sich mehrere Geissen gleichzeitig oder miteinander entfernen.

Rechts: Steinkitze entwickeln sich schneller als Gämskitze. Sie verlieren schon nach ungefähr sieben Wochen ihr kindliches Wesen und sehen dann eine Zeit lang mit kurzen, stämmigen Beinchen manchmal fast koboldhaft bockig und «unfotogen» aus. Das fotografierte Kitz steht kurz vor diesem Wandel. Bis zum Herbst verdoppelt sich die Beinlänge beinahe.

Oben links: Beim Köpfezusammenstrecken von Kitzen läuft alles sehr sachte, ohne heftige Stösse. Vielleicht auch, weil die kleinen Hörnchen noch nicht sehr fest mit den Hornknochen verwachsen und dann schmerzempfindlich sind.

Mitte: Fast wie die Grossen! Jedenfalls mit grossem Eifer steht ein Kitz auf die Hinterbeine. Dieses doch eher schon rohere Kampfverhalten sieht man von Kitzen aber nicht oft und meist nur kurz. Zudem kommt es aus dieser Stellung heraus noch kaum je zum Zusammenstossen der beiden Köpfe, welches sonst dazugehört – vielleicht wären die Köpfe dazu noch zu zerbrechlich.

Oben rechts: Kitze machen am häufigsten Aufreitspiele. Unter Erwachsenen sind diese streng ins Rangverhalten eingebunden. Bei den Kitzen scheint die ernste Seite noch nebensächlich zu sein.

Unten links: Ein Schubs als Aufforderung zum Spiel oder die Verdrängung vom Liegeplatz als Ausdruck eines höheren Ranges?

Unten rechts: Ende August bleibt nicht mehr viel Zeit zum Spiel – jetzt bekommen die eigene Nahrungsaufnahme und anschliessendes Wiederkäuen immer mehr Gewicht. Im Rudel geben sich Kitze manchmal schon recht selbständig. Auch suchte ein Kitz nach Steinschlaggeräuschen Mitte Juli von sich aus unverzüglich den Schutz eines Felsabsatzes auf. Dieses «gefahrenbewusste» Verhalten ist allerdings nicht unbedingt erlernt, sondern (teilweise?) angeboren und könnte sich ab einem gewissen Alter zeigen.

aus BUCHLI & ABDERHALDEN 1997). Es handelt sich dabei um eine der ersten Vergleichsmöglichkeiten von «Nachwuchsraten» in bejagtem und unbejagtem Gebiet.

Ungefähr 10 Prozent der Keimlinge scheinen absterben zu können (GIACOMETTI & RATTI 1994, GIRARD 1998). In den ersten Lebenstagen stürzen nach eigenen Erhebungen bis zu 20 Prozent der Kitze in den Tod. COUTURIER (1962) erwähnt den Schätzwert eines Parkwächters aus dem Gran Paradiso mit 15 Prozent toten Kitzen in den ersten drei Lebensmonaten. Es sind aber die ersten Lebenstage, die entscheiden (GIRARD 1998) – und der Winter (Kapitel Winter).

• Die Milchmenge beschränkt das Kitzwachstum

HÜPPOP rechnet bei Säugern in der Schlussphase der Tragzeit mit einem um gut 40 Prozent erhöhten Energiebedarf (Grundumsatz). Aber die Säugezeit fordert die Geissen stärker als die Tragzeit. In einem Fütterungsversuch mit Nubischen Steinböcken frassen säugende Geissen 25 bis 75 Prozent mehr als nichtsäugende (GROSS 1996). Über das Säugeverhalten und die Milchzusammensetzung gibt es beim Alpensteinwild keine Publikationen. Steinkitze zeigen in den ersten Lebenstagen ein ähnliches Saugmuster wie Gämskitze, d.h. knapp alle Stunden ein Mal eine Minute lang. Die Gefangenschaftskitze für die Wiederaussetzungen nahmen zu Beginn täglich 1¼ Liter Kuhmilch auf, später 1½ Liter (BÄCHLER 1917/18). Im Fütterungsversuch von GROSS (1996) mit Nubischen Steinböcken bekamen die Kitze von ihren Müttern im Tagesdurchschnitt kurzfristig 4,35 Deziliter Milch (2,7 bis 7,0 Deziliter). Die Milchmenge erwies sich extrem abhängig von der Heuqualität und war bei schwereren Kitzen gesichert grösser.

Bei meinen Beobachtungen haben zwei Steingeissen, deren junges Kitz ihnen nicht zu folgen vermochte, es während mehr als sechs Stunden sich selber überlassen. Die Säugedauer danach betrug gleichwohl nur eine Minute, und die dabei aufgenommene Portion ca. drei Deziliter (bei einem Kitz, das nach dem Saugen tödlich abstürzte). Die Milchmenge dürfte im Freiland das Körperwachstum begrenzen. Im Juli/August bekommen Steinkitze (tagsüber) nur noch zwei oder allenfalls drei Mahlzeiten, für welche sie jeweils während gut 20 Sekunden saugen. Angaben über die Dauer der Säugeperiode finden sich im Kapitel Winter.

Seit Jahren fallen mir (allerdings erst etwa ab Ende Juli/Anfang August) Unterschiede in der Körpergrösse der beobachteten Kitze auf. Normalerweise muss man in solchen Fällen von weit auseinanderliegenden Geburtsdaten ausgehen (DAVID 1995), unterschiedliche Geburtsgewichte annehmen oder vermuten, dass sich Bockkitze und Geisskitze verschieden entwickeln. Extrem spät (oder früh) zur Welt gekommene Kitze sind mir keine aufgefallen, solche lassen sich sogar aufgrund von Zählungen zu verschiedenen Zeitpunkten weitgehend «ausschliessen». In den ersten Lebenstagen gestorbene Kitze waren nicht untergewichtig, so weit sie überhaupt erfassbar waren. GIACOMETTI (1997) konnte

einen Gewichtsunterschied von Geisskitzen und Bockkitzen im Alter von fünf Monaten (an 18 Kitzen) statistisch sichern. Ich stellte an lebenden Kitzen von beiden Geschlechtern besonders klein- oder grossgewachsene Kitze fest. Deshalb frage ich mich, ob unterschiedliche Milchmengen der Mütter die Körpergrössen-Unterschiede (mit)verursachen und sich 20 Tage Altersdifferenz mit der Zeit verstärken (vgl. aber PLETICHA). Es sind möglicherweise die ersten Kitze junger Geissen (MEYER-HOLZAPFEL 1958, NIEVERGELT 1966a), die ungünstige «Startbedingungen» haben, d.h. ein tiefes Geburtsgewicht und wenig Milch der Mutter (vgl. aber TOÏGO & MICHALLET 2002). Fällt alles zusammen, sehen 20 Tage Altersunterschied ab August nach vielleicht 40 Tagen Differenz aus. In Belledonne/Sept/Laux (F) sollen sich die Böcke jahrgangsweise entweder körperlich gut oder schlecht entwickeln, nicht aber die Geissen (TOÏGO 1999b, TOÏGO & MICHALLET 2002b). Geissen gleichen demnach eine geringe Körpergrösse nach dem ersten Lebensjahr in späteren Jahren noch aus, Böcke nicht. Schwache Bockkitze wären also für ihr ganzes Leben «gezeichnet». Dass sich ganze Bockkitz-Jahrgänge schlecht entwickeln, müsste allerdings an Kitzen zu beweisen versucht werden – nicht an alten Tieren wie bisher (an alten Böcken ist das abgenutzte Hornwachstum vom Kitzjahr nicht mehr gültig messbar). In der Schweiz fielen bei umfangreichen Ausmessungen erlegter Tiere bisher offenbar niemandem Unterschiede entsprechend dem Jahrgang auf. BUCHLI & ABDERHALDEN (1998) fanden in den meisten untersuchten Kolonien mehr «schlecht konstituierte» Geissen als Böcke und Unterschiede zwischen verschiedenen Kolonien z.B. im Brustumfang (vgl. auch GIACOMETTI 1997) – Letzteres publizierte (in anderem Zusammenhang) selbst TOÏGO (2002b).

Links: Kitze bekommen vermutlich bereits im Juli (tagsüber) nur noch zwei Milchmahlzeiten. Gleichzeitig verkürzt sich die Säugedauer auf ca. 20 Sekunden. Die Entdeckung von Zwillingen ist im Feld schwierig – Aufenthalt und Nachfolgen zweier Kitze bei einer Geiss genügen nicht als Beweis. Zumindest sollte man prüfen, ob nicht die betreffende Geiss eines der Kitze mit Hornbewegungen jeweils doch etwas abwehrt. Der beste Nachweis von Zwillingen sind zwei gleichzeitig saugende Kitze (Bild). Aber einmal beobachtete ich, wie ein zweites Kitz zu einem saugenden Kitz hinzukam und kurz an der zweiten Zitze saugte, bevor die Geiss nach Geruchskontrolle beide Kitze abhängte – in diesem Fall offensichtlich keine Zwillinge.

Mitte links: An liegenden Müttern gelangen Kitze nicht ans Euter. Als Geheimtipp für hungrige Kitze empfiehlt sich dann, an den Hörnern der Milchquelle zu knabbern, was (aus Angst vor einem Rangverlust?) keine Geiss lange erträgt und aufsteht. Oft darf das Kitz aber auch dann nicht saugen. Hier besteht der Verdacht, die Geiss, welche vorher den Körperkontakt zum Kitz zuliess, sei gar nicht die Mutter, sondern nur eine kitzlose Halbschwester. Jedenfalls machte sich das Kitz nach erfolglosem Säugeversuch sofort meckernd davon.

Mitte rechts: Steingeissen lecken ihr Neugeborenes trocken. Aber für heranwachsende Kitze brauchen sie ihre Zunge eher selten und punktuell. Hier motiviert umgekehrt das Kitz wohl seine Mutter zum Aufstehen, um zu saugen. Aber die Nachfrage nach Milch ist grösser als das Angebot. Deshalb bleiben auch bei der Mutter viele Saugversuche vergeblich.

Rechts: Nach längerem Liegen tut es gut, sich genüsslich zu strecken.

Oben links: Leider gelingt es nicht immer, als Fotograf unbeachtet zu bleiben. Wenn aus solchen Situationen ein aussergewöhnliches Doppelporträt resultiert, muss sich niemand darüber ärgern.

Unten links: Vielleicht ist manchmal nur Langeweile im Spiel, wenn ein Kitz auf seiner Mutter herumturnt. Jedenfalls handelt es sich hier nicht um den Nachweis eines herumgetragenen Kitzes (auch nicht zur Überwindung einer schwierigen Stelle).

Mitte: Hungrige Kitze bringen die Mutter zum Aufstehen, indem sie voller Ungeduld auf ihr Herumturnen – dies mag auf Dauer keine Geiss und steht auf.

Rechts: Normalerweise bedeuten gegen Kitze gerichtete abweisende Hornbewegungen einer Geiss, dass es sich um ein fremdes Kitz handelt. An Salz-Leckstellen kommt es gelegentlich vor, dass Geissen ihr eigenes Kitz mit den Hörnern wegstossen – so auch hier. Steinwild hat eine grosse Schwäche für Salz. Die Geiss schleckt sogar auf ihren Handgelenken «kniend».

• Ein saugender Jährling

Spätestens gegen Ende Mai (bevor die neuen Kitze zur Welt kommen) trennen sich die Vorjahreskitze von ihren Müttern. Die Trennungsgründe dürften im gewaltigen Gewichtsverlust vom Winter zu suchen sein und im bevorstehenden grossen Wachstumsschub. Jährlinge sind nach ihrem ersten Winter besonders aktiv auf der Suche nach der besten Nahrung, die eher in weniger steilen Zonen zu finden ist als in den Geburtsgebieten des nächsten Kitzjahrganges. Jährlinge ruhen aber nach der Trennung tagsüber häufig gemeinsam in der Nähe ihrer Mütter. Unter Zooverhältnissen halten die Geissen nach einer Geburt ihren Jährling durch Abwehrbewegungen von sich fern (HORWICH beim Sibirischen Steinbock).

Bei der Gämse ist mittlerweile mehrfach nachgewiesen, dass an Stelle eines verstorbenen Kitzes unter Umständen der Jährling saugen kann. Steingeissen stellen die Milchproduktion öfter erst ca. 6 bis 9 Monate nach der Kitzgeburt ein (vgl. Kapitel Winter). Etwa sechs Wochen vor der nächsten Kitzgeburt beginnt die Milchbildung erneut (WEISS). Stirbt ein Kitz vorzeitig, und hat der Jährling innert etwa vier Tagen mit seiner Mutter Kontakt, kann er fürs Saugen die Nachfolge antreten. Ich beobachtete beim Steinwild erstmals am 2.6.2002 einen ca. zehn Sekunden lang saugenden (Bock?) Jährling. Auch bei der Beobachtung eines saugenden Kitzes an einem 23. April dürfte es sich in Wirklichkeit um ein bereits entwöhntes Kitz gehandelt haben, das nach einer Fehlgeburt seiner Mutter die Stellvertreterstelle einnehmen konnte. COUTURIER (1962) glaubte, Steingeissen hätten als Regel nur alle zwei Jahre ein Kitz und würden in kitzlosen Jahren ihren Jährling bis Ende Mai, Anfang Juni oder noch länger saugen lassen (Seite 1068). Heute gilt, zumindest in bejagten Gebieten, die alljährliche Geburt eines Kitzes als Normalfall. Fotografisch begleiten liess sich eine kitzlose Geiss mit saugendem Geissjährling erst im Juli/August 2005. Ab ca. vier Tagen ohne Säugen sind bei einer Geiss Milchstau mit entzündlichem Rückbildungsprozess und Versiegen der Milchproduktion zu erwarten (vgl. WEISS & GEYER). Aber die vollständige Euterrückbildung erfolgt nach Aussagen von Wildhütern erst im Dezember.

Links: Stirbt ein Kitz, kann unter Umständen das Vorjahreskitz (der Jährling) wieder saugen. Es dürfte sich um den ersten Fotobeleg eines saugenden Jährlings handeln. Die Säugedauer des weiblichen Jährlings an der Geiss «Engelchen» betrug im Juli/August ca. 20 Sekunden – wie bei Kitzen.

Mitte links: Die Steingeiss «Engelchen» (abgeleitet von den eng gestellten Hörnern) ist hier 14-jährig. Sie trat aus der Anonymität der Steingeissen heraus, seit sie ihren Jährling saugen liess (vgl. Porträtserie Seite 109).

Mitte oben rechts: Mitte Juli zeigen Steinkitze noch kaum Interesse an Salz. Demzufolge bemüht sich das abgebildete Kitz an einem heissen Tag lediglich um tropfendes Wasser. Dies lässt sich auch deshalb sagen, weil sonst erwachsene Tiere die Stelle in Beschlag genommen hätten.

Mitte unten rechts: Im Mai des zweiten Kalenderjahres bleichen die Winterhaare der Kitze hell aus. Man erkennt sie daran und an geringerer Körpergrösse bis in den Juni hinein auf weite Distanzen aus allen anderen Altersstufen heraus. Allerdings weist die Gruppe der 2- und 3-jährigen oder sehr alten Geissen zu dieser Zeit oft auch eine hellere Fellfarbe auf. Deshalb ist etwas Übung und Vorsicht nötig (vgl. Bildteil Kapitel Rudel).

Rechts: Stehen Kitze mit gewechseltem Fell (Bild) neben Kitzen im Sommerfell, meint man manchmal, Jährlinge und Kitze vor sich zu haben. Mit dem Fellwechsel lassen sich übrigens die beiden Geschlechter unterscheiden: bei Bockkitzen ist jetzt am Bauch der dunkle Schliessmuskel der Harnröhre sichtbar – allerdings nicht in jeder Stellung. Zum Fellwechsel finden sich nähere Angaben auf Seite 30.

Hörner geben das Alter des Tieres preis und liefern Hinweise über dessen Lebensumstände wie bei einem gefällten Baum die Jahrringe. Bei männlichen Steinböcken lassen sich Informationen schon während ihres Lebens am Horn ablesen. Der Steinbock würde sich deshalb zur Populationsforschung eignen wie kaum eine andere Wildtierart.

Die Hörner

Dieser 14-jährige, gähnende Bock hat mit seinen breit ausladenden, über einen Meter langen Hörnern «Weltformat». Er ist wenig später auf der Steinbockjagd erlegt worden, hat aber noch die Aufnahme seines Sommerlebensraumes Macun (nahe Zernez) ins Gebiet des Schweizerischen Nationalparks miterlebt. Der verbürgte Altersrekord von Böcken liegt bei 20 Jahren, aber 14-Jährige sind bereits Ausnahmeerscheinungen.

• Hornlänge, -gewicht, -bau

Der Nutzen der Hörner gegen Feinde wird im Kapitel zum Fluchtverhalten beschrieben, und von Kämpfen ist im Kapitel zur Rangordnung die Rede. Die Hörner von Böcken erreichen für einen gefährlich lebenden Felsbewohner mit ausnahmsweise einem Meter Länge erstaunliche Dimensionen – sie wachsen an der Hornbasis (d.h. von unten her) lebenslang. Die publizierte Rekordlänge eines freilebenden Bockes liegt in der Schweiz bei 111 Zentimetern (FELLAY 1974) – gemessen mit gestrecktem Messband über die Hornvorderseite. COUTURIER (1962) zitiert für das Aostatal einen Bock mit 113 Zentimetern. Im Kanton Graubünden sind aus den Jahren 1977 bis 1999 nur acht Hornpaare über einem Meter bekannt (GIACOMETTI & RATTI 2003b), im Wallis bis 1967 fünf (FELLAY 1967). Insgesamt übertreffen zwar nach meiner Schätzung mehr als 1 Prozent aller Hornpaare ab neun Jahren diese magische Grenze; aber bereits 90-Zentimeter-Hörner sind verhältnismässig selten. Eigentlich können sich Biologen bisher die Entstehung langer, schöner Hörner weit übers Lebensnotwendige hinaus (und die bedeutend grösseren Männchen) nur durch Selektion immer der stärksten Böcke vorstellen. Nur beim Walia Steinbock scheinen die Weibchen aktiv die Männchen auszuwählen (APOLLONIO). Alpensteingeissen bleibt keine Wahl – die Wahl nehmen die Böcke unter sich vorweg, indem nach vorherrschender Meinung nur der Rangstärkste zum Zug kommt und die Weibchen diesen «wählen». Neuere Beobachtungen relativieren allerdings diese Erwartungen (Kapitel Paarungszeit/Rangordnung). Lange, schwere Hörner sind nur dank einiger Stabilitätstricks im Bauplan möglich. Das eigentliche Horn (die Hornscheide) ist innen hohl und weist aussen an der Vorderseite Knoten auf – nicht ganz unähnlich den Knoten von Grashalmen. Deutlich weniger als 1 Prozent aller grossen Hornpaare dürften mehr als 5 Kilos wiegen – AUSSERER nennt für einen österreichischen Gehegebock zwar 6 Kilos, dies aber mit Teilen des Schädels. Lediglich COUTURIER (1962) macht Angaben zum Horngewicht und -umfang. Sonst gibt es dazu beim Steinbock bisher leider keine Arbeiten, was daran liegen könnte, dass ein einziger Datenwert pro Tier nach nichts aussieht oder viele Trophäen nicht fachgerecht präpariert sind und sich die Hörner deshalb nicht vom Hornknochen trennen lassen. Die Hörner sitzen lebenslang einem schlussendlich ca. 45 Zentimeter langen, säbelartigen Hornknochen auf, mit dessen Haut sie fest verwachsen sind. Die Hornknochen enthalten viele Hohlräume und zahlreiche speichenartige Knochenverstrebungen. Auch die Krümmung und der annähernd rechteckige statt runde Hornquerschnitt dürften die Bruchfestigkeit erhöhen. Ebenso eine Art Leiste (der Kiel) entlang der vorderen Horninnenseite. Hornbrüche gehen auf Stürze zurück und nicht auf Kämpfe wie gelegentlich vermutet. Jedenfalls weisen abgestürzte Böcke öfter frische Hornbrüche auf. Manchmal kommen bei lebenden Böcken einseitige Hornknochenbrüche vor, welche zu einer drastischen Wachstumsreduktion des betroffenen Horns und zu einem zusätzlichen «Jahrring» führen. Das Maximalgewicht der beiden Hörner einer Geiss liegt bei rund 350 Gramm, die Hornlänge kaum je über 35 Zentimetern (gegenwärtiger Bündnerrekord sind 39 Zentimeter), und die Hornknochenlänge beträgt rund 12 Zentimeter.

• Unterschiede im Wachstum

Die jährliche Wachstumsphase der Hörner dauert nicht überall gleich lang. Im Freiland liegt sie etwa zwischen Anfang April und Anfang Oktober, im Zoo dauert sie rund zehn Wochen länger (MEYER-HOLZAPFEL 1958) und in Kolonien mit geringem Hornwachstum vielleicht entsprechend kürzer. Der Wachstumsstillstand ist hormonell gesteuert und hinterlässt am Horn mehr oder weniger tiefe Furchen (Jahrringe). Auch Geschlechtshormone wirken stark bremsend – bei nicht geschlechtsreifen, jungen Böcken beispielsweise fehlt im Zoo manchmal der Wachstumsunterbruch, Jahrringe sind dann nicht zu finden (NIEVERGELT 1966a). Der Hornzuwachs ist in Jahren mit früh entwickelter Vegetation eher etwas stärker als in Jahren mit langen Wintern (GIACOMETTI 2002). Auch stehen neuerdings vererbte Unterschiede im Längenwachstum selbst beim Steinbock zur Diskussion (VON HARDENBERG 2007), obwohl sein Erbgut überall sehr ähnlich ist. NIEVERGELT (1962) bezeichnet die Jahre 1943, 1953 und 1961 als besonders gute Hornjahre, LÜPS (1983) das Jahr 1976 und GIACOMETTI (2002) die Sommer 1981, 1989 und 1990. Umgekehrt nennt der letztgenannte Autor die Jahre 1984 und 1987 als schlechte Zuwachsjahre, bzw. NIEVERGELT die Jahre 1951 sowie 1960. Aber Differenzen zwischen verschiedenen Kolonien oder aus frühen und späteren Jahren des Bestehens einer Kolonie gewichten stärker: Das Horn eines freilebenden, 9-jährigen Bockes kann unter Umständen imposante 100 Zentimeter erreichen, während ein Gleichaltriger in der gleichen Kolonie 25 Jahre später nur 80 Zentimeter vorweisen kann. Hörner erfordern für

Links: Schon mittelalte Böcke erreichen mit ihren Hörnern bequem auch die entfernteste Ecke zum Kratzen. Die Hornlängen älterer Böcke gehen weit über das Lebensnotwenige hinaus. Man konnte sich bisher die Entstehung langer Hörner eigentlich nur als Resultat einer Partnerwahl durch die Weibchen vorstellen, die zur Paarung den Bock mit den längsten Hörnern auswählen. Diese Meinung scheint aber von der Realität etwas relativiert zu werden (vgl. Kapitel Paarungszeit). Zur Selbstverteidigung gegen einen Adler genügen die kurzen Geissenhörner vollumfänglich (vgl. Kapitel Fluchtverhalten).

Mitte links: Würde bringt auch Bürde: Der Kopf eines älteren Steinbockes wiegt zusammen mit den Hörnern um neun Kilos. Dieses Gewicht für ein Nickerchen angenehm zu lagern ist nicht einfach – aber leichtere (kürzere) Hörner wären verbunden mit einem tieferen Rang (vgl. Kapitel Rangordnung).

Mitte rechts: Böcke sind erfinderisch, wenn es um Varianten zur Entlastung der Nackenmuskeln geht. Die markante Furche im unteren Drittel des rechten Horns mitten im Wachstumsabschnitt eines Jahres könnte auf einen schweren Sturz mit Hornknochenverletzung im Alter von 3¼ Jahren hindeuten.

Rechts: Den meisten Menschen gefallen Böcke mit weit auseinanderlaufenden Hörnern (wie beim Bock aus Macun) besser als Böcke mit engen Hornstellungen. Weil aber enghornige Böcke ranghöher sein können (wie bereits COUTURIER 1962 erwähnt), gilt diese Sicht der Dinge für Steinböcke unter sich offenbar nicht.

Links: Sogar «steckengerade» Hörner kommen vor und können weit auseinanderlaufen oder eng gestellt sein.

Mitte links: Einhornige Geissen dürften einen Sturz hinter sich haben, der üblicherweise tödlich endet. Der Sturz auf ein Horn anstatt auf den Kopf, könnte jedoch einem betroffenen Tier auch mal das Leben retten. Schwere Hornverletzungen im Kitzalter führen zu bizarrem Kummerwuchs, sind aber wesentlich seltener als Hornbrüche.

Mitte oben rechts: Diese Hörner sind aussergewöhnlich schön geschwungen und gefallen den meisten Menschen besonders gut. Stark gekrümmte Hörner kommen vorwiegend bei Böcken mit kleinem jährlichem Zuwachs vor. Statistisch absichern liess sich dieser Zusammenhang bisher nicht (BUCHLI & ABDERHALDEN 1998). Zudem treten Ausnahmen auf – so ist der abgebildete Bock bei einer geschätzten Hornlänge von über 90 Zentimetern «nur» knapp 11 Jahre alt.

Mitte unten rechts: In vielen Steinbockbüchern fallen echte oder gefälschte (retouchierte) einhornige Böcke auf, d.h. Steinböcke mit (oft partiellem) einseitigem Hornbruch. Solche Tiere haben einen gewaltigen Horrorsturz überlebt. Schädelnahe Brüche bergen allerdings ein hohes Infektionsrisiko und enden später gleichwohl mit dem Tod. Der abgebildete Bock dagegen wurde seit einem Alter von ca. vier Jahren im Schweizerischen Nationalpark bestätigt. Es ist ein schmales Reststück vom abgebrochenen Horn erkennbar.

Oben rechts: Hier handelt es sich nochmals um ein Bild des Bockes «Macun» – ein weiterer Kommentar erübrigt sich!

Unten rechts: Die Hörner dieser Geiss übertreffen möglicherweise 40 Zentimeter. Es handelt sich um die Geiss «Lange» (von lange Hörner), deren Porträt auf Seite 102 zur Altersbestimmung dient. Geissen erreichen nur in Ausnahmefällen Hornlängen von 35 Zentimetern, der Rekord liegt bei 39 Zentimetern. Auch Geissen können ähnlich unterschiedliche Horn-Wuchsformen ausbilden wie Böcke. Hingegen sind bei ihnen weit auseinanderlaufende Hörner an den meisten Orten selten oder fehlen gänzlich.

ihren Aufbau Eiweiss, das in der Steinbocknahrung nicht im Überfluss vorhanden ist. Die Hörner schwerer Böcke wachsen nach GIACOMETTI & RATTI (2003b) bis im Alter von sieben Jahren stärker als jene von leichteren Böcken. In der Regel gibt es mit zunehmendem Alter für kurze Hörner gegenüber langen Hörnern einen «Ausgleich», bzw. erreichen Böcke in Kolonien mit schnellwüchsigen (langen) Hörnern kein hohes Alter (NIEVERGELT 1966a). Häufiger als erwartet fallen bei Böcken im Übrigen individuelle Unterschiede auf, z.B. mit besonders dünnen Hörnern, die unter drei Kilos bleiben, und gleichzeitig kommen gleichaltrige Gefährten auf 4,7 Kilos.

Links: Ein Bock mit einem normalen Steinbockhorn und einem mufflonförmig gerollten Horn sprengt die Grenzen des Gewohnten. Er lebte um 1980 herum im Augstmatthorngebiet. Solche interessanten Hörner gehörten in eine Museumssammlung.

Mitte: Die meisten Hornpaare weisen irgendwelche kleineren oder grösseren Asymmetrien auf. Dieser Bock fiel zusammen mit einem weiteren sowie einer Geiss durch eine extreme Asymmetrie und ungleiche Hornkrümmungen auf. COUTURIER (1962) bildet eine ähnlich abnorme Geiss vom Piz Albris ab, von wo viele Aussetzungstiere abstammen. Aber meistens handelt es sich um unfallbedingte Schädelverletzungen. So auch beim «Sichelbock», der 1947 bis 1961/62 am Augstmatthorn und Brienzergrat BE lebte (Lüps brieflich, NIEVERGELT 1966a). Bei Hausziegen können altersbedingte, schädelnahe Entzündungsprozesse am Hornknochen die Hornstellung einseitig oder beidseitig bis zur Mufflonform verändern (Laila Gürtler, Ringoldswil/Thun).

Rechts: Kitze kommen ohne Hörner zur Welt. Nach zwei Wochen sind kleine Hornkegelchen von ca. einem Zentimeter sichtbar, Mitte Juli (nach fünf bis sechs Wochen) messen die Hörnchen etwa zwei Zentimeter und hier, am 31. Juli, um drei Zentimeter. Das Kitz dürfte ein Bockkitz sein. HABERMEHL gibt geringere Werte an, die ohne die Quelle zu nennen wohl auf COUTURIER (1962) zurückgehen.

• Höchstalter, Alterszusammensetzung, Altersbestimmung

BÄCHLER (1917/18) dachte dem Steinbock noch ein Lebensalter von 30 oder sogar 50 Jahren zu. Später musste man solche Vorstellungen laufend nach unten korrigieren. NIEVERGELT (1966a) fand in Italien (vor allem im königlichen Jagdschloss Sarre) unter 1170 grossen und historischen Bockgehörnen des Gran Paradiso kein einziges von über 16 Jahren, allerdings vom Schwarz Mönch BE zwei 18-jährige Böcke. Im Kanton Bern sind zwischenzeitlich sechs weitere 18-jährige Böcke und zwei 19-jährige aus vier verschiedenen Kolonien dazugekommen (Blöchlinger brieflich). In Frankreich erreichte nicht eine Geiss, sondern ein 19-jähriger Bock das höchste Alter (GAUTHIER 1991). Den Altersrekord unter den Böcken aber hält gegenwärtig ein 20-jähriger vom Schwarz Mönch aus dem Jahr 1997 (Blöchlinger brieflich, ZUBER). Im Übrigen sind meines Wissens bis heute mindestens 18 aus den Kantonen Bern und Graubünden stammende 17-jährige Böcke dokumentiert (Blöchlinger brieflich, NIEVERGELT, RATTI & HABERMEHL). Auf Couturiers Angaben zum Maximalalter wird im Kapitel Überblick im Abschnitt Irrtümer näher eingegangen. NIEVERGELT (1966a) gelang es 1963, das Alter von 71 lebenden Augstmatthorn- und Brienzer Rothorn-Böcken zu ermitteln. Damals war der Älteste 13-jährig, gefolgt von zwei 12-Jährigen und einem 11-Jährigen – eine sogar ohne Jagd durchaus übliche, «normale» Alterszusammensetzung (Altersstruktur). Weitere Angaben dieser Art fehlen in der Steinbockliteratur leider weitgehend (vgl. aber im Bildteil, bei ALBRECHT, GAUTHIER 1991 und DAVID 1994).

Der Alterstod setzt bei den Böcken spätestens ab 11 bis 12 Jahren massiv ein, bei den Geissen meines Erachtens spätestens ab 13 bis 14 Jahren. Zahlenmässig dominieren in der Bündner-Fallwildstatistik 1989 bis 1999 die 8-jährigen Böcke (GIACOMETTI & RATTI 2003c). RATTI & HABERMEHL erwähnen unter 146 natürlich verstorbenen Geissen aus Graubünden fünf Individuen von mindestens 20 Jahren, RATTI (2003b) führt Geissen bis 24 Jahre auf. Im Kanton Bern liegt das bisher nachgewiesene Höchstalter bei 22 Jahren (Blöchlinger brieflich). Nebst Lawinen beeinflussen wohl auch Wilderer das Durchschnittsalter stärker als erwartet (GAUTHIER 1991, PIODI 1984, AUF DER MAUR, MERKER).

Links: In Geissenrudeln halten sich nebst Geissen und Kitzen auch junge Böcke zumindest bis im Alter von zwei Jahren auf – bzw. hier sogar zwei 3-jährige (vgl. Kapitel Rudel). Dahinter sind ein Geissjährling und zwei unterschiedlich grosse Kitze zu sehen (vgl. Kapitel Kitzjahr). Man beachte aber auch den verhältnismässig geringen Grössenunterschied von der Jährlingsgeiss zum grösseren Bockkitz: Während Kitze sehr schnell wachsen, dauert es nachher bis zum Erreichen der vollen Körpergrösse und vor allem des Maximalgewichtes lange (Kapitel Winter).

Mitte: Hornlänge, Hornform und Körpergrösse lassen sich hier aussergewöhnlich gut vergleichen. Es handelt sich ausschliesslich um Weibchen: links um Kitze, rechts um einen Jährling und in der Mitte um eine Geiss.

Rechts: In diesem Rudel konnte von 46 Böcken das Alter «bestimmt» und von vier Böcken geschätzt werden. Die beiden Ältesten erwiesen sich als 13- und 12-jährig, der Jüngste als 3-jährig. Die meisten Jahrgänge waren mit fünf bis neun Böcken vertreten. Die 7- und 11-Jährigen erlitten vermutlich im Kitzalter während des Winters nahezu Totalverluste – möglicherweise auch die 4-Jährigen. Es ist nichts Aussergewöhnliches, dass einzelne Kitzjahrgänge den Winter nahezu vollzählig überleben, andere aber fast ganz ausgelöscht werden (Kapitel Winter). Die 1- bis 2(bis 3)-jährigen Böcke halten sich vorwiegend in den Geissenrudeln auf. Mit zunehmender Nähe zu einem Bockrudel steigt aber die Wahrscheinlichkeit, auch mal einen 2- bis 3-jährigen Bock dort anzutreffen oder einen wesentlich älteren Bock in einem Weibchenrudel. Beim Steinwild könnte man über Jahre hinweg die Alterszusammensetzung der Böcke ermitteln. Leider scheint bisher niemand umfangreiche Daten gesammelt zu haben, obwohl der Steinbock dazu die ideale Tierart wäre.

Grosses Bild: Die Hörner der Weibchen (♀) erreichen Längen von 30 bis 35 Zentimetern, diejenigen der Männchen (♂) von 90 bis 100 Zentimetern. Sie wachsen lebenslang von unten her. Abgebildet sind die Wachstumsstadien im Herbst von ½- bis 3½- (0- bis 3)-jährigen Tieren. Die gelben Punkte machen auf die Jahrringe aufmerksam. Verdickungen (Knoten) auf den Vorderseiten der Hörner kennzeichnen die Böcke. Zur Bildung eines Knotens werden etwa 1½ Monate benötigt. Böcke mit einem Knoten in Bildung bekommen eine «dicke» und offenbar warme Stirne (HEDIGER). Den Altersklassenwechsel (am «Geburtstag») setzt man am besten auf den 1. Juni fest.

Klein links: Der Einblick in das Horn einer Geiss (klein, oval) und eines Bockes (gross, trapezförmig) zeigt deutliche Grössenunterschiede und Abweichungen im Wuchs. Beachtenswert ist die dünne Hornwand von seitlich kaum einem bis sechs Millimetern hinten und in den «Ecken» (bei Böcken). Aus massivem Horn sind lediglich die Knoten und die ersten Wachstumszonen, welche über dem Hornknochen liegen. Von mir überprüfte Hornpaare von Böcken erreichten nie das magische Fünf-Kilo-Gewicht. Die dunkle Farbe des Horns ist im Gegensatz zur Farbe von Geweihen (bei Hirschen) echt, variiert aber je nach Einfluss von Sonne, Wetter, Bodenkontakt und Abnutzung ebenfalls.

Klein rechts: Der Hohlraum im Horn wird durch einen bis 45 Zentimeter langen Hornknochen ausgefüllt. Die feste Verbindung von Horn und Knochen übernehmen Knochenhaut, Lederhaut und Oberhaut, die man aber von blossem Auge nicht auseinanderhalten kann. Die Oberhaut produziert gegen aussen neues Horn. Das Bild zeigt den Hornknochen eines Bockes im schädelnahen Querschnitt mit vielen stabilisierenden Verstrebungen.

Mitte oben: Hormonell bedingt wird das Hornwachstum vor der Paarungszeit über den Winter hinweg unterbrochen. Im Freiland dauert der Wachstums-«Stillstand» etwa von Anfang Oktober bis Anfang April. Er hinterlässt am Horn eine mehr oder weniger tiefe Furche (Bild) – ähnlich wie im Holz die Jahrringe. Beim Alpensteinbock fallen Jahrringe «nie» auf die Knoten der

Böcke (NIEVERGELT 1978). Folgen zwei Knoten auffallend dicht nacheinander, liegt meist ein Jahrring dazwischen. Selbst bei lebenden Böcken ist auf der Hinterseite des Horns eine korrekte Altersbestimmung möglich.

Mitte unten: Die Hörner dieser Geiss aus der neuen Kolonie Spillgerten BE weisen zum Abschluss des kitzlosen Jahres 2003 nach jahrringähnlicher Struktur (bzw. zwischen den roten Punkten) einen ca. einen Zentimeter langen «Nachschub» mit enger werdendem Durchmesser auf. Die gelben Punkte kennzeichnen Jahrringe. Der Nachschub hätte ohne Kenntnis des Falles bei der Altersbeurteilung ein Fragezeichen hinterlassen. Fragezeichen bleiben allerdings trotz zusätzlichem Wissen: Gibt es bei Geissenhörnern in Jahren ohne Kitz einen typischen «Galtjahr-Zuwachs»? Wenn Jährlinge stellvertretend für ein Kitz saugen (Kapitel Kitzjahr) und Geissen in der Folge die Milchproduktion aufrechterhalten, bildet sich kaum ein solcher. Aber müssten nicht trotzdem viel mehr Geissenhörner mit Galtjahr-Zuwachs auffallen, wenn es sich um eine allgemein gültige Regel handeln würde? (Foto und Information: © Rudolf Wyss, Spiez.)

Rechts: Den zweiten und dritten Jahrring am Horn der Geissen erkennt man oft nur mit Mühe. Es ist deshalb hilfreich zu wissen, dass der grösste Horndurchmesser (aber nicht das Maximum im Umfang) normalerweise auf dem dritten Jahrring erreicht wird, der auf dem Bild zur Kennzeichnung einen roten Punkt trägt. Die Geiss ist zur Altersbeurteilung kein leichter Fall – am toten Tier würde man deshalb auch die Zähne beiziehen.

Beim Steinwild bildet sich vorne gegen die Horninnenseiten eine Art Kamm oder Leiste, der Kiel. Der Kiel ist bei den Geissen zur Altersbestimmung ähnlich wichtig wie die Jahrringe, die nicht unbedingt als solche erkennbar sind. Jeder Wachstumsunterbruch des Horns hinterlässt auf dem Kiel eine tannzapfentypische «Schuppe». Fallen «Schuppung» und Jahrringe übereinstimmend und sehr regelmässig aus, ergibt sich bei der Altersbestimmung eine hohe Sicherheit. Weist ein Horn viele Unregelmässigkeiten, Verletzungen, Abweichungen von der «Norm», oder Abnutzungen auf, kann eine korrekte Einschätzung extrem schwierig bis unmöglich werden. Insofern sind selbst Expertenurteile nicht unfehlbar. Die Steingeiss auf dem Bild wird Mitte Juli als 16-jährig beurteilt. Der neueste Jahrring versteckt sich im Kopfhaar. 17 Jahre waren bisher mein festgestelltes Maximum zweier Geissen, mutmasslich 24 Jahre der publizierte Rekord. Wenn jemandem «Steingeissenhörner» ohne Kiel angeboten werden, handelt es sich um Hausziegenhörner!

Bockhörner sollte man zur Altersbestimmung von hinten oder von der Seite an der Rückseite beurteilen. Wenn an den Hornspitzen die Abnutzung nicht zu gross ausfällt, vermögen selbst Unerfahrene die Jahrringe (gelbe Punkte) zu zählen. Der einzelne Jahreszuwachs bildet ab dem dritten Altersjahr eine sehr gerade Kante, während zwei aufeinanderfolgende Jahre gegeneinander «verkantet» (abgewinkelt) sind. Deshalb handelt es sich von unten gezählt bei der dritten Furche (roter Punkt) nicht um einen Jahrring! Es geht übrigens meistens am besten, mit Zählen unten zu beginnen. Der abgebildete Bock (mit Aufnahmedatum vom 31. August) ist 10-jährig. 15 Jahre war bisher mein festgestelltes Höchstalter eines Bockes, 20 Jahre das verbürgte Maximum. Die häufig gehörte Faustregel, Anzahl Knoten (Verdickungen auf der Vorderseite) zählen, halbieren plus eins, gilt nur für Tiere im mittleren Alter und nicht für alle Kolonien – zudem führt sie auf der Jagd zu Fehlabschüssen (LÜPS 2003 und brieflich).

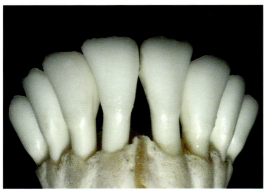
Milchzähne (0)

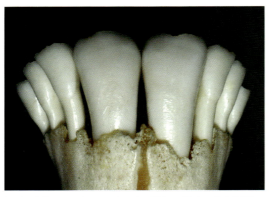
In der Mitte zwei gewechselte Zähne (Schaufeln) (2)

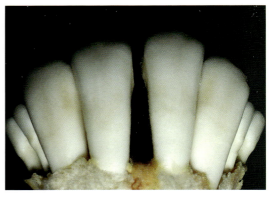
In der Mitte vier Schaufeln (4)

Alter	Wie viele Schaufeln sind vorhanden?											
	♂ 0 ♀		♂ 2 ♀		♂ 4 ♀		♂ 6 ♀		♂ 6+ ♀		♂ 8 ♀	
1-jährig	18%	17%	81%	81%	1%	2%						
2-jährig			4%	2%	95%	97%	1%	1%				
3-jährig					17%	19%	62%	58%	18%	17%	2%	6%
4-jährig					0%	1%	13%	13%	23%	21%	64%	64%
5-jährig									2%	0%	98%	100%
6-jährig +											100%	100%

Daten (1995 bis 2006 / 3043 ♂, 3761 ♀): Amt für Jagd und Fischerei Graubünden

Bildreihe oben und Tabelle:
Als typische Wiederkäuer haben Steinböcke nur im Unterkiefer Schneide- und Eckzähne. Nach dem Zahnwechsel sind diese grösser und werden als Schaufeln bezeichnet. Die «Ausschaufelung» beginnt in der Mitte (vgl. RATTI & HABERMEHL, HABERMEHL). Taugt die Anzahl Schaufeln im Herbst zur Altersbestimmung? Die gelben Felder beantworten diese Frage, wobei «♂» für Böcke steht und «♀» für Geissen. Die Faustregel besagt, dass 1-jährige Tiere zwei Schaufeln besitzen, 2-jährige vier, 3-jährige sechs und 4- und mehrjährige alle acht. Die rot beschrifteten gelben Felder zeigen jedoch die Schwächen der Regel – lediglich bei 2-jährigen Tieren stimmt sie in 96 Prozent der Fälle. Bei 1-jährigen Tieren beträgt die Wahrscheinlichkeit für zwei Schaufeln immerhin noch 81 Prozent. Mit «6+» sind die beiden letzten Schaufeln gemeint, die sich zu diesem Zeitpunkt im Wechsel befinden. Leider handelt es sich in solchen Fällen (rot auf blau gedruckt) (im Verhältnis 3:2) sowohl um 3- wie um 4-jährige Tiere. Dadurch sinkt die Zuverlässigkeit auf lediglich ca. 60 Prozent, dass ein 3-jähriges Tier sechs Schaufeln hat oder ein 4-jähriges acht – und die Fehlerquote steigt gegen 40 Prozent. Erstaunlicherweise bilden 35 Prozent aller Tiere erst im Alter zwischen 4½ und 5½ Jahren alle Schaufeln vollständig aus.
Stellt man die Frage direkter, nämlich wie alt ein Tier mit zwei, vier oder sechs Schaufeln sei, dann ist die Zuverlässigkeit noch geringer als in den gelben Feldern angegeben, weil dann nicht nur die blauen Felder links und rechts direkt ins Gewicht fallen, sondern (mit einem Umrechnungsfaktor) zusätzlich die blauen Felder darunter und darüber.

In der Mitte sechs Schaufeln (6)

Letzte Schaufel im Wechsel (6+)

Zahnwechsel abgeschlossen (ausgeschaufelt) (8)

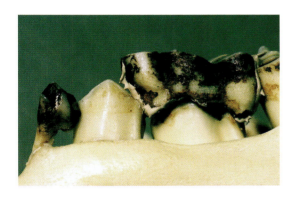

Mitte unten: Wieso sind die gemachten Angaben zur Eignung der Ausschaufelung für die Altersbestimmung überhaupt möglich? Die Wildhüter im Kanton Graubünden (CH) füllen seit Aufnahme der Jagd für jeden erlegten Steinbock ein Protokoll aus. Dabei kontrollieren sie nicht nur die Schaufeln, sondern unter anderem auch die Vorbackenzähne (Prämolare): Sind diese im Wechsel (Bild) oder kürzlich gewechselt worden, ist das Tier mindestens 2-jährig, sind sie längere Zeit schon gewechselt, achten die Wildhüter auf den Abnutzungsgrad des «dritten» Prämolars (P4). Bei den Böcken lassen zudem die Hörner in der Regel eine zuverlässige Altersbestimmung zu – nicht jedoch bei den Geissen, wo die Altersbestimmung am Horn bei jungen Tieren mit kleinem Jahreszuwachs und unsichtbaren Jahrringen in Einzelfällen ausgesprochen tückisch sein kann.

Geisskitz und Bockkitz ½ Jahr alt (oben und unten)

Weibchen ½ oder 1½ Jahre alt ? (oben und unten)

Oben: Das Bild von Mitte September zeigt links ein Geisskitz und rechts ein Bockkitz mit im Feld überprüftem Geschlecht. Bockkitze haben in der Regel deutlich dickere, aber nicht immer längere Hörner als Geisskitze. Im Durchschnitt erreichen Kitzhörner im Herbst etwa Ohrenlänge (6 bis 9 Zentimeter). Sie weisen keine Knoten und normalerweise nur bis sechs Wülste auf.

Unten: Seitlich gesehen haben Bockkitze in der Regel gerade bis nach hinten gebogene Hörner, Geisskitze im oberen Teil leicht nach vorne geneigte. Im Verlaufe des Sommers fallen meistens besonders kleine Kitze beiderlei Geschlechts mit kürzeren Hörnern auf bzw. besonders grosse Kitze (vgl. Kapitel Kitzjahr). Diese beiden Kitze unterscheiden sich am 8. August deutlich in ihrer Körpergrösse. Ihr Geschlecht konnte im Feld zwar nicht überprüft werden, aber es dürfte sich um ein Bockkitz (links) und ein Geisskitz handeln.

Oben: Im Sommer besteht die Gefahr, besonders grosse Kitze als Jährlinge (Vorjahreskitze) zu beurteilen. Im Winter dagegen handelt es sich bei vermeintlichen Steinkitzen manchmal um kleine Geissjährlinge. Deshalb ist es gut zu wissen, dass Kitze (im Gegensatz zu Geissjährlingen) zwischen Bauch und Flanke kein durchgehendes, dunkles Band ausbilden und auch hellere Beine haben. Das Dezemberbild zeigt ein Kitz, wahrscheinlich ein Bockkitz.

Unten: Geissjährlinge mit Hörnern wenig über Ohrenlänge werden gerne mit Kitzen verwechselt. Beim Abzählen der Wülste am Horn kommt man bei ihnen aber normalerweise auf über sechs. Der abgebildete Geissjährling macht Mitte Dezember trotz kurzen Hörnchen dank guten Bauchrundungen keinen schlechten Eindruck. Im Vergleich mit Kitzen haben Geissjährlinge ein etwas dunkleres Winterfell, dunklere Beine und einen durchgehend dunklen Streifen zwischen Bauch und Flanke.

Weibchen 1½ Jahre alt (oben und unten)

Männchen 1½ Jahre alt (oben und unten)

Bildpaar links: Am 31. Juli ist der neu gebildete untere Teil der Hörner von schwärzlicher Farbe, während der Kitzzuwachs vom Vorjahr hellbräunlich «abgenutzt» wirkt. Der Kitzzuwachs wies etwa Ohrenlänge und vier bis sechs feine Wülste auf. Der Jährlingszuwachs wird bis Ende September etwa Ohrenlänge erreichen – der Hornzuwachs im Jährlingsjahr ist bei Geissen nur geringfügig länger als im Kitzjahr.

Bildpaar rechts: Diese Porträts zeigen mit einem gut ausgebildeten und einem angedeuteten Knoten ein typisches, starkes Herbst-/Winterstadium der Hörner von Bockjährlingen. Die Hornlänge entspricht gut zwei Ohrenlängen. Längere Jährlingshörner (bis zu drei Ohrenlängen) sind sogar in bejagten Gebieten Ausnahmen und haben auch nur zwei Knoten. Der Hornzuwachs im Jährlingsalter kann sowohl in der Länge wie in der Ausprägung der Knoten selbst am gleichen Ort und im gleichen Jahr sehr variieren – vor allem kürzere Hornlängen, aber auch solche ohne grosse Knoten oder mit einem im Haar versteckten kleinen Knoten kommen vor. Es haben öfter Jäger anstatt eine Geiss einen Jährlingsbock geschossen! In der Regel ist der Hornzuwachs im Jährlingsalter länger als im Kitzjahr.

Weibchen 2½ Jahre alt (oben und unten)

Männchen 2½ Jahre alt (oben und unten)

Bildpaar links: Von vorne könnte man fast meinen, nochmals einen Geissjährling vor sich zu haben. Der helle, alte Teil der Hörner weist aber gut 10 Wülste auf – eine Zahl, die nicht im Kitzjahr allein erreicht wird. Von der Seite gesehen fallen dann noch eine etwa zweifache Ohrenlänge der Hörner und für geübte Augen Jahrringstrukturen zwischen Kitz- und Jährlingsjahr auf. Im untersten Bereich ist das erste neu gebildete Horn der Zweijährigen sichtbar (Bild vom 31. Juli), das kürzer ausfällt als in den beiden Vorjahren.

Bildpaar Mitte links: 2½-jährige Böcke haben maximal vier Knoten an jedem Horn. Der abgebildete 26 Monate alte Bock (oben am 4. und unten links am 10. August) hat Hörner wie ein gut entwickelter Jährling. Der zweite Jahrring liegt aber über dem untersten Knoten. Der Bock fällt durch einen langen Hornwuchs im Kitzjahr und einem extrem kurzen Zuwachs im Jährlingsalter auf. Im Jährllingsalter bildete er nur einen wulstartigen Knoten. Die Schlüsselstelle zur Altersbeurteilung 2½-jähriger Böcke im Herbst liegt normalerweise über den beiden zuletzt gebildeten Knoten: Man muss prüfen, ob das darüberliegende Horn einem Jährling entspricht oder nicht. Die unten mit abgebildete Geiss dürfte mindestens 7-jährig sein. Böcke übertreffen die maximale Länge der Geissenhörner schon mit zwei bis drei Jahren.

Oben: Diese Porträts der Steingeiss «Engelchen» (vgl. Bilder Seite 88) sind im Zweijahresabstand entstanden (von links nach rechts am 17.9.2003, 31.7.2005, 15.10.2007). Die Geiss ist nicht nur an den Hörnern, sondern auch an einem hellen Augenfleck (in der Retina) zweifelsfrei kenntlich. Sie wird als 12-, 14- und 16-jährig beurteilt. Die Jahrringe folgen in erwartet regelmässigen Abständen, wenn auch in den letzten Jahren mit unüblich schmalem Zuwachs, so dass sich teilweise bis drei Jahrringe im Kopfhaar verstecken. Rot markiert sind die Jahrringe sieben, 10, 12, 14 und 16 soweit vorhanden. Der Kiel weist viele Verletzungen auf und gestaltet die Altersbeurteilung schwierig. Die Bilder sind deshalb nicht «Schulbeispiele», scheinen aber die Tauglichkeit der allgemeinen Altersbestimmungsmethode zu belegen.

Links: Dieser Bock weist im oberen Teil des linken Hornes (rechts im Bild) einen Kleinkalibergewehr-Einschuss eines Wilderers auf. Im untersten Hornbereich wirken Treffer vorwiegend tödlich und hinterlassen keine Spuren am Körper des toten Tieres. Wildern von Böcken spielt bis heute eine bedeutendere Rolle als gemeinhin angenommen und betrifft jeweils die allerschönsten Böcke eines Gebietes, die dann für die Vererbung wegfallen. Im Gegensatz dazu gibt es Hinweise, dass die italienischen Könige jüngere Böcke mit weniger ansprechenden, eng gestellten Hörnern wegselektioniert haben könnten. Massive Wilderei verschiebt das Geschlechterverhältnis, das Durchschnittsalter der Böcke und unter Umständen auch die Zuwachsrate einer Population.

• Meldepflicht, Marktwert und Trophäenwilderei

Aussergewöhnlich schöne Bockhörner erzielen fünfstellige Schweizerfrankenbeträge (vgl. PIODI 1984, BIELER). Die meisten historischen Hörner mussten entweder als potenzielle Beweisstücke für Wilderei verschwinden oder wurden als angebliche Medizin pulverisiert. Wäre es anders gewesen, stünde man heute vor einem Berg undatierter Trophäen ohne Herkunftsangaben. Oft werden den Jagdbehörden in der Schweiz auch heute noch Trophäen nicht gemeldet in der irrigen Annahme, diese müsse man abliefern. Dann macht man sich aber effektiv strafbar. Allerdings dürfen in Revierjagdgebieten in Österreich und Deutschland gefundene Hörner tatsächlich nicht mitgenommen werden.

Es gab vor dem Zweiten Weltkrieg parallel zum illegalen Steinkitzhandel (Kapitel Steinbockgeschichte) auch einen illegalen Trophäenhandel gewilderter Böcke aus Italien heraus (FELLAY 1967, GIACOMETTI 2006/ Seiten 66 und 58). Leider bleibt COUTURIER zu diesem Thema stumm. Der Schweizer Hotelier Robert Mader (1847 bis 1936) oder der Schweizer Arzt Dr. Albert Girtanner (1839 bis 1907) besassen umfangreiche Gehörnsammlungen (BÄCHLER 1917/18, COUTURIER 1962). Die Datensammlung in COUTURIER (1962) basiert auf ca. 147 Gehörnen vorwiegend langhorniger, alter Böcke ab 1939. Viele dieser Hörner hat er vermutlich nur vermessen, ohne sie zu besitzen. In der Mussolinizeit konnte er gegen Bezahlung vier Bockabschüsse im Nationalpark Gran Paradiso tätigen und nach dem Zweiten Weltkrieg vier weitere. Bei seinem übrigen Material (meistens aus dem Gran Paradiso) handelt es sich mindestens im Falle junger Tiere möglicherweise um Geschenke. Einzelne italienische Regionen kennzeichnen legalisierte Hörner schon sehr lange mit einer Brennmarke im Horn oder einer Plakette (vgl. BÄCHLER 1935, PIODI 1984). 35 bejahrte «Couturier-Böcke» stammen aus der Schweiz. Einzelne Kantone vergaben vor der offiziellen Bejagung des Steinbockes manchmal gegen viel Geld einen Bockabschuss. Couturier hat 1956 im Wallis möglicherweise einen solchen erworben («offert par la Confédération helvétique»), ausgeführt allerdings vom Wildhüter. Ob sich die Herkunft von Hörnern noch lückenlos nachweisen liesse, bleibt fraglich. Der Italiener PIODI (1984) möchte die Trophäenwilderei durch staatliche Kontrolle und Registrierung jedes einzelnen Gehörns bekämpfen. Er rügt das Missverhältnis zwischen Handelswert und Strafe. Wer in der Schweiz einen Bock wildert, riskiert lediglich eine Strafe von 2000 Franken, während die wenig begehrte Geiss 3000 Franken gilt.

Mitte: Spätestens ab dem achten Altersjahr verlieren die Knoten an den Bockhörnern ihre Masse und sind dann eher Wülste als echte Knoten (Ausnahme: z.B. in der ursprünglichen Schwarz-Mönch-Kolonie). Dafür erhöht sich ihre Zahl gerne von zwei auf drei pro Jahr. Gleichzeitig nutzen sich früher gebildete Knoten (und die Hornspitzen) langsam ab. Dieser Bock stützt seine Hörner gegen den Fels und erzielt mit ausgestreckten Beinen offenbar angenehme Gemütlichkeit – er scheint an diesen Platz zu passen wie der Schlüssel in sein Schloss.

Rechts: Zwar ist bei Bockhörnern tatsächlich die Bildung von zwei Knoten pro Jahr «die Regel». Aber im ersten Jahr (manchmal in den beiden ersten Jahren) fehlen Knoten. Zudem gibt es viele Böcke, die plötzlich in einem Jahr an einem oder beiden Hörnern nur einen Knoten haben (Bild), ohne dass der Jahreszuwachs zwingend kürzer sein muss. (Das Horn «überlegt» sich nach der Bildung des ersten jährlichen Knotens auf unbekannte Weise, ob die Zeit zur Bildung eines zweiten Knotens bis zum Herbst noch reicht). In der ursprünglichen Schwarz-Mönch-Kolonie BE bildeten Bockhörner pro Jahr nur einen Knoten und wenig Längenzuwachs.
Im Rasen vor dem Bock dominiert ein bevorzugtes Steinbockgras, der Violette Schwingel (Festuca violacea).

DIE RANGORDNUNG

Streng biologisch gesehen macht eine Rangordnung nur Sinn, wenn ranghohe Tiere mehr lebensfähigen Nachwuchs erzielen als rangtiefe. Hornlängen, welche über die Bedürfnisse zur Verteidigung vor Feinden hinausgehen wie bei den männlichen Steinböcken, zeigen in der Regel den Rang. Selbst bei der Konkurrenz zu fremden Tierarten und bei persönlichem Kennen spielt Rangverhalten mit.

Bei einer Volksbefragung über Steinbockkämpfe würde wahrscheinlich die Meinung dominieren, die beiden Gegner stünden zum Fechten gleichzeitig auf ihre Hinterbeine. Dem ist aber nicht so, wie das vorliegende Bild zeigt, wo der Bock links (mitten im Kampf) den Schlag scheinbar unbeteiligt abwartet. Nur junge Böcke erheben sich oft gleichzeitig. In der Regel sind es Tiere von ähnlichem Rang, die ihre Kräfte messen.

Links: Alpensteinböcke kennen untereinander kein Sichzurschaustellen («Imponieren»). Begegnen sich zwei Böcke oder zwei Geissen (Bild), ist ein leichtes Ausweichen möglich, oft passiert nichts, oder es kommt spontan zu gegenseitigem Drohen mit gesenkten Hörnern und etwas nach hinten gerichteten Ohren. Und wenn sich niemand zurückzieht, folgt sofort der Schlagabtausch mit den Hörnern. Unter Geissen dauert dieser meistens nur zwei bis drei Sekunden, bei Böcken in unterschiedlichen Varianten manchmal viele Minuten. Drohungen beinhalten die Bereitschaft zum Kampf, der aber beim Steinbock besser als «Kräftemessen» bezeichnet würde.

Mitte: Geissen liefern sich selten lange andauernde Kämpfe. Eine Ausnahme davon machen nur Zweijährige und Jährlinge (Bild), die sich oft mitten unter spielenden Kitzen ausgedehnte Rangausmarchungen liefern. Gelegentlich sieht man auch Geissen auf ihre Hinterbeine stehen, aber meistens lassen sie es dabei bewenden, was dem Ablauf den Charakter einer Drohung oder Schau gibt. Wenn es sich um ranghohe Geissen handelt, ist nachvollziehbar, dass sich niemand darauf einlassen will.

Rechts: Horngefechte zwischen einem Bock (links) und einer Geiss (rechts) sieht man selten. Nebst Kitzen sind es vor allem Jährlinge und Zweieinhalbjährige, die sich manchmal auch mit dem anderen Geschlecht messen. Ab 2½ Jahren (Bild) sind Böcke den Geissen normalerweise überlegen und dominieren unangefochten – ausser in der Paarungszeit, wo belästigte Geissen beim Abwehren den Böcken jeweils ihre Hörner zeigen (sexuelle Dominanz).

• Der Ablauf von Rangauseinandersetzungen

Beim Steinwild trübt das Rangverhalten den Gruppenzusammenhalt höchstens in der Paarungszeit. Auseinandersetzungen sind meistens eine Angelegenheit entweder zwischen Böcken oder Geissen unter sich. Schon Kitze bevorzugen Spielpartner des gleichen Geschlechts (BYERS beim Sibirischen Steinbock im Zoo). Wenn ein Tier seine Hörner zeigt (indem es sie etwas senkt) und seine Ohren nach hinten abdreht, weicht ein anderes um wenige Schritte aus oder zeigt seine Hörner auch. Unter Geissen dauert ein Horngefecht bis zur Entscheidung meistens zwei bis drei Sekunden. Dabei wiederholen sie ca. im Einsekundentakt den einfachen Schlagabtausch. Üblicherweise nehmen es Gleichaltrige ohne festgelegte Rangverhältnisse miteinander auf (NIEVERGELT 1967, SCHAERER). Es muss nicht zwingend das ranghöhere Tier sein, das seine Hörner zeigt – unter Böcken fordern gelegentlich Jugendliche einen Alten heraus – aber natürlich nicht lange, wenn der Ranghöhere die Herausforderung annimmt. Rangtiefere Steingeissen können ranghöhere von einem drohenden Horngefecht ablenken, indem sie ihnen das salzhaltige Tränensekret unter den Augen ablecken. Die Ranghöheren besorgen das Gleiche dann angesichts des begehrten Salzes meistens den Rangtieferen, und die Rangelei geht vergessen. So scheinen alle zu profitieren.

Links: Beim allgemein bekannten Schlagabtausch unter Böcken steht einer der Gegner auf die Hinterbeine, während der andere sich bereit macht, den Schlag abzufangen. Selbst der heftigste Kampf hält sich streng an ein Ritual («Drehbuch»). Einen Gegner über dem Abgrund ins Leere laufen zu lassen, gehört beispielsweise nicht dazu.

Mitte links: Beide Böcke richten sich kontinuierlich aufeinander aus.

Mitte rechts: Zur Verminderung des Aufpralls ungewöhnlich stark abgedreht lässt sich ein Herausforderer in die Hörner des Gegners fallen. Bei ernsthaften Auseinandersetzungen zwischen Böcken können die Kräfte beim Zusammenstoss so gewaltig sein, dass beide augenblicklich etwas voneinander wegjucken oder eine Zeit lang benommen abwarten. Sieger kann werden, wer das gegenseitige «Dreschen» länger aushält. Belanglos bleibt, wer öfter auf die Hinterbeine steht – junge Böcke erheben sich manchmal gleichzeitig. Aufstehen und Schlagen ist aber kräftezehrender als abwarten!

Oben rechts: Langsam bereiten sich die zwei Kontrahenten auf die Schiebephase vor, in der meist aufgibt, wer ständig weggeschoben wird. Erstaunlicherweise sind sich zwei Böcke selten bewusst, dass dazu eine Position auf der Bergseite, von oben herab, vorteilhaft wäre. Hingegen lässt ein Ranghöherer gerne den anderen die kräftezehrende «Steharbeit» auf den Hinterbeinen tun und beschränkt sich aufs Wesentliche.

Unten rechts: Verlierer ist, wer aufgibt. Speziell hitzige Kämpfe können in der Paarungszeit über eine Stunde dauern – unter Umständen sogar mitten in der Nacht. Im Allgemeinen treten Kämpfe allerdings ausserhalb der Paarungszeit auf.

Wird ein Scharmützel hitziger, also vor allem unter Böcken, so läuft selbst der ernsthafteste Kampf streng nach Ritual ab. Einzig NIEVERGELT (1967) erwähnt einen Brunftkampf mit Gegnern, die sich in die Flanken schlugen. COUTURIER (1962) vermutet schlimme Kampfwunden, ausgestochene Augen und gebrochene Hörner, nennt aber keine belegten Fälle. Zum Ritual gehört nämlich, dass einer auf die Hinterbeine steht, der andere den Schlag abwartet und dann seine Hörner auf ihn ausrichtet. Tendenziell ist es der Schwächere, der die aktivere Rolle übernimmt (und sich stärker abkämpfen muss). Nicht selten wird aber auch abgewechselt. Junge Böcke stehen zuweilen beide gleichzeitig auf. Nach einer längeren Rangordnungs-Auseinandersetzung reiten beim Steinwild gleichgeschlechtliche Siegende ausserhalb der Paarungszeit meistens kurz auf den Unterlegenen auf. Speziell wenn die Paarungszeit nahe bevorsteht, handeln aufreitende Böcke dabei manchmal wie bei einer Paarung. Geissen lassen sich von Böcken generell nur zur Paarung besteigen, sonst wehren sie solche Versuche mit den Hörnern ab oder weichen aus. Ich beobachtete Ausnahmen bisher nur bei ein- und zweijährigen Geissen bzw. Kitzen unter sich. Unter Böcken kann es lange dauern, bis einer seine Niederlage eingesteht und für die Besteigung stillhält – manchmal besinnt sich einer in letzter Sekunde um und kämpft weiter. Es ist wohl kein Zufall, dass Aufreitspiele bei den Kitzen am beliebtesten sind – dort beginnt, was später ernsthaftere Formen annimmt. Jedenfalls gehen dem Aufreiten unter Jährlingen und Zweijährigen (im Gegensatz zu den Kitzen) bereits ausgiebige Kampfspiele voraus.

Rangausmarchungen der Böcke spielen sich mehrheitlich vom Frühling bis in den Herbst ab, weniger in der Paarungszeit. Kämpfe in der Paarungszeit können ausgesprochen heftig verlaufen und sich über eine ganze Stunde erstrecken, bis einer aufgibt. COUTURIER (1962) führt aus dem Gran Paradiso einen solchen von über zwei Stunden Dauer auf und sogar einen von fünf Stunden – ähnlich wie von Wildhüter und Biologe Urs Zimmermann, Visperterminen, beobachtet und gleichzeitig von SCHILD in einer Reportage publiziert. Besonders zahlreiche Brunftkämpfe stellte ich in einem Gebiet mit aussergewöhnlich vielen alten Böcken und wenigen Jungen fest (öfter sogar mitten in der Nacht). Nach einem Kampf in der Paarungszeit muss der Unterlegene manchmal mit dem Sieger im Schlepptau Hunderte von Metern im Schritttempo oder im Laufschritt zurücklegen, wenn er sich nicht besteigen lassen will. Ob man diese Situation als Verfolgen bezeichnet (siehe Seite 120), ist

Links: Ein 13-Jähriger (links) und ein 9-Jähriger (rechts) stehen sich im Parallelkampf gegenüber, wobei sie, dem Alter entsprechend, recht sparsam mit ihren Kräften umgehen und nur gelegentlich ihre Hörner gegeneinander zwicken oder sie dem Gegner auf den Boden zu drücken versuchen. Der Körperkontakt in diesem Kampfritual verhindert ein beidseitiges Ausholen der Hörner zum gefährlichen «Sichelschlag». Gegen Ende eines Kampfes drückt ein Bock gelegentlich sein Kinn auf Hals oder Rücken des Gegners und versucht seitlich aufzureiten («Halskampf»). Bei Verschiebungen ganzer Bockrudel abwärts kommt es oft zu flüchtigen Parallelkämpfen während des Laufens und mit wechselnden Gegnern.

Rechts: Lange Rangauseinandersetzungen finden ihren Abschluss meist erst, wenn sich die Besiegten von den Siegenden besteigen lassen – wenigstens ausserhalb der Paarungszeit. Aufreitende Böcke handeln dabei oft wie bei einer Paarung. Dieses besondere Dominanzverhalten wurde bisher entweder nicht durchschaut oder mit ängstlicher Vorsicht gegen das Paarungsverhalten abzugrenzen versucht.

diskutabel. Der Verfolgte hat die Wahl, sich besteigen zu lassen, weiterzukämpfen oder davonzulaufen bis der Verfolger von ihm ablässt, was meistens bald eintritt.
Zwei Steinböcke können im Verlaufe eines Kampfes oder von Beginn weg auch im Körperkontakt parallel nebeneinander stehen. Es geht dann z.B. darum, die Hörner des Gegners vorne auf den Boden zu drücken. Oft holt ein Bock in dieser Position auf der freien Seite etwas aus und schlägt seine Hörner seitlich gegen die Hörner des Gegners. Auch dies verläuft recht gesittet und überraschungsfrei. Ohne den Gegner direkt an der Seite wären regelrechte «Sichelschläge» mit beidseitigem Ausholen und mit grossem Gefährdungspotenzial möglich. Bisher sind aber nur aus beengten Zooverhältnissen während der Paarungszeit Vorfälle mit letztlich tödlichen Sichelschlägen auf männliche Konkurrenten publiziert (AESCHBACHER 1978). Am ehesten ermessen kann man die Kräfte eines Sichelschlages, wenn ein Bock in die Vegetation drischt. Überhaupt schlagen sowohl Böcke als Geissen gelegentlich gerne ihre Hörner an eine kleine Arve, an Zweige des Roten Holunders ... oder über der Waldgrenze an einen Gelben Enzian (vgl. Kapitel Jagd, Waldschäden).

• Ein Entwirrungsversuch

Imponieren, drohen; Aggression, Dominanz oder «Unterlegenheit» zeigen
Ich verstehe unter Imponieren das eigene Zurschaustellen, indem sich ein Tier zur Dominanz gegenüber einem Artgenossen vom gleichen Geschlecht gross macht, einen Kampf aber vermeiden will. In diesem Sinne kennt der Alpensteinbock keine Verhaltensweise, die man als «Imponieren» bezeichnen muss. Männliche Alpensteinböcke sind im Gegenteil fast «kampfsüchtig». SCHAERER beziffert den täglichen Zeitaufwand der Böcke für Kämpfe im Sommer mit einer knappen halben Stunde. Aber ihr Kampfverhalten ist normalerweise ein Kräftemessen ohne Lebensgefahr und nach genau festgelegten Regeln.
Im Unterschied zum Imponierverhalten beinhaltet Drohverhalten die Bereitschaft zum Kampf. KURT & HARTL ordnen verschiedene Drohbewegungen mit den Hörnern und das Aufstehen auf die Hinterbeine unter dem Sammelbegriff Drohverhalten zusammen. Es fragt sich allerdings, ob das Aufstehen auf die Hinterbeine bei den Böcken nicht bereits zum Kampf gehört. Die scheinbar gleiche Verhaltensweise kann auch in unterschiedlichem Zusammenhang auftreten: Es ist nicht ganz dasselbe, wenn eine Geiss beim Auftauchen eines Adlers auf die Hinterbeine steht

oder mitten in einem Rudel mehr oder weniger gegen eine andere Geiss gerichtet.

KURT & HARTL bezeichnen die Kampfformen Hörner gegen Hörner, den Horneinsatz gegen Pflanzen und das weiter oben beschriebene «Verfolgen» als aggressives (auf den Kampf ausgerichtetes) Verhalten. NIEVERGELT (1967) beurteilt beim Steinbock zusätzlich paralleles Laufen zweier Böcke als aggressives Verhalten, während KURT & HARTL solches dem Dominanzverhalten zurechnen. Insbesondere zwischen zwei Hirschstieren und ausnahmsweise zwischen zwei Gämsböcken entwickeln sich aus demonstrativem parallelem Laufen hitzige Kämpfe. Bei Steinböcken ist mir bisher nie etwas Vergleichbares aufgefallen. Jedenfalls sollte man im Rudel nicht jedes zufällige Nebeneinanderherlaufen überinterpretieren. Es kommt dabei phasenweise zu zahlreichen kurzen Hornkontakten mit rasch wechselnden Partnern. Aus meiner Sicht zeigen Alpensteinböcke mit Regelmässigkeit nur eine einzige Verhaltensweise, welche Dominanz (Überlegenheit) ausdrückt – das früher beschriebene Aufreiten. Alpensteinböcke kennen meines Erachtens keine Unterlegenheitshaltung. Weil sich Böcke beim Werben um die Weibchen scheinbar «klein machen», interpretieren viele die Werbehaltung als Unterwerfungshaltung (z.B. NIEVERGELT 2003, MÜHLETHALER). Aber Böcke zeigen die

Links: Aufreiten gehört zu den beliebtesten Spielen der Kitze. Auch Jährlinge (Bild) und Zweijährige reiten besonders häufig aufeinander auf – allerdings im Gegensatz zu den Kitzen meist erst nach ausgiebigen Horngefechten und Geissen auf Geissen (Bild), bzw. Böcke auf Böcke.

Mitte: Aufreiten gehört ausserhalb der Paarungszeit beim Steinbock zum Rangverhalten und kann als Paarung fehlinterpretiert werden. Geissen lassen sich von Böcken jedoch nur zur Paarung besteigen. Am 13./14.7.2005 hingegen bekundeten 2½-jährige Geissen Interesse an den gleichaltrigen Böcken oder wurden jedenfalls von diesen intensiv umworben. Der Nachweis einer echten Paarung (Bild) gelang nicht, doch könnten an diesen Tagen ein paar 2½-jährige Geissen (und wahrscheinlich auch Böcke) ihre Geschlechtsreife erreicht haben.

Rechts: Es gibt auch subtilere Formen, einen höheren Rang durchzusetzen. Ältere Geissen erzielen ohne grossen Aufwand, mit Stubsen von hinten, dass das angegangene Tier ausweicht und sich so zu einem tieferen Rang bekennt. Dieses Dominanzspielchen wird manchmal direkt mit Aufreitversuchen verbunden, stösst aber dann unter Umständen auf heftige Gegenwehr.

Werbehaltung und Zungenflippern ausschliesslich zum Werben (KURT & HARTL). Beziehungsweise setzen Geissen und Böcke die Werbehaltung mit Zungenflippern nach eigenen Beobachtungen gelegentlich dann ein, wenn sie zur Demonstration von Dominanz(!) auf rangtieferen Tieren vom gleichen Geschlecht aufreiten wollen. Gleiches gilt nach ALADOS (1986b) unter männlichen Iberischen Steinböcken (vgl. auch weiter unten). Höchstens Kitze können ausnahmsweise gegenüber einer Geiss kurzzeitig eine werbehaltungsähnliche Stellung einnehmen und bringen damit scheinbar Unterlegenheit, effektiv aber Unsicherheit zum Ausdruck (vgl. Bildteil Kapitel Geburtszeit).

Interpretierend lässt sich zusammenfassen, dass Alpensteinböcke kein Imponierverhalten benötigen, weil der Kampf lediglich ein ungefährliches Kräftemessen ist, auf das man sich entweder einlässt oder nicht. Aus dem gleichen Grund ist aber auch keine Unterlegenheitsgeste nötig, welche den Schwächeren vor einem Angriff des Stärkeren schützen müsste – «Angriffe» sind nicht gefährlich und erfolgen erst nach «Anfrage». Am Ende eines Kampfes allerdings muss der Unterlegene sich in der Regel zu seiner Niederlage bekennen.

Zum Rangordnungssystem

Die groben Züge des Steinwild-Rangordnungssystems lassen sich an Böcken scheinbar gut nachvollziehen; bei den Geissen verhält es sich im Freiland schwieriger. Umfassendere Angaben (für 14 Tiere) liegen über den Alpensteinbock nur von KUMMER aus dem Zoo vor, sowie allenfalls von BÖCK bzw. von MONTGAZON aus dem Vanoise Nationalpark (F). Der Rang soll bei den Böcken streng (linear) ans Alter und die Hornlänge gekoppelt sein. Bei den Geissen stand ein 7-jähriges (wohl später dazugekommenes) Tier weit unterhalb seiner altersgemässen Position. Im Freiland fand GREENBERG-COHEN bei 13 (bzw. zeitweilig 23) Nubischen Steingeissen eine lineare Rangordnung. Die Übereinstimmungen von Rang und Hornlängen waren gut, während die Altersbestimmungen im Nachhinein angezweifelt wurden. Männliche Alpensteinböcke sind den Geissen in der Regel ab 2½ Jahren rangmässig überlegen (AESCHBACHER 1978) – sobald ihre Hornlänge derjenigen einer gut entwickelten älteren Geiss entspricht. In der Paarungszeit sind es aber trotzdem die Geissen, welche den Böcken mit schöner Regelmässigkeit abwehrend die Hörner zeigen (sexuelle Dominanz). Es fällt dann keinem Bock ein, seinerseits mit seinen Hörnern zu parieren (obwohl er das könnte), vielmehr weicht er augenblicklich einen Schritt zurück.

Im Freiland treten Ausnahmen bezüglich Alter, Hornlänge und Rang auf. Einmal erfolgte die Ablösung des Hauptbockes einer Brunftgruppe durch einen Bock mit deutlich kürzeren Hörnern. Ein anderes Mal unterlag ein prächtiger Bock mit langen, ausladenden Hörnern einem Bock mit mindestens 10 Zentimeter kürzeren, eng gestellten Hörnern. Die Auswertung der umfangreichen Fotodokumentation belegt zweifelsfrei, dass der unterlegene Bock älter war. Diese Beobachtungen dokumentieren, dass alte Böcke ihren hohen Rang mit der Zeit nicht mehr vollumfänglich behaupten können, jedenfalls gehen die Körpergewichte ab einem Alter von ca. 11 Jahren wieder zurück. Auch sind Unterschiede in der «Handhabung» des Ranges innerhalb und ausserhalb der Paarungszeit zumindest denkbar. Nach GUARDA & PERACINO soll der Rangverlust der Böcke mit 11 Jahren beginnen. Ich kann dies so generell aus meinen Beobachtungen aber nicht bestätigen. Im Übrigen sind Hörner gleichaltriger Böcke nicht immer gleich lang. Wie genau unterscheiden Steinböcke unterschiedliche Hornlängen aus dem Gedächtnis (wenn kein «Vergleichsobjekt» daneben steht)? Ist die eigene Hornlänge im Kopf «gespeichert»? Oder unterscheiden Steinböcke doch nicht mit einem Messstab?

• Persönliches Kennen im Zusammenhang mit dem Rang

Eigentlich geht man bei den Böcken bisher von einer (anonymen) Rangordnung ohne persönliches Kennen aus. Entscheidend für den Rang wäre allein die Hornlänge. Die erwähnten Ausnahmen bezüglich Hornlänge und Alter mahnen allerdings zur Vorsicht in der endgültigen Beurteilung. Spätestens wenn ungleiche Abnutzungen von Hornspitzen miteinbezogen werden, gibt es öfter Fälle, wo der «Altersrang» nicht mehr mit dem «Hornlängenrang» in Übereinstimmung zu bringen ist. Entscheidet dann der «Altersrang», wäre dies ein Hinweis darauf, dass sich zwei Böcke persönlich kennen (und von ihrem Alters- und Rangunterschied «wissen»). Persönliches Kennen scheint insbesondere auch bei gleichem Jahrgang möglich.

In Zoos neu eingesetzte Geissen aus anderen Zuchtgruppen sollen einen hohen Rang am neuen Ort unter Umständen nicht mehr behaupten können oder sogar mit den Hörnern zu Tode gebracht werden (AESCHBACHER 1978, NIEVERGELT 1967). Auch haben sich bei der ersten Steinwildaussetzung im Schweizerischen Nationalpark die Interlakner und die St. Galler Tiere nicht vermischt (BÄCHLER 1935). Also spielt zumindest bei den Geissen auch persönliches Kennen (bzw. Nichtkennen) eine Rolle.

• Persönliches Kennen ausserhalb der Rangordnung

Steingeissen erkennen ihre Kitze am Geruch. Ab welchem Alter Kitze umgekehrt ihre Mutter individuell kennen, ist ungewiss. Aus der Sicht eines Kitzes spielt es keine Rolle, von wem es Milch bekommt. Beim Beobachten junger Kitze sticht hervor, wie diese selbst im September auch bei fremden Geissen zu saugen versuchen (einmal sogar bei einem Bock). Solche Versuche dürften erfolglos bleiben, weil jede Geiss ihr Kitz geruchlich überprüft, bevor sie es saugen lässt. Deshalb unterbrach eine Geiss das Säugen sofort, nachdem zum eigenen Kitz an die freie Zitze ein fremdes hinzukam. Somit liegt der Schluss nahe, Kitze hätten Mühe, ihre Mutter zu erkennen, oder versuchten auf gut Glück hin zu saugen (vgl. Bildteil Kapitel Geburtszeit). Nur einmal konnte ich ein Kitz hintereinander bei zwei Geissen saugen sehen, weil eine Geiss vorher offenbar ihr eigenes Kitz verloren hatte. Im Übrigen lässt sich die eindeutige Zusammengehörigkeit einer Geiss und eines Kitzes (unmarkiert) in der Regel nicht beweisen, weil ein Kitz selbst bei der Mutter nicht immer Milch bekommt. Ein saugender Geissjährling (Ausnahmefall) schien zum Saugen jeweils zielsicherer die gleiche Geiss anzusteuern, obwohl er sich nicht unmittelbar in ihrer Umgebung aufhielt und das Rudel weit zerstreut und gross war. Von kleinen Kitzen lässt sich diese Aussage nicht machen. Ungewiss ist auch, ob viele (bzw. wie viele) miteinander nicht verwandte Individuen sich persönlich kennen.

Nach stundenlangem Werben um eine Geiss steht der 12-jährige Bock links kurz vor der Niederlage gegen einen 10-jährigen Herausforderer mit deutlich kürzeren Hörnern. Dieses Beispiel widerspricht der Regel, dass die Rangordnung beim Steinbock streng an das Alter und die Hornlänge gekoppelt ist. Ein 12-jähriger Bock hat aber bereits als alt zu gelten und vermag offensichtlich seinen Rang mit der Zeit nicht mehr immer zu behaupten. Man darf diesen Fall indessen keineswegs verallgemeinern.

• Lebensgefährliche Rangauseinandersetzungen

Links: Hirschstiere sind in der biologischen Rangordnung zwischen den Arten dem Steinwild überlegen. HOFFMANN & NIEVERGELT beobachteten aber eine Hirschkuh, die vor einer Steingeiss ein paar Schritte zurückwich. Hirsche «fliehen» im Sommer aus der Zivilisation in die Berge und halten bei höherer Zahl wie im Schweizerischen Nationalpark Steinböcke teilweise von einer ungehinderten Nutzung guter Weiderasen ab. Hirsche haben allerdings in schwierigem Gelände bei weitem nicht die Trittsicherheit von Steinböcken. Zwei Steingeissen, ein Jährling und ein Steinkitz fühlen sich «mitten» unter diesen Hirschen nicht ganz wohl.

Mitte: Als ein Hirschstier plötzlich zu röhren begann, sank der Mut des alten Steinbockes – er sprang augenblicklich in die Richtung zurück, aus der er hergekommen war!

Rechts: Wo sich zwei Tierarten häufig begegnen, findet trotz starkem Ranggefälle eine gewisse Gewöhnung statt. Hier konzentriert sich die menschenscheue Gämse jedenfalls eher auf den vermuteten Fotografen als auf den ranghöheren und weniger ängstlichen Steinbock.

In Zoos gibt es nach Geburten rangtiefer Mütter ausnahmsweise erbitterte Rangauseinandersetzungen zwischen Geissen. Diese können nach Bernhard Rufener (Tierpark Bern) bis zum Tod des Kitzes oder seiner Mutter führen, wenn nicht beide kurzzeitig aus der Gruppe ausgesondert werden (vgl. AESCHBACHER 1978). Steinwild ist sonst sehr rücksichtsvoll bei der Durchsetzung der Rangordnung, was unter Freilandverhältnissen auf eine Schonung rangtiefer Individuen hinausläuft. In der Natur fiel mir nur einmal eine Gruppenrangelei zwischen sieben Steingeissen mit Beriechen am Hinterteil, Aufreitversuchen und Zungenflippern auf (vgl. männliches Werbeverhalten Kapitel Paarungszeit). Diese Geissen hatten insgesamt drei Kitze, eines davon vermutlich kurz vorher zur Welt gekommen. Eine ähnliche Beobachtung aus dem männlichen Werbeverhalten scheint AESCHBACHER (1978) zwischen Geissen vor einer vermuteten Kitzgeburt im Zoo gemacht zu haben. Kurz vor und nach einer Geburt haben Geissen einen leicht erhöhten Östrogenpegel ähnlich wie bei Paarungsbereitschaft. Dieser könnte ein Grund sein für die Auseinandersetzungen. Im Freiland scheint es deswegen nicht zu Todesfällen zu kommen. Ich hielt auch tödliche Abstürze von Böcken beim Kämpfen weitgehend für erfunden, bis mir der Biologe Christian Willisch eine Bildserie dazu vorlegte (vgl. Bildteil Kapitel Steinbockgeschichte). Der betroffene Bock überlebte allerdings ohne nachweisbare Folgen.

Oben links: Das Ausmass der Konkurrenz zwischen Steinwild und Gämsen ist schwer zu ermitteln (vgl. STAUFFER). Im direkten Kontakt hat sich hier eine Gämsgeiss mit Kitz aus einer Zone zurückgezogen, die erfolgreich von beiden Arten genutzt wird.

Unten links: Halb neugierig, halb rangbetont folgt eine junge Steingeiss einem Gämskitz (dessen Mutter sich unten davongemacht hat) bis auf den Rand des Felsabsatzes. Unmittelbar nachher sprang die kleine Gämse, ohne dass die Steingeiss sie berührt hätte – und verletzte sich schwer an einem Vorderfuss.

Rechts: Hier schaut ein Steinkitz interessiert einem Schneehuhn zu und geht dann ohne weitere Reaktionen zu zeigen seine eigenen Wege. Begegnungen dieser Art dürften beinahe zum Alltag gehören, nur konnte kaum jemand zugucken oder fotografieren ...

DIE WANDERUNGEN

Tiere wandern, wenn sie ihre Bedürfnisse nicht an einem Ort allein decken können. Es gibt saisonale und wetterbedingte Wanderungen. Geissen sind sesshafter als Böcke. Die Wanderdistanzen von Böcken erinnern manchmal schon fast an jene von Vögeln. Salz kann die Wanderungen stark beeinflussen.

Nach der Paarungszeit wandern die Böcke einzeln oder in kleinen Gruppen oft viele Kilometer weit aus den steilen Geissengebieten ab. Meistens verbringen sie den Winter in weniger steilem Gelände oft tiefer unten und sammeln sich erst im April wieder zu kopfstarken Rudeln. Etwa ab Anfang Juni lösen warme Tage erste Tageswanderungen grosser Bockrudel vom Winterlebensraum höher hinauf aus (Bild).

• Wanderdistanzen

Böcke sind bereit, ihre Lebensräume über weite Distanzen zu suchen. Zwischen dem Paarungsraum und dem Winteraufenthaltsgebiet (oder dem Sommerlebensraum) der Böcke liegen im Naturpark Vercors (F) im zweiten Jahr nach der Aussetzung im Mittel 28 Kilometer, im Nationalpark des Écrins 14 Kilometer und im Nationalpark Mercantour 10 Kilometer – das gemessene Maximum beträgt 34 Kilometer (TERRIER). In der 1920 bis 1934 etablierten Population Trupchun/Albris im Schweizerischen Nationalpark fallen vor allem während der Paarungszeit bei Einzelböcken lange Wanderstrecken bis 20 Kilometer auf (ABDERHALDEN 2005).

Besonders weite Wanderdistanzen von Geissen können 6 bis 14 Kilometer betragen. Deshalb bilden sich mit zunehmender Tierzahl an den meisten geeigneten Orten längerfristig neue Steingeissengruppen, z.B. vom Augstmatthorn her im Brienzer Rothorn-Gebiet (NIEVERGELT 1966a). Jedoch ist die Bindung an ein einziges «Wohngebiet» bei den Geissen wesentlich stärker als bei den Böcken. NIEVERGELT & ZINGG sprechen von Ortstreue und führen diese darauf zurück, dass Jungtiere nicht von älteren Tieren vertrieben werden. Man sollte allerdings nicht vergessen, dass Ortstreue an sich positiv zu werten ist – das Gebiet sagt den Tieren zu, sie können dort ihre Bedürfnisse decken (vgl. RUHLÉ 1995). Zudem sind Wiederaussetzungsphasen künstliche Situationen und nicht unbedingt mit lange bestehenden Populationsverhältnissen vergleichbar (die Bildung von Wandertraditionen benötigt Zeit). Im Übrigen erfolgten alle Aussetzungen nicht am Augstmatthorn selber, sondern an einem stärker bewaldeten Punkt, der umgehend zu Gunsten der Hänge am Augstmatthorn verlassen wurde. In den Voralpen wechseln Steingeissen im Sommer gerne von der Südseite auf Nordhänge oder in die Gipfelregion. In den Alpen begnügen sie sich oft mit leicht höher gelegenen und schattigeren Lagen am gleichen Hang.

Nach der Paarungszeit wandern die Böcke einzeln oder in kleinen Gruppen oft viele Kilometer weit aus den steilen Geissengebieten ab. Meistens verbringen sie den Winter in weniger steilem Gelände oft tiefer unten und sammeln sich erst im April wieder zu kopfstarken Rudeln. Etwa ab Anfang Juni lösen warme Tage erste Tageswanderungen grosser Bockrudel vom Winterlebensraum höher hinauf aus (Bild).

• Vom Paarungslebensraum in den Wintereinstand

Ältere Böcke verlassen nach der Paarungszeit (ab der zweiten Januarwoche) einzeln oder in kleinen Gruppen den steilen Winterlebensraum der Weibchenrudel. Bis gegen Ende März folgen ihnen die Böcke ab einem Alter von etwa 6 bis 7 Jahren nach (und bis im Mai oder Juni oft sogar noch Jungböcke ab etwa 2 bis 4 Jahren). Die winterliche «Reise» führt oft im Tiefschnee in tendenziell weniger steile, aber ähnlich exponierte Lagen. Diese können mehrere Kilometer weit entfernt und tiefer unten liegen. Die Gründe für den auffälligen Ortswechsel der Böcke sind wohl nicht nur im Sozialverhalten zu suchen, sondern mehr noch in der Ökologie (vgl. BON, VILLARET 1997). Jedenfalls trocknen steile, südexponierte Hochlagen früher aus, während flachere Rasen eine geschlossenere, höherwüchsige Grasdecke enthalten und (nicht ganz ins bisherige Bild für die Böcke passend) mehr Nährstoffe. Aussergewöhnlich erscheint uns Menschen eher die Lebensraumwahl der Geissen (oft hoch über dem Abgrund) und nicht diejenige der Böcke. Wahrscheinlich führte ursprünglich das Feindvermeidungsverhalten der Weibchen (vor Wolf und Luchs) zur speziellen Lebensraumwahl im Winter und in der Geburtszeit. Böcke brauchen im Gegensatz zu den Geissenrudeln mit Kitzen den Luchs nirgends und den Wolf auch entschieden weniger zu fürchten. Selbstverständlich wird durch die Abwanderung der Böcke die Nahrungsbasis für die Geissen, Jungböcke und Jungtiere geschont. Aber dies ist eine Folge aus dem Wegzug der Böcke. Der Grund für die Wanderung hingegen ist ein anderer: Die alten Böcke ziehen vermutlich dort sofort nach der Paarungszeit ab, wo die Lebensräume der Weibchenrudel für ihre Bedürfnisse nicht genügen, d.h. wo mengenmässig nicht eine günstige Grasqualität für die rationale Nutzung zur Verfügung steht (GRIGNOLIO). Dass auch die Existenz oder das Fehlen besserer Bock-Winterlebensräume (bzw. das Wissen darum) beim Entscheid bleiben oder wegziehen eine Rolle spielen, ist zu vermuten. Im Übrigen eignen sich die langen, manchmal breit ausladenden Hörner der Böcke eher schlecht für heikle Felspassagen. Die Abwanderung mit den langen Hörnern begründen zu wollen, ginge zu weit, zumal keine direkt dadurch verursachten Abstürze bekannt sind.

Links: Ganz so anspruchslos wie bisher gedacht scheinen Böcke nicht zu sein – ihre Saisonwanderungen sind bestimmt als Suche geeigneter Gebiete für die Ernährung zu interpretieren (vgl. RUHLÉ 1995). Dabei schlägt ihnen im Vorsommer ihre grosse Hitzeempfindlichkeit ein Schnippchen: Das erste Gras wächst tief unten, wo es tagsüber für die noch fast im Winterfell steckenden Böcke unerträglich heiss wird. Diesem Dilemma begegnen sie mit Tageswanderungen höher hinauf – so auch hier.

Mitte links: Selbst im Winter bleiben Böcke (und Geissen) tagsüber nicht einfach an ihren Schlafplätzen und verbringen die Nacht nicht dort, wo sie ihre Nahrung suchen. Viel Neuschnee behindert die Nahrungsaufnahme und die Bewegungsfreiheit – führt aber zu fotogenem In-der-Spur-Treten.

Mitte rechts: Nachdem ein paar Böcke die Winternacht an der Baumgrenze verbracht haben, wechseln sie bei Sonnenaufgang im Gänsemarsch auf eine apere Lawinenschneise. Trotz verhältnismässig geringer Schneetiefe tritt jeder in die Fussstapfen des Vorangehenden.

Rechts: Narzissen im Umfeld eines Steinbockes mögen erstaunen. Die Weisse Berg-Narzisse steigt in der Westschweiz und in Graubünden stellenweise bis auf 1800 Meter hinauf und charakterisiert nährstoffreichere Böden. Hier erfolgt der Nährstoffeintrag teilweise durch Lawinen, welche Erde ablagern. Während die Geissen jetzt höher oben in vergleichsweise karger Vegetation ihre Kleinen bekommen, tun sich Böcke hier im üppigen Grün gütlich.

• Wanderdistanzen

Böcke sind bereit, ihre Lebensräume über weite Distanzen zu suchen. Zwischen dem Paarungsraum und dem Winteraufenthaltsgebiet (oder dem Sommerlebensraum) der Böcke liegen im Naturpark Vercors (F) im zweiten Jahr nach der Aussetzung im Mittel 28 Kilometer, im Nationalpark des Écrins 14 Kilometer und im Nationalpark Mercantour 10 Kilometer – das gemessene Maximum beträgt 34 Kilometer (TERRIER). In der 1920 bis 1934 etablierten Population Trupchun/Albris im Schweizerischen Nationalpark fallen vor allem während der Paarungszeit bei Einzelböcken lange Wanderstrecken bis 20 Kilometer auf (ABDERHALDEN 2005).

Besonders weite Wanderdistanzen von Geissen können 6 bis 14 Kilometer betragen. Deshalb bilden sich mit zunehmender Tierzahl an den meisten geeigneten Orten längerfristig neue Steingeissengruppen, z.B. vom Augstmatthorn her im Brienzer Rothorn-Gebiet (NIEVERGELT 1966a). Jedoch ist die Bindung an ein einziges «Wohngebiet» bei den Geissen wesentlich stärker als bei den Böcken. NIEVERGELT & ZINGG sprechen von Ortstreue und führen diese darauf zurück, dass Jungtiere nicht von älteren Tieren vertrieben werden. Man sollte allerdings nicht vergessen, dass Ortstreue an sich positiv zu werten ist – das Gebiet sagt den Tieren zu, sie können dort ihre Bedürfnisse decken (vgl. RUHLÉ 1995). Zudem sind Wiederaussetzungsphasen künstliche Situationen und nicht unbedingt mit lange bestehenden Populationsverhältnissen vergleichbar (die Bildung von Wandertraditionen benötigt Zeit). Im Übrigen erfolgten alle Aussetzungen nicht am Augstmatthorn selber, sondern an einem stärker bewaldeten Punkt, der umgehend zu Gunsten der Hänge am Augstmatthorn verlassen wurde. In den Voralpen wechseln Steingeissen im Sommer gerne von der Südseite auf Nordhänge oder in die Gipfelregion. In den Alpen begnügen sie sich oft mit leicht höher gelegenen und schattigeren Lagen am gleichen Hang.

• Weitere Gründe zum Wandern

Nebst saisonalen Wanderungen kann man beim Steinbock auch tageszeitliche oder wetterbedingte Verschiebungen beobachten. Durch Störungen veranlasste «Wanderungen» werden im Kapitel Fluchtverhalten besprochen. Ausserdem veranschlagt AESCHBACHER (2007) Abwanderungen einzelner Tiere (bzw. den Genaustausch) mit 4 Prozent. Steinböcke sind während der Nahrungsaufnahme ausgesprochene Bewegungstiere, die selten lange am gleichen Ort bleiben. Aber im Winter erhöht sich dadurch auch die Gefährdung durch Lawinen (vgl. Kapitel Winter). Im April/Mai unternehmen die Geissenrudel bei Neuschnee gelegentlich «Tagesexkursionen» tief herab an die Waldgrenze oder ins Überwinterungsgebiet der Böcke. In der Geburtszeit wechseln täglich einzelne Weibchen oder Gruppen zwischen verschiedenen Rudeltypen oder dem Leben allein. Selbst mitten im Sommer bewirken kleine Schlechtwettereinbrüche häufig den vorläufigen Abstieg in tiefer liegende Gebiete oder den Wechsel von Nordlagen auf Südhänge. Bei der Wiedererwärmung folgen jedoch rasch gegenläufige Wanderbewegungen.

Links: Steinböcke bei einem Zwischenhalt. Wenn solche voralpinen Felsen in Gratnähe stehen, verlaufen hier wichtige Steinbock-Wanderrouten. Böcke wandern stärker als Geissen und fallen im Grossrudel eher auf. Auch sind ganze Täler der Jahreszeit entsprechend zeitweise steinbockleer und füllen sich später wieder.

Rechts: Hohe Steinbockbestände entwickeln entlang von Bergzügen ein beachtliches Ausbreitungspotenzial. Der Steinbock kommt heute in der Schweiz nicht mehr nur inselartig (in Kolonien) vor, im Engadin und Wallis bestehen wieder zusammenhängende Verbreitungskorridore von 100 Kilometern Ausdehnung. Dies ist für jede Tierart und für den Steinbock besonders wichtig, um Schäden im Erbgut zu vermeiden. Zumindest die Steingeissen meiden aber von Menschen besiedelte Haupttäler (Kapitel Überblick).

Die Böcke schliessen sich im Verlauf des Winters zu grösseren Rudeln zusammen und wandern mit aufkommender Hitze (etwa Anfang Juni) tagsüber zum Ruhen und Wiederkäuen gemeinsam in die Höhe, kehren aber gegen Abend zur Nahrungsaufnahme zurück. Bleibt bei Schlechtwetter die Hitze aus, unterlassen sie ihre «Höhenwanderung». Wenn der Sommer auch hoch oben Einzug hält (etwa Mitte bis Ende Juni), verschieben die Böcke ihr Lebenszentrum definitiv nach oben und gehen allenfalls bei Schlechtwetter gegen Abend noch eine Zeit lang auf «Exkursionen» in ihren Winterlebensraum hinab. Es scheint auch Bockrudel zu geben, die ihren Sommerstandort nach und nach verschieben.
Wanderungen können über Jahre hinweg gewohnheitsmässig über die gleichen Routen und zur selben Jahreszeit ablaufen (MARTINOT & DELMAS). Sie scheinen stark unter dem Einfluss der Erfahrung zu stehen. Aber sie können ebenso plötzlich einen andern Verlauf nehmen. Junge Tiere lernen Wanderrouten durch alte kennen. Es sind indessen auffallend häufig junge Tiere, die von der Tradition etwas abweichen und so vielleicht eine Entdeckung für die tägliche Ernährung und Änderung einer Tradition bewirken (vgl. STECK). In der Vergangenheit wurde das Wanderverhalten ganz entscheidend durch das Anbieten (oder Vorhandensein) von Salz beeinflusst (vgl. WÜST, NIEDERBERGER, BOLLMANN) – wie kaum bei einer anderen Tierart. Es gab Gegenden, wo um die 50 Böcke überwintert haben, die beim Salzentzug dann ein anderes Tal zur Überwinterung wählten. Seit 1991 verbietet Artikel acht der Verordnung über die eidgenössischen Jagdbanngebiete das Auslegen von Salz (im Geltungsbereich seiner Bestimmungen).

Links: Bei aufkommendem Nebel fällt die Lufttemperatur in den Bergen meist rasch. Für Steinwild gibt Nebel oft das Aufbruchsignal zur Nahrungsaufnahme. Jedenfalls sind an Schlechtwettertagen im Sommer Steinböcke tagsüber deutlich aktiver als an Hitzetagen.

Mitte links: Schneefälle im Mai bewirken manchmal Tageswanderungen von grossen Geissenverbänden talwärts. Die Geissen befinden sich jetzt auf dem Tiefpunkt ihrer Kondition. Normalerweise wären sie gegen Ende Mai (d.h. mit Beginn der Geburtszeit) auffallend häufig einzeln unterwegs. Im abgebildeten Geissenrudel hatte es 64 Tiere (darunter maximal 18 Kitze). Die Wanderbewegungen der Geissen sind weniger leicht festzustellen als jene der Böcke.

Mitte rechts: Gegen Ende Juni ist die Vegetation so gut entwickelt, dass die Böcke an sonnigen Tagen ihre Sommergebiete beziehen und nur noch bei Schlechtwetter vereinzelt Exkursionen in den Wintereinstand unternehmen. Sie beweiden jetzt vermehrt Gratlagen und Nordhänge, was auch für die Weibchenrudel gilt – obwohl sich Böcke und Geissen dabei nicht unbedingt begegnen müssen. Aber selbst im Sommer legen die Tiere beim Fressen täglich beachtliche Strecken zurück und schonen gleichzeitig das Gras (vgl. Kapitel Überblick, Ernährung).

Rechts: Knapp nach Tagesanbruch weichen diese Böcke Mitte Juni vor der erwarteten Tageshitze nach oben aus. Die Vegetation ist aber noch nicht weit fortgeschritten und erzwingt am Abend die Rückkehr der Tiere nach unten, wo sie auch die Nacht verbringen werden.

Links: Abkühlung ist nicht nur ganz hoch oben zu finden; in Gratlagen weht meist ein leichter Wind, der kühlend wirkt. Steinwild sucht als Ruheplätze gezielt Gratlagen auf. Die hellen Stellen im Fell sind (Mitte Juni) ausfallende Wollhaare aus dem Winterfell.

Rechts: Einzelne Steingeissen verlassen gelegentlich ihr Rudel und ihr Kitz, um auf Gipfeln oder zentralen Punkten an Harnstellen von Alpinisten zu lecken (vgl. NIEDERBERGER). Offenbar scheidet der Mensch unter körperlicher Anstrengung besonders viel Salz aus, welches Steinwild anzieht. Nur im Winter findet Salz keine Beachtung. Säugende Geissen haben einen besonders hohen Salzbedarf.

Oben links: Im Sommer kann man bei Steinböcken fast täglich Tiere beobachten, die sich (oftmals gegenseitig) unter den Augen lecken. Winterbeobachtungen gibt es vereinzelte von FACOETTI. Rangtiefe Tiere können Rangauseinandersetzungen (und wohl auch klare Unterordnungen) vermeiden, wenn sie Ranghöheren das salzhaltige Augensekret lecken. Somit existiert beim Steinbock gewissermassen eine soziale Fellpflege – zumindest im Sommer. Dieses Verhalten spielt aber auch eine Rolle beim Übertragen der Gämsblindheit von einem aufs andere Tier. Bei wandernden Tieren besteht zusätzlich die Gefahr, dass sich Krankheiten rasch ausbreiten.

Unten links: Ein küssendes Kitz? Diese Interpretation ist denkbar (vgl. STEINBORN) – allerdings sollte nicht vergessen gehen, dass Tränensekret salzhaltig ist und sich die Liebe insbesondere darauf konzentriert. Abgebildet ist die Geiss «Obenab» (siehe nebenstehendes Porträt).

Mitte oben links: Steinbockforscher machen sich die Schwäche von Steinwild für Salz zu Nutzen, indem sie die Tiere damit in Fallen locken, sie fangen und besendern oder markieren (Bild aus dem Schweizerischen Nationalpark). Zudem hat man vor der Erfindung des Narkosegewehrs über 1000 auf diese Wei-

se eingefangene Steinböcke in neue Gebiete versetzt. Möglicherweise haben unsere Vorfahren bei der Ausrottung des Steinwildes auch schon den Fallentrick mit Salz angewandt (vgl. Kapitel Steinbockgeschichte, Ausrottungsgründe).

Mitte unten links: Die individuell bekannte Geiss «Obenab» (mit zwei abgebrochenen Hornspitzen) war mehrere Jahre lang bekannt, hatte allerdings eine Doppelgängerin und wich meiner Aufmerksamkeit lieber aus. Es gibt deshalb nur wenige Bilder von ihr.

Mitte rechts: Ob wohl der Postbote schon da war?

Oben rechts: Solche Erdarbeiten würde man eigentlich eher einem Dachs oder einer Wildsau zutrauen; hier hat aber Steinwild an einer Harnstelle die Erde innert ungefähr dreier Stunden abgetragen, um Salzspuren zu finden.

Unten rechts: Wenn es neben einer Salzleckstelle Wasser hat, lässt Steinwild die Gelegenheit zum Trinken nicht ungenutzt vorübergehen – normalerweise genügt aber dem Steinbock das im Gras enthaltene Wasser vollkommen.

Beim Steinwild werben selbst rangniedrige Männchen ungestraft um Weibchen. Es ist im Tierreich einmalig, dass sich alle Männchen einen Platz im Zentrum des Geschehens nehmen dürfen (wie unter fast allen Capra- und Ovis-Arten). Das könnte eine Anpassung an die gefährlichen Verhältnisse im Fels sein und würde die Kräfte für den Winter schonen, wenn nicht viele Böcke auf der Suche nach Paarungschancen weit herumirrten.

DIE PAARUNGSZEIT

Böcke von hohem Rang gehen sich in der Paarungszeit etwas aus dem Weg – sie verteilen sich auf verschiedene Geissenrudel. Nur in Gebieten mit hohem Altbockanteil kommt es während der Brunft vermehrt zu Kämpfen, die dann über eine Stunde dauern können, aber streng nach «Drehbuch» ablaufen. Man beachte die gegensätzlichen Schneeverhältnisse im Vordergrund am Südhang und im Hintergrund an einem Nordosthang!

• Die Rudel formieren sich um

Die beiden Geschlechter verbringen den grössten Teil ihres Lebens in getrennten Gruppen. Allerdings halten sich in den Weibchengruppen im Sommer meist auch die unter 3- bis 4-jährigen Böcke und im Hochwinter sogar die unter 6- bis 7-jährigen auf. Jungböcke nähern sich Geissen ihres Rudels bisweilen schon im September oder noch früher in Werbehaltung. Regelmässige, bereits länger dauernde Versuche selbst grosser Böcke finden ab Mitte Oktober statt. Aber den Anschluss an Geissenrudel suchen die Böcke meist erst ab Mitte November. Spätestens jetzt teilen sich die Geissen einer Kolonie in mehrere Gruppen auf, denen sich Böcke aller Altersstufen zugesellen (NIEVERGELT 1967). Gleichwohl sehen auch die Steinbockmännchen während der Paarungszeit in andern Böcken in erster Linie den Konkurrenten und nicht den Kumpel aus dem Bockrudel vom Sommer. Der Rang wird vom Frühling bis in den Herbst nach einem genau festgelegten Ritual eher spielerisch ausgefochten (siehe Kapitel Rangordnung). Während der Steinwildbrunft laufen an den meisten Orten erstaunlich wenige Kämpfe (vgl. aber ABDERHALDEN & BUCHLI 1999). Die Böcke beanspruchen keine persönlichen Gebiete (Territorien), die sie markieren müssten – «markieren» entgegen bisheriger Meinung aber trotzdem (Kapitel Jagd).

• Welche Rolle spielen Duftstoffe?

Überhaupt spielen Duftstoffe in der Paarungszeit des Steinwildes wahrscheinlich eine zentralere Rolle, als man bisher ahnte. Sobald Paarungen möglich scheinen, klappen nämlich viele Böcke dauerhaft ihre Schwänze nach oben und legen so die Talgdrüsen an der Schwanzwurzel frei, welche den Individualduft verströmen. Dank dem Individualduft erkennen die Mütter ihre Kitze. Der Individualduft der Kitze reicht allerdings bei normaler Schwanzhaltung nur wenige Zentimeter weit. Wie sehr das Hochklappen der Schwänze die Reichweite vergrössert, wissen wir nicht – wie wir überhaupt über die Bedeutung dieses Brunftverhaltens nur rätseln können. Es ist nicht auszuschliessen, dass die Geissen dadurch die Böcke in ihrem unmittelbaren Umfeld individuell erkennen und Inzucht vermeiden oder Partnerselektion vornehmen. Hausziegen sollen den Bock mit dem stärksten Geschlechtsgeruch bevorzugen. Die menschliche Durchschnittsnase vermag nicht mal den Schwanzdrüsenduft wahrzunehmen, geschweige denn dessen individuellen Charakter. Hingegen riechen wir den allgemeinen Brunftgeruch der Böcke aus den Vorhautdrüsen problemlos und erleben ihn als nicht unangenehmen urchig-würzigen Duft – dies im Gegensatz zum sprichwörtlichen Gestank der nah verwandten Hausziegenböcke. Der Brunftgeruch haftet Steinböcken von der Bauchzone bis in den Kopfbereich an. An Bauch und Vor-

Linke Seite: (zwei Bilder): In der Paarungszeit nimmt die Zahl der Geissenrudel zu und diese vermischen sich mit Böcken aller Altersklassen. Beim Steinbock dürfen sich alle Männchen ihren Platz mitten unter den Weibchen auswählen und ungestraft um sie werben. Schlimmstenfalls wird ein Rangtieferer von einem Ranghöheren verdrängt.

Mitte oben rechts: Die Länge der Brunft lässt sich gut an dauerhaft und allgemein hochgeklappten Schwänzen bei den Böcken abschätzen. Auf der Schwanzunterseite befinden sich die Schwanzdrüsen, die den Steingeissen individuelles Kennen ihrer Kitze ermöglichen. Welche Bedeutung dem Individualduft in der Brunft zukommt, ist offen (vgl. Lauftext). Bestenfalls dient er den Geissen zur Vermeidung von Inzucht, d.h. einer Paarung unter nahen Verwandten. Böcke fressen in der Paarungszeit sehr wenig. Ohne den Zugang zu Geissen legen sie oft riesige Strecken zurück und halten Ausschau nach anderen Paarungsmöglichkeiten. Ich habe in einer grossen Population etliche individuell kenntliche 10- bis 13-jährige Böcke jeweils nur während 1 bis 2 Tagen festgestellt, dann waren sie wieder weg (vgl. Kapitel Wanderungen, Wanderdistanzen).

Rechts: Selbst Biologen verwechseln Gähnen häufig mit Flehmen (Riechgähnen). Steinböcke können den Brunftzustand der Geissen im Gegensatz zu Gämsböcken ohne Flehmen beurteilen. Nur ganz vereinzelt beobachtet man am Harn einer Geiss einen Bock, der den Harngeruch flehmend mit offenem Maul (aber ohne Herumbewegen des Halses) auf den Östrogengehalt prüft. Steingeissen harnen im Gegensatz zu Gämsgeissen sehr selten. Auf dem Bild dürfte es sich um echtes Flehmen mit hufeisenförmigem Hochziehen/Einbuchten der Oberlippe und nicht um Gähnen handeln (vgl. nebenstehendes Bild und das Titelbild Kapitel Hörner).

Mitte unten: Nach längeren Ruhephasen sieht man ab und zu gähnende Steinböcke. Anders als beim Flehmen fehlt weitgehend die hufeisenförmige Einbuchtung an der stark hochgezogenen Oberlippe. Einzelbilder ohne Kenntnis der Situation sind allerdings nicht immer zweifelsfrei beurteilbar. Im Gegensatz zum Steinbock kommt bei der Gämse Gähnen selten vor und Flehmen häufig.

derbeinen kommen manchmal Urinreste dazu, am Kopf allenfalls Sekret aus Drüsen des Kinnbartes oder nahe der Hörner (vgl. Kapitel Jagd, Waldschäden – Hornen). Noch jahrelang nach dem Tod eines Bockes riechen wir unten an den Hörnern den Brunftgeruch. Wer zum ersten Mal mehrere Brunftböcke mit hochgeklapptem Schwanz erlebt, kommt um ein Lachen auf den Stockzähnen nicht herum.

• Der Paarungstermin

Die Parkwächter im Gran Paradiso vermerkten zwischen 2. Dezember und 13. Januar 49 Paarungen (COUTURIER 1962), weiter bis am 19. Februar lediglich vier und im November auch vier. GIACOMETTI & RATTI (1994) berechneten aus der Grösse von 37 Keimlingen die Paarungstermine zwischen dem 1. Dezember und dem 4. Januar bzw. in einem Fall noch am 21. Januar. STÜWE & GRODINSKY (1987) legten mit rückgerechneten Zoodaten aufgrund der Geburten die Paarungszeit fest zwischen 20. November und 28. Februar. Hinweise in der Literatur lassen auf späteste Paarungen ausnahmsweise noch Ende März schliessen (NIEVERGELT 1966b, GIACOMETTI & RATTI 1994, DAVID 1995). Allerdings setzen alle Einzelfälle eine einheitliche Tragzeit voraus, was im Feld noch der näheren Prüfung bedarf (vgl. Kapitel Geburtszeit). Im Durchschnitt ergibt sich der Eindruck einer kurzen, etwa 20 Tage dauernden Hauptpaarungszeit, die mit der Dauer der Geburtszeit übereinstimmt.

Aufreiten gehört ausserhalb der Paarungszeit beim Steinbock zum Dominanzverhalten (vgl. Kapitel Rangordnung) und kann deshalb bei fehlenden Kenntnissen oder oberflächlicher Beobachtung als Paarung fehlinterpretiert werden. Ich fotografierte aber auch an einem 12. und 25. Oktober Paarungen oder Paarungsversuche (siehe Bildteil). Am 13. und 14.7.2005 beobachtete ich mehrfache Paarungen zwischen diversen zweijährigen Böcken und Geissen, welche wohl eben ihre Geschlechts-

Links: Jungböcke im Geissenrudel zeigen bisweilen bereits im Sommer erstes kurzes Werben. Langes Werben gilt als bester Hinweis, dass Paarungen möglich sind (AESCHBACHER 1978). Spätestens ab Mitte Oktober (Bild) muss mit vereinzelten vorzeitigen Paarungen gerechnet werden.

Rechts: Am 13./14.7.2005 haben in einem Rudel ein paar 2½-jährige Geissen und Böcke wahrscheinlich eben die Geschlechtsreife erlangt, was zu ausgedehnten Aufreitszenen (ohne echten Paarungsnachweis) führte. Hier fordert einer der Böcke eine dieser Geissen zum Aufstehen auf.

reife erreichten. Ob diese als echte Paarungen zu werten sind, ist unklar. An sich entziehen sich Steingeissen ausserhalb der Paarungszeit den Aufreitversuchen von Böcken konsequent (Ausnahmen im Kapitel Rangordnung). Gleichwohl wäre der Steinbock nicht die erste Tierart mit Erstlingsweibchen, die weit ausserhalb der normalen Paarungszeit erfolgreich gedeckt werden. Nur müssten dann enorme Anpassungen bei der Tragzeit erfolgen, wenn das Kitz nicht im Winter ohne Lebenschancen zur Welt kommen soll.

• Die Geschlechtsreife

Die Geschlechtsreife scheint je nach Nahrungsgrundlage und «Bevölkerungsdichte» etwas früher oder später einzutreten: In jungen, klimatisch begünstigten Kolonien in Frankreich haben 2-jährige Geissen zu 80 bis 100 Prozent ihr erstes Kitz (MARTINOT) – ähnlich wie im Zoo. Aus dem Freiland in der Schweiz fanden sich nur bei COUTURIER (1962) drei Angaben zweijähriger Mütter (1934 am Mont Pleureur, VS). In der stark bevölkerten Kolonie Albris fanden GIACOMETTI & RATTI (1994) selbst bei bald 3-jährigen Geissen lediglich in einem von acht Fällen einen Keimling, BUCHLI & ABDERHALDEN (1997) bei 3-jährigen in vier von 12 Fällen ein Kitz. Einige Geissen haben ihr erstes Kitz erst im Alter von 5 Jahren (GIRARD 1998, GIACOMETTI & RATTI 1994) oder vielleicht noch später (NIEVERGELT 1966a). TOÏGO (2002a) stellte die grossen Unterschiede zwischen der rasch wachsenden Population Belledonne (F) und der kaum mehr wachsenden Vanoise-Population allerdings nicht bei den ganz jungen oder den sehr alten Weibchen fest (wie GIACOMETTI & RATTI 1994, BUCHLI & ABDERHALDEN 1997, MEYER-HOLZAPFEL 1958, NIEVERGELT 1966a, GIRARD 1998), sondern bei den 3- bis 10-jährigen Geissen. Diese waren am einen Ort alljährlich, am andern Ort aber nur jedes zweite Jahr im Herbst von einem Kitz begleitet. Die Vanoise-Geissen hatten nur jedes zweite Jahr genügend Körperreserven für die erfolgreiche Aufzucht eines Jungtieres (oder verloren es vielleicht durch Adler – vgl. Kapitel Fluchtverhalten). Böcke dürften im Freiland mehrheitlich als 2-jährige die Geschlechtsreife erlangen (HINDENLANG & NIEVERGELT), seltener (zum Beispiel im Engadin) schon als Jährlinge (zweifach im Dezember 2005 und nach GIACOMETTI 2003c oder COUTURIER 1962).

• Abweisende und paarungsbereite Geissen

Steingeissen gelten heute wie die Hausziege als saisonal poly-östrisch (STÜWE & GRODINSKY 1987, TATARUCH 1991), d.h. falls eine Steingeiss zum richtigen Zeitpunkt nicht (oder nicht erfolgreich) befruchtet wird, erfolgt nach ca. 20 Tagen erneut ein Eisprung. Im Zoo scheint dies öfter vorzukommen. AESCHBACHER (1978) und COUTURIER (1962) glaubten brünstige Geissen an ständig etwas abgehobenem, bisweilen wedelndem Schwanz zu erkennen. Dabei könnte es sich bei Aeschbacher um Beobachtungen aus beengten Zooverhältnissen handeln. Mir fiel bisher im Freiland noch kein solcher Fall auf. Ebenso erwies sich in meinen Beobachtungen die Annahme als trügerisch, nur paarungsbereite Geissen würden sich «ständig» nach dem Bock umsehen. Man spürt beim Steinwild die Anpassungen an den gefährlichen Felslebensraum besonders auch im Brunftverhalten: Es fällt auf, dass werbende Böcke die Geissen selten berühren und diese ihrerseits die Böcke scheinbar dominieren (sexuelle Dominanz) (Kapitel Rangordnung, «Unterlegenheit zeigen»). Fühlt sich eine Geiss durch einen werbenden Bock z.B. nach einer Berührung mit dem Kinn oder der Zunge belästigt, braucht sie bloss eine kleine Drohgeste mit den Hörnern gegen ihn auszuführen. Ein so bedachter Bock macht instinktiv wenigstens einen Schritt zurück. Nach AESCHBACHER (1978) nehmen die Abwehrbewegungen der Geissen acht Stunden vor dem Eisprung ab, sind aber 12 bis 24 Stunden vorher besonders intensiv. Wahrscheinlich in dieser Phase kommt es vor, dass

Links: Werbende Böcke strecken Körper und Hals. Aus der Streckhaltung heraus züngeln («flippern») sie durch die geschlossenen Lippen. Gleichzeitig versuchen sie von hinten dichter an ihre Auserwählte zu kommen, recken das Maul hoch (Kopfheben) und schaukeln unsicher vor und zurück, während sich ein Vorderbein dicht am Körper anwinkelt oder (als Vorschritt) versuchsweise zum nächsten Schritt vorgestreckt bzw. zurückgezogen wird. In der Vorbrunft («Kommunalbrunft») ist zudem nach dem Vorschritt auf fünf Meter (im Zoo) ein leises Brunftmeckern zu hören. Böcke berühren die Geissen höchstens mit der Zunge oder dem Kinn, «nie» mit einem Bein – es gibt beim Alpensteinbock keinen echten Laufschlag. Der Vorschritt ist eine unsichere Vorwärtsbewegung im Zeitlupentempo und mit Bereitschaft zum Rückzieher, falls die Geiss ihre Hörner zeigt oder abwehrend einsetzt. KURT & HARTL unterscheiden drei verschiedene «Laufschlagtypen»: mit gestrecktem oder gebeugtem Bein ohne Berührung auf das Weibchen zu (beide beim Alpensteinbock zu sehen) sowie mit gestrecktem Bein und Berühren des Weibchens (bei Steinböcken und Ziegen nicht vorkommend). (Abgeändert nach AESCHBACHER 1978.)

Mitte oben: Im Engadin GR erreichen Böcke die Geschlechtsreife häufig schon im Jährlingsalter. Jedenfalls bemüht sich dieser Bockjährling in Werbehaltung um eine junge Geiss, der er vom Rang her unterlegen ist.

Mitte unten: Nicht nur junge, sondern vorab gruppendominierende Böcke können stundenlang werbend hinter oder neben einer vielversprechenden, weidenden Geiss stehen. Immer wieder müssen auch sie mit heftiger Gegenwehr ihrer Geiss rechnen – und sie machen dann trotz höherem Rang augenblicklich einen Schritt zurück, brauchen also ihre Hörner nicht. Nach AESCHBACHER (1978) sollen die Abwehrbewegungen erst acht Stunden vor dem Eisprung abnehmen und 12 bis 24 Stunden vorher besonders intensiv sein.

Rechts: Entgegen viel publizierter Meinung sind junge Böcke im Freiland nicht ohne Aussichten auf Paarungen – im Zoo dagegen wahrscheinlich schon. Der abgebildete Bockjährling hatte kein Glück. Im Schneegestöber, bei schätzungsweise –10° Lufttemperatur, wies ihn die Geiss beim ersten Anlauf ab. Bei einer Geiss mit «Rückendeckung» die Werbung von vorne zu starten, scheint ungeschickt zu sein – ist aber möglicherweise regelkonform.

eine dauernd umworbene Steingeiss plötzlich genug hat und sich den Böcken durch eine Flucht entzieht. Dann hat sie allerdings einen ganzen Tross von jungen Böcken im Schlepptau (die alten verlieren meistens schnell den Anschluss) und kann von Glück reden, wenn es ihr gelingt, sich in einer Runse oder hinter Blockschutt zu verstecken. Eine markierte Geiss rannte über einen Kilometer hinab, hinauf und kreuz und quer zurück und war auch am nächsten Tag nicht (oder nicht mehr) paarungsbereit. Vielleicht steckt stärkeres Interesse der Geissen an Jungböcken als am dominanten Bock hinter solchen Fluchten. Dann sollte es aber im Anschluss daran zu Paarungen mit einem jungen Bock kommen.

Links: Alpensteinböcke werben im Vergleich zu anderen Wildarten ungewöhnlich starr immer auf die gleiche Weise, manchmal wie in einem stundenlangen Endlosfilm. Nur der Perspektivenwechsel schafft Abwechslung – hier von vorne, während der Bock gerade 1 bis 2 Sekunden lang züngelt (mit der Zunge «flippert»).

Rechts: Lange Hörner und Geschlechtsmerkmale brachten den Steinbock in die Tierkreiszeichen und Wappen (z.B. Tschlin GR). Ständig abgewiesene werbende Böcke können gelegentlich ihr bestes Stück zeigen. Die «Brunftkugeln» schrumpfen ausserhalb der Brunft stark zusammen. Die Zeugungsfähigkeit der Böcke scheint nur von Mitte Oktober bis Ende März sicher belegt zu sein – bei Hausziegenböcken ganzjährig (DEGEN). Beim Walia Steinbock stellte NIEVERGELT (1974) im gesamten Jahresverlauf Hinweise dazu fest.

• Wieso sieht man selten Paarungen?

Es scheint, als ob fast niemand im Freiland (ausserhalb von Zoos) Steinwildpaarungen gesehen hätte. AESCHBACHER (1978) vermutete Paarungen vielfach in der Dämmerung, COUTURIER (1962) nachts. Tatsächlich lässt sich beim Steinbock Nachtaktivität gerade auch in der Paarungszeit (z.B durch nächtlich kämpfende Böcke) nachweisen. Aber Paarungen überwiegend nachts oder in der Dämmerung entbehren vorläufig der klaren Bestätigung.

Eigene Beobachtungen und bisherige Daten von Willisch deuten auf eine sehr kurze Dauer der Brunft der Weibchen mit oft nur einer einzigen Paarung. AESCHBACHER (1978) nahm bei Geissen ursprünglich eine Brunftphase von 24 Stunden an, stellte aber in der Feldrealität nur eine maximal fünf Stunden dauernde Paarungsbereitschaft mit höchstens sieben Kopulationen fest. COUTURIER (1962) übernahm allerdings eine Parkwächterangabe einer an drei Tagen paarungsbereiten Geiss aus dem Gran Paradiso. Couturier

Nach COUTURIER (1962) dauern Paarungen bei jüngeren Böcken fünf Sekunden und bei älteren Böcken bis 15. Unter mindestens 53 Paarungen vorwiegend alter Böcke führt er nur ein einziges Beispiel von 30 Sekunden an. Die von AESCHBACHER (1978) beobachteten Paarungen dauerten im Mittel 28 Sekunden. Aeschbachers Daten basieren jedoch auf derart wenig Zahlenmaterial (und teilweise aus dem Zoo von einem einzigen Bock), dass sie wahrscheinlich nicht dem Durchschnitt entsprechen. Umgekehrt kamen im Gran Paradiso (Couturier) wegen Wilderei vielleicht nur wenige wirklich alte Böcke zu Paarungschancen. Von mir beobachtete Paarungen dauerten nur bei einem individuell bekannten, 13-jährigen Bock ca. 30 Sekunden, sonst maximal 15 Sekunden und bei jungen Böcken kaum über fünf Sekunden.

• Sind auch Jungböcke erfolgreich?

Theoretisch gesehen sollten nur ranghohe (alte) Böcke zur Fortpflanzung kommen. Erstaunlicherweise vermögen alte Böcke im Freiland den Rangvorteil schlechter in einen Paarungserfolg umzusetzen als erwartet: Entgegen anderen Befunden (AESCHBACHER 1978 mit vier Freilandbeobachtungen, HABIBI mit drei Paarungen beim Nubischen Steinbock), erfolgten vier der sieben von mir beobachteten Paarungen durch allerjüngste Böcke. Willisch (brieflich) stellte bis 2006/07 9 bis 10 «Situationen» mit 10- und 11-jährigen Böcken fest, eine «Situation» mit einem 7-jährigen Bock sowie mindestens 15 «Situationen» mit in der

Regel jüngeren Böcken ohne langes Werben. Der älteste Bock seines Untersuchungsgebietes war bezogen auf verschiedene Jahre nur 11- bis 13-jährig. NIEVERGELT sah selber keine Paarungen und nahm 1967 aufgrund seiner Beobachtungen noch an, dass auch jüngere («subadulte») Böcke Erfolg haben müssten. COUTURIER (1962) liefert weitere Hinweise von Parkwächtern aus dem Gran Paradiso, die in diese Richtung gehen. Man tendiert aber dazu, aufreitende Jungböcke nicht als Paarungen zu akzeptieren, weil sie nicht den Erwartungen entsprechen und schnell ablaufen. Hingegen werden in der Literatur angebliche Eigenbefriedigungen diskussionslos zur Kenntnis genommen, obwohl diese normalerweise keine drei Sekunden dauern (und übers ganze Jahr betrachtet nur selten wirklich solche sind). Jedenfalls ist schwer einsehbar, dass beim Gämsbock in aller Kürze funktionieren soll, was man einem jungen Steinbock absprechen will. Willisch klärt mit genetischen Vaterschaftstests die Erfolgsquote junger Böcke ab. AESCHBACHER (2007) sieht für 10 Prozent der Böcke (pro Jahr) Fortpflanzungschancen.

Bei Zuschreibung des Paarungserfolges ausschliesslich an die ranghöchsten Böcke gerät gerne die Rolle der vielen jungen Böcke in Vergessenheit. Sie sind es, die in ständiger Bewegung immer wieder Geissen «testen» und manche «reife» Geiss entdecken («Kommunalbrunft»). Sie haben dabei oft genügend Spielraum für sich, bevor sie ihre Eroberung an Ranghöhere (zur «Individualbrunft») abtreten müssen. Dann aber kann bei der betreffenden Geiss alles bereits gelaufen sein. Sei es, weil sie in jugendlichem Alter langgehornte Böcke vom grossen Rangunterschied her etwas fürchtet (evtl. ein Fall aus eigener Beobachtung) oder weil sie aus anderen Gründen Partnerwahl betreibt oder schon genug hat. Gegen Paarungen unter nahen Verwandten oder immer des gleichen Bockes wirkt die Aufteilung der Geissen in wechselnde Rudel und gleichzeitiger Eisprung mehrerer Geissen. Ein weiterer Grund für den oft überraschenden Ablauf von Paarungen muss in der Ausformung des Geländes gesucht werden. Es ist ein Unterschied, ob man mitten in einer runsenreichen Felswand drinsteckt oder diese aus idealer Entfernung übersichtlich ausgebreitet vor sich sieht: Ein ranghoher Bock hat nicht immer den Überblick, was jüngere Konkurrenten in seiner Nähe treiben. Auch sind die Jungen meistens in der Überzahl, hoch motiviert und ständig in Bewegung, während die Alten erst in vielversprechenden Situationen aus der Reserve zu locken sind. In einem Fall konnte der dominierende, individuell bekannte 12-jährige Bock möglicherweise «hintergangen» werden, weil er drei Jahre zuvor ein Auge verlor und seither mehr Mühe bei der Beurteilung von Konkurrenzsituationen hatte. So etwas riecht nach Ausnahme, ist es aber nicht unbedingt. Einseitiger Augenverlust (durch Gämsblindheit) ist kein Einzelfall. Hinzu kommen verschiedene andere altersbedingte Einschränkungen, welche sich im Wettbewerb um Geissen gegenüber Jungböcken nachteilig auswirken können. Einmal wurde z.B. ein alter Bock vermutlich nur deswegen von einer Lawine mitgerissen, weil einer seiner Gehörgänge vollständig verstopft war, während 27 andere Böcke der gewaltigen Lawine auszuweichen vermochten.

• Böcke bezahlen den Brunfteinsatz oft mit ihrem Leben

Alte Böcke schalten sich während der Brunft öfter durch Unfälle und Tod selber aus als junge; sie sind während der Brunft von einer solchen Eifersucht auf Konkurrenten besessen, dass sie sich selber gefährden: Wenn ein Junger kurz vor dem Paarungserfolg zu stehen scheint, geraten viele Alte total aus der Reserve und gefährden beim Spurt in vereistem Fels ihr Leben. HALLER (1996a) schreibt, «die Möglichkeit kurzfristiger Fitnessgewinne (= Paarungserfolge) ist mit dem Risiko des totalen Verlustes untrennbar verbunden». Der direkte Nachweis eines Eifersuchtstodes durch Ausgleiten gelang mir allerdings erst einmal – und auch damals wegen fortgeschrittener Dämmerung nicht lückenlos. Vor dem Beobachtungsabbruch sah ich gerade noch, wie der Bock zum Spurt über ein Eisfeld ansetzte, um zwischen einen Jungbock in aussichtsreicher Position und eine Geiss zu gelangen. Am darauffolgenden Morgen lag er tot

Links: Die einzelnen Böcke beanspruchen keine Brunftterritorien, können aber ausnahmsweise gegen einen Konkurrenten, der sich zu weit vorwagt, zu einem harmlos aussehenden, gefährlichen Rundumschlag mit den Hörnern ansetzen. Auch kann ein Bock kurzzeitig gegen das Kitz einer Geiss ausfällig werden, wenn es sich ständig hinter der Mutter aufhält. AESCHBACHER (1978) bezeichnet diese «heisse» Phase der Brunft als Individualbrunft mit einem Paarraum und grenzt sie gegen die Kommunalbrunft ohne Territorien ab. In steilen Brunftgebieten verunfallen verhältnismässig viele alte Böcke beim Versuch, den vermeintlichen Erfolg eines jüngeren Konkurrenten bei einer Geiss zu verhindern.

Mitte links: Steingeissen sind maximal fünf Stunden lang brunftig und lassen sich manchmal nur ein einziges Mal decken. Paarungen dauern je nach Alter des Bockes ca. 5 bis 15(bis 30) Sekunden. Daraus ergibt sich, weshalb man fast nie Paarungen sieht.
Unter den aufmerksamen Blicken anderer Geissen stand am 12.10.2007 eine 3- bis 4-jährige Geiss einem 3-jährigen Jungbock. Dieser war trotz allen Bemühungen und mehrfacher Gelegenheit nicht in der Lage, die Paarung zu vollziehen!

Mitte rechts: Die 12- bis 13-jährige Geiss «Rechtsauge» wurde am 24.10.2004 lange, aber vergeblich von einem Altbock umworben. Am Tag darauf liess sie in aller Ruhe einen 3-jährigen Jungbock (mit kurzem Jährlingshornzuwachs) aufreiten. Folglich wäre die Geburt im April zu erwarten gewesen, was die Lebenschancen eines Kitzes minimiert. Die Geiss wurde im darauffolgenden Sommer als galt (kitzlos) beurteilt. Ich bin davon überzeugt, dass alte Böcke im Freiland den Rangvorteil wesentlich schlechter in einen Paarungserfolg umzusetzen vermögen als erwartet: Vier von sieben im Feld selber beobachtete Paarungen erfolgten durch 2- bis 4-jährige, also sehr junge Böcke. Einmal wies nachher die Hochzeiterin sogar einen hinzueilenden, ranghöheren Bock ab.

Rechts: Die Gämsblindheit verursacht manchmal einseitigen Augenverlust. Die Geiss «Rechtsauge», die auf dem Vorpaarungsbild vom 25.10.2004 zu sehen ist, hat am rechten Auge eine starke Hornhauttrübung, welche allenfalls auch durch einen Unfall verursacht sein könnte. Die Geiss diente mir als individuell kenntliches Tier über Jahre hinweg als wertvolles Fotoobjekt.

direkt unter diesem Eisfeld. Seinen 100-Meter-Sturz hat er im Verborgenen getan. Ausgleiten auf Eis dürfte hinter dem Lawinentod eine der häufigsten Todesursachen der Böcke sein, insbesondere wenn gleichzeitig viele ältere Böcke vorhanden sind. Dies ist seit langem bekannt (COUTURIER 1958), wurde aber nicht mit der Brunft in Zusammenhang gebracht, sondern als schlechte Eignung des Steinbockhufes auf Eis fehlinterpretiert. Keine Einzelfälle sind auch ältere Böcke, die im Vorfeld der Brunft den gut begehbaren Felslebensraum verlassen und darunter in leichten Hangzonen in den Tiefschnee geraten. Es besteht dann für solche Tiere manchmal nur noch die Fortbewegungsmöglichkeit weiter hangabwärts, während die Rückkehr aufwärts durch das hohe Körpergewicht fast unmöglich wird und zu einer Art Panikreaktion im Schnee führen kann. Nach der Brunft verlassen die meisten älteren Böcke das Einstandsgebiet der Geissen dann gleichwohl (Kapitel Rudel/Wanderungen) und wählen dazu früher oder später nicht nur Wege entlang der Gratlagen aus, sondern abwärts führende Routen zu tiefer liegenden Felsstufen. Auch dabei haben sich schon oft Böcke im Tiefschnee zu viel zugemutet und sind entkräftet eingegangen (Kapitel Winter).

DER WINTER

Der Winterlebensraum der Weibchenrudel ist meistens extrem steil und hoch lawinengefährdet. Seine Vorzüge liegen in oft angenehmen Tagestemperaturen und guter Zugänglichkeit der Nahrung. Aber die älteren Böcke zieht es nach der Paarungszeit bald von hier weg. Viele Gefahren und Krankheiten begleiten die Tiere insbesondere durch den Winter.

Obwohl die Böcke nach der Paarungszeit aus den steilen Lebensräumen der Geissen abwandern, entgehen auch sie in ihrem Winterlebensraum den Lawinen nur mit Einbussen. Von Lawinenopfern bleibt im Frühling lediglich das Skelett übrig. Lawinenschneisen sind oft die einzigen Gebiete, wo das Gras nach Schneefällen zugänglich bleibt.

Links: Ein Schneesturm macht aus dem Lebensraum von Steingeissen eigernordwandähnliche Verhältnisse. Nur wenn die Sonne scheint, verbreitet sich in den Steinwild-Südhängen dank fast senkrecht auftreffendem Licht angenehme Wärme. Dann spielen Steinwildgebiete ihren Vorteil gegenüber anderen Hanglagen voll aus – erkaufen ihn aber mit hoher Lawinen- und Steinschlaggefahr.

Mitte links oben: Zumindest einzelne Steinkitze dürfen bis im Februar saugen. Das fotografierte Kitz konnte an einem 20. Dezember von hinten saugen. Steingeissen haben im Gegensatz zu Gämsgeissen genügend Reserven, um Saugen im Winter zu ermöglichen – allerdings wohl nur mit geringen Milchmengen. Aber vielleicht genügt diese kleine Hilfe, um die Überlebenschancen der Kitze zu verbessern.

Mitte links unten: Ausgedehnte, von Westen nach Osten verlaufende, begehbare Grate und Bergzüge sind für Steinwild ideal, weil sie am meisten Südhänge für die Überwinterung aufweisen. Dort ist nach Schneefällen dank Lawinen die Vegetation rasch wieder zugänglich. Hätte man zur Zeit der ersten Steinwild-Wiederaussetzungen mehr über die Ökologie der Gämse gewusst, wären keine Versuche an Nordhängen oder in dichten, grasarmen Legföhrengebieten gemacht worden, die von vornherein zum Scheitern verurteilt waren. Von Bedeutung ist auch die durchschnittliche jährliche Schneehöhe – zu viel Schnee ist nicht gut.

Rechts: Am Gemmenalphorn BE dienen vorhandene Höhlen im Sommer gegen die Hitze (NIEVERGELT 1966a), am Wetterhorn BE zur Übernachtung (DAENZER), oder in der jungen Kolonie Spillgerten BE offenbar für Kitzgeburten (Rudolf Wyss, Spiez). Ob auch Nutzungen zum Schutze vor Wind und Wetter vorkommen?

• Der Winterlebensraum der Geissen und Kitze

Nichtkenner haben schnell das Gefühl, eine Bergflanke sei zum Überwintern für Steinwild zu steil – zu stark gefährdet durch Steinschlag, Lawinen oder Eis zum Ausrutschen. Schliesslich lassen sich selbst Extremalpinisten spätestens nach zwei Tagen Schneesturm per Hubschrauber aus der Eigernordwand retten. Sicher ist ein Vergleich der Eigernordwand mit dem Steinbocklebensraum während Schneesturmtagen zulässig. Seit den ersten, fehlgeschlagenen Wiederaussetzungsversuchen wissen wir allerdings, dass der Alpensteinbock im Winter sonnenarme, gegen Norden ausgerichtete Schneehänge meidet. Sein Winterlebensraum sind steile Südwände bis gegen 2500 Meter ü.M. mit ausgedehnter Rasenvegetation und langer Sonnenscheindauer, wo oft regelrecht angenehme Tagestemperaturen das Markenzeichen sind – Steilhänge, wo nach Neuschneefällen die weisse Pracht nur kurz liegen bleibt und die eiweissarmen, aber dank der Zellulose zuckerhaltigen Grashalme freigibt.

• Im Winter schwindet das Körpergewicht

Das Lebendgewicht einer Steingeiss ab fünf Jahren geht zum Winterbeginn gegen 50 Kilos – gelegentlich sogar bis 65. Steingeissen erreichen damit die Maximalgewichte von Gämsböcken, was gute Voraussetzungen schafft, einen Durchschnittswinter ohne allzu grosse Schwierigkeiten zu meistern. Es dauert indessen bei den Geissen fünf Jahre, bis sie Maximalgewichte erreichen. Böcke haben bereits ab 2½ Jahren beinahe das Gewicht einer ausgewachsenen Geiss; bis im Alter von 7½ Jahren kommen alljährlich ungefähr acht Kilos hinzu (GIACOMETTI & RATTI 2003a). Ende Oktober/Anfang November erreichen die grössten und schwersten Böcke Höchstgewichte von 100 bis 115 Kilos – nach COUTURIER (1962) ausnahmsweise vielleicht bis 130, dies allerdings erst ab 10 bis 11 Jahren und gefolgt von rasch abnehmender Tendenz (GIACOMETTI & RATTI 2003a, LÜPS 1986+2007). 27 grosse Böcke wogen im Gran Paradiso von September bis November durchschnittlich 99 Kilos, einzelne überschritten 100 Kilos (GIACOMETTI 1997). Die Herbstgewichte auf der Jagd im Kanton Bern liegen durchschnittlich drei Kilos tiefer als im Kanton Graubünden (LÜPS 1986, ZUMBACH 1986). Beim Steinbock nicht genau bekannt ist das Gewicht der Winterfett-Vorräte. COUTURIER schätzt bei grossen Böcken den (sichtbaren) Fettanteil auf 30 bis 35 Kilos. ZUMBACH & LÜPS haben als Einzige (indexierte) Nieren- und Knochenmark-Fett-

Mitte: Steinböcke können selbst dort gedeihen, wo dies keiner anderen Wildart mehr gelingt. Kitze allerdings haben wenig Reserven und einen verhältnismässig hohen Energiebedarf – für sie entspricht der Winter einer Gratwanderung. Wenn sie der Erschöpfung nahe sind, vermögen sie den Lawinen nicht mehr auszuweichen und fallen in manchen Jahren alle in den Abgrund. Über lange Zeiträume gesehen überleben wohl in steileren Gebieten keine 40 Prozent eines Kitzjahrganges den ersten Winter.

Rechts: Solange das Gras im Winter einigermassen zugänglich bleibt, unternehmen Steinböcke selbst bei Schneefall ihre Tageswanderungen und sind von Sonnenaufgang bis zur Abenddämmerung fast durchgehend unterwegs. Erst im April oder Mai, wenn die Kondition den Tiefpunkt erreicht, sieht man vermehrt tagsüber ruhendes Steinwild. Gleichzeitig kommen die Tiere oft dahin herab, wo die Nächte bei Wind etwas wärmer sind, aber die Lawinengefahr zunimmt.

Links: Trotz einer Hangneigung von etwa 45° (100 Prozent) muss die junge Steingeiss im Schneesturm das Gras mühsam mit einem Vorderbein freischarren. Steinwild frisst ganzjährig hauptsächlich Gras. Wahrscheinlich erwärmt die winterliche Sonne Steilhänge so stark, dass stellenweise neues Gras wachsen kann. Insgesamt dominiert aber dürres, eiweissarmes Gras. Das Verdauungssystem des Steinbockes ist an die nährwertarme Nahrung optimal angepasst.

werte erhoben. Wildhüter Jean-Claude Roch VD wog Ende Dezember einen tödlich abgestürzten 11-jährigen Bock mit 79 Kilos. Bis zum Winterende sinken die Gewichte bei Geissen jeweils um gut 30 Prozent und bei Böcken um (mindestens) 20 Prozent – im Gran Paradiso wogen 16 ältere Böcke von März bis Juni durchschnittlich 78,9 Kilos (GIACOMETTI 1997). Lebensbedrohlich wirds bei Gewichtsverlusten spätestens gegen 50 Prozent (vgl. COUTURIER 1962).

Eine hohe Körpertemperatur hält Säuger stets «einsatzbereit». Beim Steinbock sind es im mittleren Alter und ruhend nach COUTURIER (1962) etwa 38,6°. Steinböcke sollen erst bei –35° vor Kälte zu zittern beginnen

Links: Überlebensstrategie-Berichte über Wildtiere im Winter vergessen immer den riesigen Wärmeverlust durch die grossen Bockhörner zu erwähnen: Bei Lufttemperaturen von –10° verlieren Mähnenspringerböcke über die Hörner mehr als 22 Prozent ihres Energie-Grundumsatzes durch Wärmeabstrahlung (PICARD, umgerechnet). Absolut Vergleichbares dürfte auch für Steinbockhörner gelten. Diese sind bis in halbe Höhe durchblutet. HALLER (1996a) spricht zudem vom Aufwand für «das Herumtragen» mächtiger Hörner.

Mitte: Wer meint, im steilen Lebensraum der Geissen gleite Neuschnee laufend ab, ohne haften zu bleiben, irrt leider. Beispielsweise sprechen die erdfarbenen Lawinenkegel und die gefundenen Steinwildüberreste im Sommer eine andere Sprache.

(ONDERSCHEKA & HARTL). Wer dies wie gut überprüft hat und ob dieser tiefe Wert für Geissen ebenfalls zutrifft, bleibt offen. Solche Angaben sollten nicht über den beträchtlichen Aufwand zur Temperaturregulierung im Winter hinwegtäuschen. Auch für den Steinbock gelten die Naturgesetze und können die Reserven in schneereichen, kalten Wintern zur Neige gehen. Jedenfalls macht GIACOMETTI (2003c) auf eigentliche Frühlingssterben in italienischen Reservaten aufmerksam. Dort besteht vollständiger Jagdschutz.

Generell schwierig sieht der Winter für die Kitze aus. COUTURIER nennt vorwinterliche Maximalgewichte von 17 bis 19 Kilos für Bockkitze bzw. 15 bis 17 Kilos für Geisskitze. Steinkitze kommen ca. drei Wochen später zur Welt als Gämskitze, gehen aber mit etwas höherem Gewicht in den Winter. Die Gewichte sinken in kalten, schneereichen Wintern bis zum Frühling z. T. unter 10 Kilos, d. h. an die Überlebensgrenze (vgl. HALLER 1996a). Gegenüber Gämskitzen profitieren Steinkitze von zwei weiteren Wintervorteilen: Zum einen ist ihr Winterfell etwas dichter, es enthält wesentlich mehr Wollhaare. Zudem ist die Säugezeit etlicher Steinkitze nicht bereits im November zu Ende, sondern erst im Dezember, Januar oder Februar. Steinkitze können zwar bereits im Sommer nicht mehr so oft saugen wie Gämskitze, dafür aber bis in den Winter.

Im Gran Paradiso überleben im langjährigen Durchschnitt ca. 53 Prozent der Kitze vom Herbst den «Winter» (abgeleitet aus VON HARDENBERG 2000). Berücksichtigt man das Zähldatum vor der neuen Vegetationsperiode und die Todesfälle in den ersten Lebenstagen mit, endet der Winter mit Sicherheit eher nur für 40 als für 53 Prozent des Jahrgangs gut. BUCHLI & ABDERHALDEN (1997) geben die Winterverluste der Kitze im Gebiet Albris/Nationalpark für die Jahre 1992 bis 1994 bis im März/April mit 40 bis 58 Prozent an. Zu diesem Zeitpunkt ist allerdings der Winter noch nicht überstanden, manchmal treten die grössten Verluste erst im April auf. In besonders steilen Gebieten werden einzelne Kitzjahrgänge in der kalten Jahreszeit fast vollständig ausgelöscht. Andere wiederum überleben nahezu vollzählig. In den westlichen Voralpen haben nach eigenen Beobachtungen z.B. die Kitzjahrgänge 1977, 1990 und 2006 praktisch ohne Einbussen überlebt. Aus den Jahren 1979, 1999 und 2002 aber gingen fast alle Kitze zugrunde (im Mai erhobene Daten). Im Gran Paradiso erlitten lediglich die Kitzjahrgänge 1962, 1976 und 1996 hohe Einbussen, aber es gab keine Jahre ohne mindestens 20 Prozent Winterverluste (vgl. VON HARDENBERG 2000, Saison-Zeitpunkt der Datenerhebung unbekannt).

Lawinengefahr, Steinschlag – und im Sommer Blitzschlag

Steinwild lebt mitten in der Lawinen-Gefahrenzone und bezahlt dafür in mehr oder weniger regelmässigen Abständen seinen Tribut. Aus vielen Steinwildgebieten sind grössere Katastrophen dokumentiert, wo unter Umständen eine einzige Lawine über 50 Tieren den gemeinsamen Tod brachte: so z.B. 1997/98 in der Augstmatthornkolonie oder 1969/70 und 1976/77 im Gebiet Chanels/Trupchun des Schweizerischen Nationalparkes (Radiomeldung, SCHLOETH, FILLI 1995a, HALLER 1996a). Würde man hingegen Einzelopfer von Lawinen genau unter die Lupe nehmen, wäre vorab bei Kitzen meist ein allgemeiner Erschöpfungszustand feststellbar. Es bestehen kaum Zweifel daran, dass in voller Kraft stehende Tiere abgehende Lawinen hören und sehen und ihnen danach besser ausweichen als Tiere mit aufgezehrten Reserven. Steinböcke reagieren auf Lawinengeräusche oft mit fast hysterisch zu nennenden Fluchten, die nur auf Erfahrung beruhen können. Sie schenken auch herabsausenden, in der Luft sirrenden Steinen hohe Beachtung. Am auffälligsten (mit gezieltem Wegspringen) lässt sich dies bei Tieren direkt unter einer Fluh beobachten. Dieses Gefahrenbewusstsein ist erstaunlicherweise bereits bei knapp fünf Wochen alten Kitzen vorhanden: An einem 14. Juli sprang ein isoliert stehendes Kitz nach Poltergeräuschen von Steinen

Rechts: Die Weidegebiete der Böcke liegen im Winter tendenziell weniger steil als jene der Geissen, sind aber kaum lawinensicherer. Der abgebildete Felsriegel ist ein beliebter Nachtruheplatz der Böcke. Es sind zwei Tiere im dunklen Band am Felsfuss erkennbar.

instinktiv gegen den Fels und schmiegte sich dort eng an. Meist enthält das winterliche Lebenszentrum viele Felsriegel, unter deren Schutz Lawinen keine Lebensgefahr mehr darstellen. So liess sich z.B. eine Steingeiss ohne Panik von mindestens drei Wellen einer Riesenlawine überrollen und war danach lediglich weiss eingepudert, während ich sie jedes Mal tot glaubte.

In Lawinen mitgerissenes Steinwild überlebt übrigens mit Ausnahme der Kitze in erstaunlich vielen Fällen selbst in steilen, felsigen Gebieten. Zweimal sah ich Überlebende stundenlang auf dem Lawinenkegel sich ausruhen und sich vom Schock erholen, bevor sie wieder in die Felsen stiegen. HALLER (1996a) beobachtete einen Steinbock, der eine Lawine lostrat, von ihr ca. 580 Meter mitgetragen wurde und lebend davonkam. Häufig erliegen Überlebende aber nach wenigen Tagen vor Ort den inneren Verletzungen. In steilen Gebieten halten sich Steinböcke zu Beginn des Winters hauptsächlich in den obersten Zonen auf. Erst gegen das Winterende (mit abnehmender Kondition) kommen sie in tief unten liegende Lebensraumzonen herab, wo die Nächte bei Wind etwas wärmer sind, aber die Lawinengefahr zunimmt. Unfälle durch Ausgleiten werden im Kapitel Paarungszeit besprochen (Böcke bezahlen den Brunfteinsatz oft mit ihrem Leben) – oder im Kapitel Rangordnung (lebensgefährliche Rangauseinandersetzungen).

Nicht im Winter natürlich, aber im Sommer, würde man bei einem Bewohner von Gipfeln und Graten regelmässig auch Nachweise von Blitz-

Links: Während starker Frühlingsschneefälle stellt Steinwild unter Umständen die Nahrungsaufnahme ein. Danach beginnt in Lawinenschneisen der Spiessrutenlauf gegen die Gefahr – immer gut hinhören und wissen, wohin eine sichere Flucht möglich ist. Auf dem Bild ist die Arbeit der Lawinen deutlich sichtbar.

Mitte links: Böcke sind sich wenig bewusst, dass abseits ihres Felslebensraumes die Schneeverhältnisse völlig anders sein können. Auf der Suche nach Paarungschancen gerät manch einer in den Tiefschnee. Der Bock hier konnte erst nach einem Tag halb «schwimmend», halb wegetretend wieder auf festem Grund Tritt fassen. Abwärts wäre er gut vorangekommen – aber er wollte nur eines: zurück ins Paarungsgeschehen.

schlag als Todesursache erwarten. Dies scheint aber nur selten der Fall zu sein. Vielleicht werden nur wenige Fälle bekannt oder vermögen Tiere vor dem Einschlag instinktiv noch wegzuspringen. LÜPS (1978) erwähnt 10 Blitzschlagopfer im August 1967 an der Gummfluh BE/VD. Beim Menschen überleben um die 70 Prozent der vom Blitz Getroffenen dank medizinischer Hilfe (GÜNTER).

• Das Geschlechterverhältnis und die Winterhärte

In Steinbockbeständen bewegen sich nach der Literatur die Zahlenverhältnisse Böcke zu Geissen von 1:0,8 bis 1:1,9 (bzw. ca. 1:1,6) (Gran Paradiso 1985 bis 1992/PERACINO 1995) sowie (Chanels im Schweizerischen Nationalpark/AESCHBACHER für Tiere ab zwei Jahren) – bzw. auf alle Tiere umgerechnet (vgl. auch Kapitel Geburtszeit/Jagd, Jagdablauf). Im Gran Paradiso (PERACINO 1995) bestand 1985 bis 1992 ein gesicherter Zusammenhang zwischen dem Geschlechterverhältnis und der Bevölkerungsdichte: Wenn die Böcke überwogen, waren jeweils viele Tiere vorhanden. Gleichzeitig lässt sich vermuten, dass harte Winter fehlten, die besonders unter den Böcken mit hohen Verlusten verbunden sind. Allerdings fällt es bei Geissen schwerer als bei Böcken, alle Rudel zu

Mitte rechts: Eine falsche Routenwahl bei der Abwanderung der Böcke nach der Paarungszeit abseits von Gratlagen durch den Tiefschnee kann tödlich enden. Der Erschöpfungstod im Schnee ist nach dem Lawinen- und Absturztod eine der häufigsten natürlichen Todesursachen von Böcken.

Rechts: Das Bild dokumentiert den letzten Weg eines grossen Bockes aus dem Schweizerischen Nationalpark. Im Hintergrund grasen zwei lebende Böcke. Zudem ist ein kleiner Lawinenanriss sichtbar (Foto: © Alfons à Porta, La Punt).

finden (vgl. Kapitel Rudel, Rudelgrösse ...). Extrem zu Gunsten der Geissen verschobene Verhältnisse dürften meistens bedingt sein durch hohe Winterverluste grosser Böcke – oder durch Wilderer (vgl. GAUTHIER 1991).

Nach einem biologisch-physikalischen Gesetz müssten die wahrscheinlich etwas schwereren Bockkitze gegenüber den etwas leichteren Geisskitzen bessere Winterüberlebenschancen haben. Selber fand ich entgegen der Erwartung bisher mehr tote Bockkitze als Geisskitze. Unter den lebenden Tieren zählt man aber fast immer etwas mehr Geissen als Böcke. Die Lebenserwartung der beiden Geschlechter scheint sich selbst unter Zoobedingungen zu unterscheiden, was aber für unsere wildlebenden Wiederkäuer (und auch für den Menschen) nichts Aussergewöhnliches ist. Denkbar sind hormonelle Einflüsse, aber insbesondere der Lebenswandel der Böcke während der Paarungszeit und beim Aufsuchen des Spätwintereinstandes (vgl. GIRARD 1999). TOÏGO (1997) fand im Gebiet Belledonne/Sept/Laux (F) unter klimatisch milden Bedingungen für beide Geschlechter eine gleich hohe jährliche Überlebenswahrscheinlichkeit von 97 Prozent, während dies nach GIRARD (1999) zumindest im fortgeschrittenen Alter nicht zutreffen dürfte.

In den Bündner Fallwildzahlen (natürlich gestorbener Steinböcke) beträgt das Geschlechterverhältnis nur 1:0,45 (GIACOMETTI 1988). Aber dies besagt in erster Linie, dass Bockhörner leichter gefunden werden und für den Finder interessanter sind als Hörner von Weibchen.

Links: Mit Schnee überpuderte Felle beweisen ihre hohe Isolationsfähigkeit gegen innen und aussen – manchmal deuten sie aber auch auf ein krankes Tier hin, das den Schnee kaum mehr abschüttelt und nichts mehr frisst, so wie hier. Die Geiss hatte Gämsblindheit, beide Augen waren verklebt und die Augenlider geschlossen.

Mitte links: Die gleiche Geiss im Porträt. Im vorgerückten Alter von 17 Jahren bestehen wenig Chancen, die Gämsblindheit zu überstehen, selbst wenn die Augen ohne Hornhautverletzungen davonkommen. In durchseuchten Beständen gibt es nach einem Krankheitsausbruch für ein paar Jahre genügend Immunisierte, um ein erneutes Aufflammen der Krankheit zu verhindern. Ein erster Seuchenzug kann aber über 10 Prozent Tote verursachen.

• Krankheiten

Selbstverständlich sind an einem wenig oder nicht bejagten Ort mehr natürliche Todesfälle zu erwarten als in einem Gebiet, welches hohem Jagddruck ausgesetzt wird. Dass sich Todesfälle mehrheitlich im Winter ereignen, erstaunt wenig. In unbejagten Populationen gehen weit über 70 Prozent der Abgänge auf Unfälle, Alter und Erschöpfung zurück (vgl. GAUTHIER 1991). Krankheiten können aber zeitweise ähnliches Gewicht erlangen. Jedenfalls starben nicht nur im Gebiet des Gran Paradiso teilweise bis 30 Prozent der Tiere an infektiösen Lungenentzündungen. In neuerer Zeit tritt im Gran Paradiso wieder die Brucellose auf (FERROGLIO) – seuchenhaftes «Verwerfen» (des Foetus), oft in Kombination mit Lungenentzündung. Genannt werden muss auch die Gämsblindheit, die hoch ansteckend ist, bei der Gämse praktisch alle Tiere eines Rudels trifft und bis 30 Prozent Todesfälle verursacht. Epidemien mit Gämsblindheit verschonen beim Steinwild mehr Individuen und führen «nur» etwa zu 10 Prozent Toten (HARS & GAUTHIER) – Hausschafe und Hausziegen lassen sich gut behandeln. Nebst der direkten Übertragung von Tier zu Tier (vgl. Kapitel Wanderungen) gelten auch Fliegen und Feuchtigkeitsverdampfungen aus den Augen als Überträger dieser Krankheit. In den Ostalpen und in Spanien rafft manchmal die Gämsräude (Sarcoptes scabies rupicaprae) bis 90 Prozent eines Steinbockbestandes dahin. Diese gilt als nicht ausrottbar. Die Gämsräude befällt zusätzlich auch Gämsen

Mitte rechts: Zwischen 1950 und 2003 hat in der Schweiz die Zahl der Schafe von 165'000 auf 450'000 zugenommen. Diese werden teilweise hoch oben gesömmert. Gämsblindheit wird durch den bakterienähnlichen Erreger Mycoplasma conjunctivae von Schafen auf Gämsen und Steinwild übertragen und dann innerhalb der Arten weiterverbreitet (vgl. Kapitel Wanderungen). Salzleckstellen stehen im Verdacht, als Übertragungsorte zu funktionieren (RYSER-DEGIORGIS, vgl. auch BASSANO 1998, COUTURIER 1962). Verantwortungsbewusste Schafhalter lassen ihre Herden vor der Sömmerung vom Tierarzt auf Krankheiten kontrollieren. Hier ruhen Böcke ganz in der Nähe von entlaufenen Hausschafen, Steingeissen hingegen sind schafscheuer als die Böcke, wobei die Glocken der Schafe eine Rolle spielen könnten.

Rechts: Ungefähr drei Jahre lang lebte dieser 11-jährige Bock ohne rechtes Auge, bevor er verschwand. Wahrscheinlich kam es durch Gämsblindheit zum Augenverlust. Das Tier fiel vom Verhalten her nicht als behindert auf.

und Ziegen, nicht aber Schafe. Alle anderen Krankheiten nahmen bisher keinen entscheidenden Einfluss auf die Bestände.

In einigen Gebieten spielen die Klauenfäule (die der Moderhinke bei Schafen entspricht) oder Lippengrind eine gewisse Rolle. Lippengrind wird von einem Virus verursacht, für welches Menschen, Schafe und Ziegen ebenfalls empfänglich sind. Papillomatose ist nicht identisch mit Lippengrind und hat wenig Bedeutung (vgl. allgemein GIACOMETTI 2003d, BOURGOGNE & GAUTHIER). Manchmal bringen Zahnmissbildungen (VALENTIČIČ) oder nach eigener Beobachtung Zahnentzündungen im Oberkiefer den vorzeitigen Tod. Ich stellte auch verschiedentlich ältere Tiere mit Tumoren am Kopf fest.

Im Kanton Bern waren knapp 90 Prozent von 281 untersuchten Steinböcken Träger von Magen- und Darmparasiten; fast 80 Prozent von Magen- und Darmwürmern (ZUMBACH 1991): Die Parasitenlast scheint mit dem Alter zuzunehmen; konditionell schwache Tiere weisen Parasiten von mehreren Gattungen auf. Der Wurmbefall ist nicht nur saisonalen Schwankungen unterworfen (LANFRANCHI 1994+1995, ZAFFARONI 1999), er dürfte auch abhängig sein von der «Bevölkerungsdichte» von Steinböcken, Gämsen und Schafen (KLINGLER, ZUMBACH 1991). Der Steinbock hat keine speziellen (artspezifischen) Parasiten (HÖRNING), die meisten werden mit Hausschafen, Ziegen oder Gämsen geteilt (PROSL & REITER, LANFRANCHI 1995, ZAFFARONI 2000). Bei sehr starkem Befall schädigen Würmer mit ihrer Entwicklung in der Magen- und Darmschleimhaut oder in der Lunge die Lebensfunktionen von Wildtieren. Abmagerung, Haarwechselstörungen, Durchfall oder Lungenentzündung können die Folgen sein.

Links: Ein schwer verletztes Bein am Winteranfang ist für ein Wildtier eine heikle Sache. Im Vergleich zur menschenscheuen Gämse dürften bei einer Steingeiss die Heilungschancen deutlich besser stehen. Im Allgemeinen ersparen Wildhüter aber solchen Tieren die Leiden.

Mitte links: Wenn eine Geiss Ende Juli von Durchfall stark verschmutzte Hinterbeine aufweist und derart abgemagert ist, hat sie keine gute Prognose. Zudem steckt sie noch praktisch vollständig im Winterfell, was zum Zeitpunkt der Aufnahme mindestens 7 bis 14 Tagen Verspätung entspricht. Magen- und Darmerkrankungen sind sonst eher für andere Huftiere üblich als für Steinwild.

Mitte rechts: Kolkraben entdecken totes Wild oft als Erste. Zu Beginn der Brutzeit festigt das Liebespaar seine Bindung, indem das Weibchen das Männchen anbettelt und daraufhin von ihm gefüttert wird. Später füttert dann das Männchen das brütende Weibchen und die Jungen.

Rechts: Im Winter ist die Konkurrenz um totes Wild gross, tagsüber zwischen Steinadlern und nachts zwischen Füchsen. Füchse nagen das Fleisch bis auf die Knochen sauber ab. Innert kürzester Zeit ist jeweils nur noch etwas für den Bartgeier übrig, der sich zunehmend bis in den Voralpenraum hineinwagt.

Links: Am Boden fühlen sich Steinadler und Fuchs ungefähr gleich stark. Vor fliegenden Adlern tun Füchse gut daran, auf der Hut zu bleiben. Hier kam der Fuchs später hinzu und blieb nur kurz – bei zwei Jägern, die in dieser Situation nicht einmal den Geschlechtspartner gleichzeitig fressend neben sich dulden, wohl eine Selbstverständlichkeit ...

Rechts: Beim Anflug auf die tote Steingeiss sind die Krallen des Adlers gut zu sehen. Mit diesen sind zumindest erwachsene Steinadler in der Lage, junges Steinwild am Rücken zu packen und in die Luft zu hieven. Spätestens beim Fallenlassen ist die Beute in der Regel tot. Die abgebildete Steingeiss wurde nicht vom Steinadler erbeutet, sie verlor wegen einer schweren Zahninfektion im Oberkiefer wahrscheinlich das Bewusstsein. Jedenfalls stürzte sie unter meinen Augen im Stehen mitten aus einem Rudel über 100 Meter in die Tiefe.

Ohne den jagenden König Vittorio Emanuele II. («il cacciatore») von Italien (1820 bis 1878) gäbe es den Alpensteinbock heute nicht mehr – und ohne das Jagdfieber in der Schweiz wäre die Rückkehr des Königs der Alpen nicht bereits 1911 gelungen. Zwischen der Ausrottung und der Wiederaufnahme der Jagd ab 1977 liegen mehrere hundert Jahre. Heute ist der Steinbock wieder so zahlreich präsent, dass er den Förstern vereinzelt Sorgen bereitet. Wir befassen uns deshalb auch mit dem Steinbock im Wald.

STEINWILDJAGD

Arno Fliri aus Valchava im Val Müstair (links) durfte im Oktober 2006 erstmals auf die Steinbockjagd. Ihm standen eine kitzlose Geiss und ein 2-jähriger Bock (in dieser Reihenfolge!) zu. Beide hat er hier in der Nähe erspäht. Den Fuss neben einer Gruppe Edelweissen geht er vor traumhafter Bergkulisse seine über alles geliebte Jagd zwar zielführend an, aber mit viel Bewunderung für Tiere und Natur.

• Jagdpolitisches

Der Jäger versteht die Jagd als Nutzungsrecht. Er möchte möglichst viele Freiheiten geniessen und nicht der «Schädlingsbekämpfer» der Nation sein. Und er fürchtet um sein Plätzchen neben Wolf, Luchs und Bär, welche naturhungrige Stadtmenschen an seiner Stelle lieber sehen. Steinwild besiedelt hauptsächlich die oberste Vegetationszone und verursacht dort kaum Schäden. Eine generelle Notwendigkeit zur Steinwildjagd ist in diesem kargen Lebensraum nicht gegeben. Einzelne Jäger trauern trotzdem jedem natürlich verstorbenen Steinbock nach, während dies für Tierschützer manchmal bei jedem durch die Kugel gefallenen Tier der Fall ist. Selbstverständlich sollte man Abschied nehmen von Slogans wie «ohne Jäger kein Wild». Aber es waren Jäger, welche den Steinbock in die Schweiz zurückbrachten in der Absicht, ihn dereinst wieder zu bejagen (LÜPS 1995). Dass seither unterhalb der Lebensraum-Kernzonen Steinwildschäden in Schutzwaldaufforstungen auftreten (LÜPS & ZUBER, BLANKENHORN 1985, RATTI 1984, BRÜLLHARDT & LÜPS), mag ein willkommenes Geschenk gewesen sein, um ab 1977 (in Graubünden) oder 1980 (im Kanton Bern) die Absicht in die Tat umzusetzen. Welche Beziehung zwischen Schadenhäufigkeit und der Zahl der Steinböcke besteht, bliebe allerdings vermehrt zu klären (siehe FEUERSTEIN, WIRZ). Manchmal existieren solche Zusammenhänge eher in den Köpfen als in Wirklichkeit. In der Literatur zu Diskussionen Anlass geben auch immer wieder der Einfluss hoher Steinwildbestände auf die Zahl der Gämsen (vgl. BLANKENHORN 1984+1985, FILLI 1995b, KOFLER 1981, SCHRÖDER & KOFLER 1987a, CHOISY 1990), oder nicht näher definierte Trittschäden. Ausserhalb von Nationalparks liegt die Toleranzschwelle bei tatsächlichen oder eingebildeten Schäden im Wald und auf Alpweiden verhältnismässig tief. Wenn nicht gejagt würde, käme sehr schnell politischer Druck, man müsse etwas tun oder Entschädigungen ausrichten. In der Tat ist nicht einzusehen, weshalb die Eigentumsrechte von Landbesitzern von vornherein von einer Lagebeurteilung auszuschliessen wären. Diese Seite der Medaille ist dem idealistischen Tierliebhaber selten genügend bewusst. Aufhorchen lässt indessen die 10- bis 15-jährige Forschung im Schweizerischen Nationalpark zum Thema Wald und Wild allgemein (inklusive Steinbock). Die forstlichen Bedenken für den Fortbestand natürlich aufgebauter Wälder konnten nicht bestätigt werden (SUTER, WEPPLER & SUTER, andernorts SENN & HÄSLER). Je nach persönlichen Interessen und Bindungen wird dieses Thema wohl weiterhin kontrovers beurteilt.

Links: Was wie die (tote) Beute eines Jägers aussieht, ist in Wirklichkeit eine lebende junge Steingeiss, welche die Nachmittagshitze abseits von Schatten wie leblos über sich ergehen lässt. Die kleineren Geissen können verhältnismässig mehr Körperwärme an die Umgebung abgeben als die grösseren Böcke (Kapitel Überblick). Geissen weichen grosser Hitze zwar ebenfalls aus, aber doch wahrnehmbar weniger als Böcke.

Mitte: Hier handelt es sich nicht um eine prähistorische Höhlenmalerei, sondern um den Schatten eines Steinbockes im Schnee.

Rechts: Steinadler erbeuten in aller Regel nur Steinkitze, suchen aber im Winter totes Steinwild. Sie konkurrenzieren die Jäger dabei insofern kaum, als natürlich verstorbene Steinböcke im Allgemeinen weniger schöne Hörner haben als von Jägern ausgewählte – und sie fressen die Hörner nicht.
Das Hornwachstum in verschiedenen Kolonien kann vor allem bei den Böcken sehr starke Unterschiede aufweisen. Jäger sollten deshalb nicht irgendwo die Altersbestimmung der Böcke üben, sondern im ihnen zugewiesenen Gebiet. In der Schweiz hatten Böcke der ursprünglichen Kolonie Schwarz Mönch BE ein besonders geringes jährliches Hornwachstum mit fast immer nur einem Knoten pro Jahr. Die meisten übrigen Kolonien weisen im mittleren Alter ein stärkeres jährliches Hornwachstum mit jeweils zwei Knoten pro Jahr auf. Es gibt aber auch Gebiete, wo nur ganz knapp zwei Knoten die Regel sind und in manchen Jahren bei einzelnen Böcken ein einziger realisiert wird. Im Alter, wenn die Knoten zu dünnen Wülsten schrumpfen, siehts wieder anders aus (vgl. Kapitel Hörner).

• Jagdbiologisches

Die Steinbockjagd in der Schweiz will möglichst natürliche Populationsverhältnisse bewahren (siehe Verordnung über die Regulierung von Steinbockbeständen: EDI). Über die Auswirkungen veränderter Alters- und Geschlechterzusammensetzung oder das Fehlen eines erlegten Einzeltieres weiss man aber erst ansatzweise und nur bei anderen Arten Bescheid (z.B. beim Wildschwein). Ein anderes Jagdmodell (vgl. SCHRÖDER 1983, SCHRÖDER & KOFLER 1987b), z.B. der Abschuss ausschliesslich alter Böcke, ist in der Schweiz vom Gesetz her nicht möglich, wäre aber bei entsprechend tiefen Abschusszahlen nicht grundsätzlich abzulehnen, sofern die Begrenzung eines Bestandes auf einer bestimmten Zahl nicht oberstes Ziel ist. In der Schweiz möchte man, um dem Vorwurf der Trophäerjagd zu entgehen, keine solche Jagd (BLANKENHORN 1995). NIEVERGELT (1967) vermutet, dass sich alte Böcke in der Paarungszeit meiden und eine ökologisch sinnvolle Verteilung der Rudel im Raum bewirken. Er stützt deshalb Jagdmodelle wie in den Schweizer Kantonen Graubünden und Bern. Es ist aber nicht vergleichend untersucht, wie eine bessere oder schlechtere Raumnutzung in der Brunft zustande kommt. Die Rolle der Geissen in dieser Frage wird meines Erachtens unterschätzt. Indem sich die Tierzahl durch Abschüsse unter dem ökologischen Fassungsvermögen des Lebensraumes bewegt, bleibt die «Produktivität» bei den Steinböcken hoch bis maximal (vgl. LÜPS 2007). Damit ist gemeint, dass die Tiere ihre Geschlechtsreife recht früh erreichen und viele Jungtiere zur Welt bringen. Es überleben unter diesen Bedingungen besonders viele Jungtiere den schwierigen ersten Winter. Allerdings überrascht in solchen Populationen in der Regel das tiefe Sterbealter (NIEVERGELT 1966a, GIRARD 2000) – wie wenn die Tiere vorzeitig verbraucht wären. Unter solchen Umständen sollten Abschussquoten nicht weiter maximiert werden – zumindest, wenn eine Bestandesabnahme nicht beabsichtigt ist.

Ein nicht bejagter Steinwildbestand beginnt zahlenmässig zu stagnieren, wenn die Tierzahl das ökologische Fassungsvermögen des Lebensraumes erreicht (NIEVERGELT 1966a, FILLI 2002, SÆTHER 2002+2007). Dies ist in der Regel deutlich vor einer ökologischen Schädigung der Vegetation der Fall (KRÜSI, FRAMARIN). In zahlenmässig starken Beständen verzögert sich die Geschlechtsreife geringfügig, die Jungtierzahl geht teilweise durch abgestossene Keimlinge, die Neugeborenensterblichkeit, oder spätestens nach dem ersten Winter zurück (TOÏGO & MICHALLET 2002, GIRARD 1998, BUCHLI & ABDERHALDEN 1997, GIACOMETTI & RATTI 1994), und trotzdem erreichen viele Tiere ein hohes Alter (NIEVERGELT 1966a, GIRARD 2000) – doch ist deren Körpergrösse kleiner

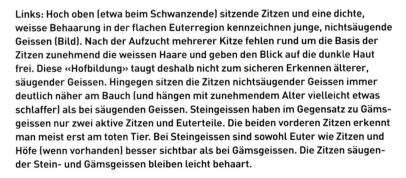

Links: Hoch oben (etwa beim Schwanzende) sitzende Zitzen und eine dichte, weisse Behaarung in der flachen Euterregion kennzeichnen junge, nichtsäugende Geissen (Bild). Nach der Aufzucht mehrerer Kitze fehlen rund um die Basis der Zitzen zunehmend die weissen Haare und geben den Blick auf die dunkle Haut frei. Diese «Hofbildung» taugt deshalb nicht zum sicheren Erkennen älterer, säugender Geissen. Hingegen sitzen die Zitzen nichtsäugender Geissen immer deutlich näher am Bauch (und hängen mit zunehmendem Alter vielleicht etwas schlaffer) als bei säugenden Geissen. Steingeissen haben im Gegensatz zu Gämsgeissen nur zwei aktive Zitzen und Euterteile. Die beiden vorderen Zitzen erkennt man meist erst am toten Tier. Bei Steingeissen sind sowohl Euter wie Zitzen und Höfe (wenn vorhanden) besser sichtbar als bei Gämsgeissen. Die Zitzen säugender Stein- und Gämsgeissen bleiben leicht behaart.

Mitte: Geissen entfernen sich besonders auf der Suche nach Salz oft mehrere Hundert Meter von ihrem Kitz und vom Rudel. Deshalb ist der Jäger gesetzlich verpflichtet, das Euter seiner Geiss vorher gründlich zu prüfen. Eine säugende Geiss lässt sich speziell im Sommer (Bild), aber auch im Herbst, am Euter erkennen. Von hinten gesehen sind gut wahrnehmbare säckchenförmige Euter-Rundungen vorhanden, die im Schritt auch etwas Platz in die Breite beanspruchen, und die Zitzen haben Distanz zum Bauchansatz. Wenn ein Kitz auf einer Geiss herumturnt wie hier, ist der Fall allerdings fast immer schon ohne Euterkontrolle klar.

Rechts: Der Anblick des Euters von der Seite eignet sich nicht für ein sicheres Urteil. Zwar erkennt man im Sommer bei nach hinten gestrecktem Bein das knapp faustgrosse Milchbeutelchen. Aber gegen den Herbst zu werden die Unterschiede aus diesem ungünstigen Blickwinkel gering. Im vorliegenden Fall haben übereinstimmend mehrere Wildhüter die Geiss als säugend eingestuft. Gewichtet haben sie das leichte Durchhängen und die spärliche Behaarung am Euter der jungen Geiss. Auch deutet eine magere Erscheinung oft auf eine körperliche Belastung durch ein saugendes Kitz hin.

(TOÏGO 2002a, BUCHLI & ABDERHALDEN 1998) und durch gegenseitige Konkurrenz ihre Anfälligkeit auf Krankheiten und Parasiten zum Teil erhöht (Kapitel Winter, Krankheiten). Allerdings toben über all diesen Fragen teilweise seit Jahrzehnten mehrere «Glaubenskriege» zwischen Wissenschaftern (vgl. GIRARD 2000 in Bezug auf CAUGHLEY oder NIEVERGELT 1966a). Nach eigenen Beobachtungen scheint es im Übrigen bei hohem Altbockanteil in der Paarungszeit vermehrt zu Kämpfen zu kommen.

Für geübte Schwarz-Weiss-Seher mag deshalb sofort klar sein: Es muss überall alles streng bejagt werden. Aber sind geringe 5 bis 7 Jahre Durchschnittsalter für eine Gämse wirklich, was wir eigentlich möchten? Könnten Kämpfe nicht zu einer besonders guten Auslese der Männchen im Sinne der Natur führen? Zudem wirken die grossen Beutegreifer (Wolf, Luchs und Bär) ähnlich wie die Jagd, schonen aber historisch betrachtet die Vielfalt des Beutetier-Erbgutes besser. In Frankreich werden Steinböcke nicht bejagt. Auch Italien betreibt heute in den grossen Reservaten keine Jagd mehr. Professor Nievergelt sagt deshalb in der Publikation von MÜHLETHALER, er sei nicht gegen die Jagd, sehe aber für die Bejagung des Steinbockes zumindest keine ökologische Notwendigkeit. Demgegenüber macht die Jagdliteratur im Allgemeinen auf die stärkere Übertragungsgefahr von Krankheiten in hohen Wildbeständen aufmerksam. Wildtiere kämpfen im Vergleich zu Haustieren mit dem Nachteil, dass ihnen medizinisch kaum zu helfen ist. Von gesellschaftlicher Bedeutung wäre lediglich eine Gefährdung von Haustieren oder Menschen (GAUTHIER 1992, KUTZER).

Bei der Gämse schöpft man in der Schweiz den vollen jährlichen Zuwachs (ca. 20 Prozent) jagdlich ab. Nach fünf Jahren ergeben sich 100 Prozent – d.h., eine Gämse erreicht unter diesen Umständen ein durchschnittliches Alter von 5 Jahren. Durch starke Bejagung von Jährlingen oder Kitzen erhöht sich das Durchschnittsalter für die übrigen Gämsen allerdings auf 6 bis 7 Jahre.

In der Schweiz werden jährlich knapp 11 Prozent aller Steinböcke erlegt, in Österreich bis 12 Prozent, was etwa dem Zuwachs (nach Abgängen) entspricht (vgl. GAUTHIER 1991). Der Zuwachs ist beim Steinbock deutlich geringer als bei der Gämse. Der Grund dürfte in tieferen Nachwuchsraten bzw. höherer Sterblichkeit von Kitzen liegen, aber auch in allgemein höheren Abgängen durch Unfälle – jedenfalls nicht in einer mangelhaften Anpassung an den kargen, klimatisch anspruchsvollen Lebensraum. Frisch kolonisierendes Steinwild erzielt unter weniger harten Lebensumständen mit über 30 Prozent einen ähnlich hohen jährlichen Bestandeszuwachs wie in Gefangenschaft (GAUTHIER 1991) oder wie «Flachland-Gämsen» in dieser Situation. Wenn «nur» 11 Prozent geschossen werden, bedeutet dies für das Durchschnittsalter grob abgeschätzt 9 Jahre oder bereits nahezu natürliche Verhältnisse wie ohne Jagd. Allerdings müssen in Wirklichkeit diverse Korrekturen mitberücksichtigt werden, unter anderem für nicht bejagte Kolonien und für die Bejagung junger Tiere. Die Abschöpfung durch die Jagd (aber auch der Zuwachs) ist in etlichen Kolonien höher. GIACOMETTI (1988) führt für den Kanton Graubünden jährlich 8 bis 16 Prozent Bestandeszuwachs (nach natürlichen Abgängen) an. Tatsächlich erzielt der Kanton heute Bestandesstabilität in den bejagten Populationen mit 13 Prozent Abschüssen (RATTI 2003a) – aber nur, sofern die natürlichen Todesfälle nicht überdurchschnittlich hoch sind. Das Geschlechterverhältnis im Bestand und auf der Jagd hat sich mit einem Bock (45 Prozent) auf 1,24 Geissen (55 Prozent) eingespielt, und es dürfen nur 4 Prozent Böcke älter als 10-jährig zur Strecke kommen bzw. 11 Prozent 6- bis 10-Jährige und 30 Prozent 1- bis 5-Jährige. Unter diesen Voraussetzungen bleibt die Alterszusammensetzung heute gewährleistet. Ratti hält jedoch fest, dass vor der Aufnahme der Bejagung (1977) der Jungtieranteil markant tiefer lag (vgl. Kapitel Kitzjahr) und gleichzeitig der Anteil der ältesten Tiere leicht höher. Aus mangelndem Wissen über die natürliche Alterszusammensetzung beim Steinwild erlegte man im Kanton Bern 1980 bis 1983 irrtümlich 47 Prozent der Böcke im (fortgeschrittenen) Alter von 9 bis 11 Jahren (LÜPS 1983).

Mit dem Gran Paradiso, den weiteren italienischen und französischen Reservaten und beispielsweise dem Schweizerischen Nationalpark gibt

Links: Bereits tief unten suchen Arno Fliri und sein Jagdbegleiter Andrea Conrad aus Müstair mit Adleraugen die Gipfelregion beider Talseiten nach Steinwild ab. Ihre Anspannung muss riesig sein, ob die zwei erlaubten Tiere heute ebenso wie vor der Jagdzeit im Gebiet sind. Ob trotzdem Zeit bleibt, die Schönheiten des Tales zu geniessen? Die Situation wird zudem noch durch den Fotografen belastet, dessen Bilder aber im Nachhinein als Seelenbalsam wirken.

Rechts: Vor dem Aufstieg zu den entdeckten Tieren prüfen Arno und Andrea mit dem Fernrohr, ob die vermutlich kitzlose Geiss wirklich kein Euter zeigt, ob der Bock zweifelsfrei 2-jährig ist, und besprechen die Aufstiegsroute: «chai fessast tü?» (was meinst Du?) fragt Arno auf Romanisch – in der vierten Landessprache der Schweiz.

es auch grosse unbejagte Populationen praktisch ohne Wachstum (VON HARDENBERG 2000, FRAMARIN, FILLI 2002, GAUTHIER 1991). Über Populationen ohne Bejagung fehlen aber weitgehend publizierte Erhebungen der Alterszusammensetzung (vgl. Kapitel Hörner). Die Wildhüter müssen ihre Frühjahrszählungen abgestuft nach Altersgruppen entsprechend der Verordnung über die Regulierung von Steinbockbeständen (EDI) vornehmen. Wertvolle Zusatzinformationen über die Alterszusammensetzung wären zu gewinnen, wenn sie lebende Kitze und Jährlinge alljährlich separat zählen könnten.

• Der Jagdablauf in der Schweiz

Jäger sprachen am Anfang nicht gerne von Steinbockjagd, weil es sich jeweils um zahlenmässig wenige ausgeloste Abschüsse eines geschützten Tieres handelt (Bernerkonvention Anhang III) und Steinböcke als «zahm» gelten. Der Begriff «Jagd» ist aber immer dann angebracht, wenn nichtamtliche Personen Abschüsse tätigen und dafür bezahlen. Beim Steinbock kommt hinzu, dass in der Schweiz der gesamte Zuwachs abgeschöpft wird. In den Kreis der Abschussberechtigten gelangt ein Jäger aufgrund der Anzahl absolvierter Jagdjahre insbesondere auf Gämsen und mit Losentscheid (bzw. in Steinbock-Revierjagdgebieten durch Pacht oder Einladung). Das einzelne Los umfasst die Abschuss-erlaubnis für eine Geiss oder einen Bock aus einer bestimmten Altersgruppe oder, in den Kantonen Graubünden und Bern, für eine Geiss und einen Bock (mit der Bedingung, den Geissenabschuss vorwegzunehmen). Der Lostreffer verpflichtet den Jäger, eine Informationsveranstaltung zu besuchen und das erlegte Tier der Wildhut vorzuweisen. Die Wildhüter überwachten anfänglich die Steinwildjagd absolut, indem die Jäger gezwungen waren, den Abschusstermin mit ihnen zu vereinbaren und sich begleiten zu lassen. Heute findet die Steinwildjagd meistens im Oktober oder im September und etwas weniger beaufsichtigt statt – im Wallis im August und Oktober oder November. Wer einmal Steinwild erlegen durfte, muss danach meistens mehrere Jahre warten, bis er sich erneut bewerben darf. Nach dem Abschuss eines grossen Bockes gelten unter Umständen weitere Einschränkungen. Manchmal erfolgt der Losentscheid in einem zweistufigen Verfahren, in dem zuerst die Jäger und danach die Tiere zugelost werden. Grosse Kantone wie Graubünden behalten die begehrtesten, ältesten Böcke den ältesten Jägern vor. In Kantonen mit vielen Jägern, aber wenigen Abschüssen geht das nicht. Dann beglückt das Los manchmal auch jüngere Jäger mit einem alten Bock – oder in Appenzell Innerrhoden den Jagdpatentältesten. Für die Steinwildjagd haben die Kantone dem Bund alljährlich eine Abschussplanung jeder

einzelnen Kolonie zur Bewilligung vorzulegen. Die Verordnung über die Regulierung von Steinbockbeständen schreibt weitere Einzelheiten vor (EDI). Die Böcke müssen, abgestuft in mehreren Alterskategorien, gleichmässig bejagt werden, damit die Alterszusammensetzung der lebenden Tiere auch nach der Jagd so natürlich wie möglich bleibt. Um auch das Geschlechterverhältnis zu bewahren, müssen heute bis zu 10 Prozent mehr (kitzlose) Geissen als Böcke erlegt werden. Im Kanton Graubünden sind die Böcke in fünf Altersklassen eingeteilt: 1- bis 2-Jährige (A), 1- bis 3-Jährige (B), 4- bis 5-Jährige, 6- bis 10-Jährige und Böcke ab 11 Jahren (Kantonale Steinwildverordnung). Der Kanton Bern zählt die 3-Jährigen zu den 4- bis 5-Jährigen (Reglement über den Hegeabschuss von Steinwild). Der korrekte Abschuss einer Geiss und eines grossen Bockes kostet den Jäger im Kanton Graubünden (seit 2007) 1020 Franken, im Kanton Bern (seit 2003) 700 bis 750 Franken. Das Wallis legt jeweils ein Abschusskontingent ohne ältere Böcke für die Jagdvereine im Kanton fest und eines von hauptsächlich älteren Böcken zu bekannten Preisen auch für auswärtige Jäger (ALBRECHT). Der Kanton verlangt für jeden Bock mit 95 Zentimetern Hornlänge 10'000 Franken. Eine Geiss kostet pauschal 1750 Franken, ein Bock bis 55 Zentimeter Hornlänge 3000 Franken. Für einen Traumbock mit 110-Zentimeter-Hörnern wären 20'000 Franken fällig.

Links: Die Ansichten über den jagdlichen Schutz bestimmter Altersgruppen oder der Weibchen wechselten im Laufe der Zeit. Am meisten Übereinstimmung besteht beim Schutz der Weibchen mit Kitz. Hinterfragt wird manchmal höchstens der Schutz des Kitzes.

Rechts: Vor allem im Vorsommer bearbeitet Steinwild mit den Hörnern heftig auf- und abschlagend («hornend») z.B. kleine Fichten, Arven, Lärchen, Roten Holunder und Alpenkreuzdorn. Zwischendurch suchen die Akteure mit der Stirne den direkten Kontakt zum Objekt. Es ist jedoch nicht üblich, dass zwei Steinböcke nah nebeneinander hornen. Die abgebildeten Böcke scheinen sich nicht zu beachten und keine Rangauseinandersetzung auszutragen. Vermutlich nehmen Bäumchen und Sträucher Stellvertreterposition für einen Gegner ein. Wenn Steinböcke nacheinander am gleichen Objekt hornen, geschieht dies im Gegensatz zur Gämse in absteigender Rangreihenfolge, sozusagen in Warteschlange.

• Jagdethisches

Nach Meinung vieler Jäger müssen Wildtiere scheu sein. Früher, ohne reglementierte Jagd, war dies ein Überlebensvorteil. Heute bekommen aber viele Wildtiere wegen ihrer Ängstlichkeit mit uns Menschen zunehmend Probleme. Steinböcke verhalten sich gegenüber dem Menschen wenig argwöhnisch, sofern man die Luftsportarten ausklammert. Erste Steinbockjagd-Erfahrungen bewirkten jedoch ein zunehmendes Misstrauen der Tiere (MEILE, RIEDI, NIEVERGELT 1977, BROSI). Es scheint weitgehende Einigkeit darüber zu bestehen, was Jäger auf der Steinbockjagd gut oder schlecht machen. Tabu müsste eine Bejagung in den (steilen) Paarungslebensräumen und in der Nähe viel begangener Wanderwege sein, diese sollten grosszügig als Schutzzonen ausgeschieden werden. Wo es nur wenige Tiere hat, die man zudem dort behalten möchte (Ausbreitungszonen), wäre der Jagdverzicht ebenfalls angebracht. Einmal installierte Jagdschutzzonen ständig zu wechseln, ist kontraproduktiv. Besteht die Möglichkeit, alle zwei Jahre viele oder jedes Jahr wenige Abschüsse vorzunehmen, so wäre der alljährliche Eingriff für die Tiere schonender. Ähnliches gilt auch in Bezug auf mehrere Abschüsse am gleichen Tag und aus dem gleichen Rudel. Auf der Steinbockjagd am meisten «gesündigt» wird wohl unmittelbar vor und unmittelbar nach dem Schuss. Der Jäger sollte sich bei der Annäherung auf Schussdistanz nicht verstecken, vor allem aber darf er nicht sofort nach genügender Annäherung schiessen – und noch weniger sofort nach dem Schuss aufstehen oder herumschreien, sonst bringen die Tiere den Schuss unauslöschbar mit dem Menschen in Zusammenhang. Diese paar Minuten vorher und nachher müssten eigentlich mehrfach in jede Jägerinstruktion einfliessen. Es gibt nämlich mittlerweile auch Orte, wo die Tiere zu flüchten beginnen, wenn der Jäger tief unten aus dem Auto steigt, wobei in solchen Fällen auch Wilderei oder der übrige Jagdbetrieb (PIODI 1984) mitspielen mag. Noch nicht restlos gefunden sind flexible Jagdmodelle, um die Tiere dort zu entnehmen, wo sie Schäden machen: Die Jagd durch ausgeloste Jäger muss jeweils in einem engen zeitlichen Rahmen stattfinden. Nach jedem Abschuss im Problemgebiet steigt das Misstrauen der Tiere. Dies ist in einer Problemzone absolut gewollt, kann aber hemmend auf die angestrebte Gesamtlösung wirken. Dann nämlich, wenn die Steinböcke zu schnell zu scheu werden und später trotzdem in zu grosser Zahl zurückkehren.

Steinwild-Landwirtschaftsschäden – das Beispiel Augstmatthorn

(vgl. GIACOMETTI 2006/1991)

Erste Abschussforderungen gab es im Augstmatthorngebiet BE, wo wildheuende Grundbesitzer vorgängig nicht um ihr Einverständnis zur Wiederaussetzung gefragt worden waren, schon 1934 – am Piz Albris GR und am Mont Pleureur VS in den Vierziger- und Anfang der Fünfzigerjahre. 1921 bis 1924 setzte der Wildpark Interlaken von Fremdenverkehrsinteressen geleitet gegen den Willen des Kantons über dem Harder 15 Steinböcke aus (BÄCHLER 1935), die sich alle ins Augstmatthorngebiet verschoben. 1934 (bei gut 100 Tieren) deponierten die letzten Wildheuer dieses Gebietes ihren Zorn beim Kanton. Sie verlangten die Beseitigung oder den Abschuss der Tiere und die Entschädigung des Ertragausfalls; 1930 hatte sich bereits die Gemeinde Oberried in Bern beschwert. Es wollte aber niemand Geld aufbringen für Mindererträge bei der Heuernte oder überhaupt eine Schätzung vornehmen. Deshalb bezifferten die Betroffenen ihren Schaden 1936 selber mit 613 Franken und adressierten diese Forderung nochmals an die kantonale Forstdirektion. Diese spurte jetzt und wollte zur Deckung der Schäden einzelne Bockabschüsse verkaufen. Damit aber kam die Stunde für den Schweizerischen Bund für Naturschutz (SBN) (heute Pro Natura). Er forderte wie die Jäger und die eidgenössische Forstdirektion den Wegfang von Tieren für weitere Aussetzungen. Er beteiligte sich an den Fangkosten, kaufte für die Wildhut die Stockmädlihütte, bezahlte bis 1965 eine Hilfskraft und ab 1949 den Pachtzins für zwei neue Fallenstandorte. Das Fanggeschäft lief erst ab 1948 (bei zwischenzeitlich 160 Steinböcken, TENGER 1949) und unter Einsatz von Salz zufriedenstellend. Für die Vierzigerjahre gibt es Hinweise, dass Einheimische durch Lostreten grosser Steine oberhalb der Tiere «Selbsthilfemassnahmen» versuchten (interpretiert aus TENGER 1940+1949). 1950 schätzte eine Kommission den Heuertragsausfall auf 1000 Franken, die der SBN oder der Kanton übernahm. 1939 erklärte der Bund die obersten Gebietsteile zum eidgenössischen Jagdbanngebiet, 1959 kaufte der Kanton einzelne Heumäder auf – ihre Bewirtschaftung war in der Zwischenzeit keine Lebensnotwendigkeit mehr, galt vielleicht sogar als rückständig, und der Verkauf war deshalb attraktiv. Die Bewertung eines Schadens kann im Laufe der Zeit ändern. Von 1951 bis 1979 wurden allerdings auch ca. 80 Abschüsse grosser Böcke verschenkt oder durch Wildhüter ausgeführt (BRÜLLHARDT & LÜPS, LÜPS & ZUBER, Lüps brieflich).

Steinwild-Waldschäden – Hornen und Bodenhornen

Im Vergleich mit Gämse, Hirsch, Reh

«Schlagen», «Fegen», «Hornen», «Verbeissen» und «Schälen» heissen die Aktivitäten von Wildtieren, die der Waldbesitzer als Angriff auf seine Arbeit und seinen Geldbeutel erlebt – oder der Förster auf den Schutzwald. Für den Steinbock aktuell sind Hornen und Verbeissen. Bei der Gämse spricht man von Hornen (und Markieren), wenn sie ihre Hörner an Ästen auf- und ab- oder entlangfährt (und zwischendurch mit den Hinterhorndrüsen Duftmarken setzt). Dieser Ablauf trifft auch für den Steinbock zu. Horndrüsen sind bei ihm zwar bisher nicht nachgewiesen. Für Drüsen im Bereich zwischen oder vor den Hörnern spricht jedoch der kurze, aber stets angestrebte Fellkontakt am Kopf, wenn Steinböcke hornen (vgl. WIRZ). Hausziegen haben Horndrüsen und weitere für den Steinbock unbekannte Drüsen (GEYER) (Kapitel Überblick, Irrtümer). Beim Steinbock vom «normalen» Hornen abgrenzen lässt sich das Bodenhornen, ein Dreschen mit den Hörnern auf Stängel z. B. des Gelben Enzians (vgl. ABDERHALDEN & BUCHLI 1999). Dazu schwingen die Tiere die Hörner knapp über dem Boden im Sichelschlag nach links und rechts. Beim Bodenhornen erleiden Grundbesitzer keine Schäden, es wird im Gegenteil (hoch oben allerdings) sogar der unbeliebte Gelbe Enzian an der Samenbildung gehindert.

Der Begriff «Fegen» ist reserviert für Geweihträger beim Abreiben der Basthaut an jungen Bäumen oder im Gras. Einzelne Rothirsche «fegen» in der Paarungszeit erneut ihr längstens gefegtes Geweih. Dafür hat sich die Bezeichnung «Schlagen» eingebürgert, obwohl vom Bewegungsablauf her kaum Unterschiede zwischen Fegen und Schlagen bestehen. Das Verhalten hornender Gämsen, hornender Steinböcke und schlagender Rothirsch-Stiere ist ähnlich. Oft wird auch für den Steinbock von Schlagen gesprochen. Beim Hirsch schlagen fast nur Männchen, bei der Gämse und beim Steinwild hornen auch Geissen. Allerdings halten sich Steingeissen mehrheitlich oberhalb der Baumgrenze auf und haben deshalb weniger Gelegenheit dazu oder toben sich kurz am Gelben Enzian aus.
Die nächstliegende (aber nicht unumstrittene) Motivation zum Schlagen (bzw. zum Hornen und Bodenhornen) dürfte im Abreagieren aufgestauter Kräfte im «Kampf» mit einem zumeist dünnen, federnden Baumstämmchen (oder Pflanzenstängel) liegen. Beim Hirsch und der Gämse, wo Kämpfe mit einem lebenden Gegner rasch gefährlich würden, mag das Ausweichen auf einen Ersatzgegner einleuchten. Aber beim Steinwild mit seinem ungefährlichen, spielerischen Kampfverhalten erstaunt die häufige Wahl «toter» Objekte. Möglicherweise spielt ein sparsamer Umgang mit den Energiereserven eine Rolle, weil der Kampf mit einem Bäumchen weniger anstrengend ist als der Kampf mit einem Artgenossen. Böcke oder Geissen können gelegentlich mit absteigendem Rang sozusagen Warteschlange stehen, um nacheinander das gleiche Stämmchen oder den gleichen Strauch zu bearbeiten. In Zeiten mit häufigem Abreagieren am «Ersatzobjekt» sind beim Steinbock auch «echte» Kämpfe nicht selten. Unbekannt ist, ob sich selbst die ranghöchsten Tiere mit Ersatzgegnern abgeben. Hirschstiere reagieren sich wohl hauptsächlich in der Paarungszeit beim Schlagen mit ihrem Geweih an dünnen Baumstämmchen oder an der Grasnarbe ab und harnen unter Umständen dabei, wenn sie mehrfach knapp neben der Vorrangstellung in einem Weibchenrudel vorbeigegangen sind. Nach eigenen Freilandbeobachtungen handelt es sich beim Hirsch öfter um Möchtegern-Ranghohe an der Grenze zum (Paarungs)Erfolg. Gämsen hornen gelegentlich nacheinander in aufsteigender(!) Rangreihenfolge am gleichen Bäumchen oder Strauch (KRÄMER). Beteiligte Gämsen scheinen mittlere Ränge zu besetzen. Wahrscheinlich zeigen auch hauptsächlich Rehböcke der mittleren Rangstufen Abreagier-Verhalten, obwohl man bisher davon ausging, es handle sich um rangtiefe Tiere. Unter dieser Voraussetzung wären alle erwähnten Arten beim Abreagieren mit gewissen Differenzen miteinander vergleichbar.
ABDERHALDEN & BUCHLI (1999) haben ganzjährig hornendes Steinwild beobachtet – mit einem Maximum im Mai/Juni und einem kleineren (an-

dernorts weniger üblichen) Höhepunkt in der Paarungszeit, d.h. betont in Zeiten einer Umstrukturierung der Rudel. WIRZ macht im Mai/Juni Schlechtwetterlagen für gehäuftes Auftreten von Hornen verantwortlich. Ein solcher Zusammenhang besteht jedoch nur, weil die Rudel bei schönem Wetter ihre Wanderungen hinab in den Wald unterlassen (vgl. CATANIA).

Links: Während bei der Gämse und auch bei Hirsch und Reh im Kopfbereich seit langer Zeit Drüsen nachgewiesen sind, trifft dies für das Steinwild bisher nicht zu. Neuerdings werden bei der nah verwandten Hausziege Drüsen hinter und zwischen, nicht aber vor den Hörnern erwähnt. Das Bild belegt, dass ausnahmsweise bereits Kitze ihre Stirne an dünnen, beweglichen Gegenständen reiben. Es bleibt aber unklar, welchen Stellenwert Duftstoffe für das Steinwild haben – im Gegensatz zu den anderen erwähnten Arten verteidigen Steinböcke nämlich selbst in der Paarungszeit höchstens den unmittelbaren Individualbereich als Eigenbezirk (vgl. Kapitel Paarungszeit).

Mitte links: Jetzt beschnüffelt das Kitz die vorher von ihm gesetzte mutmassliche Duftmarke mit der Nase, was nur selten zu beobachten ist. Auch dieses Bild legt somit nahe, beim Steinwild Drüsen zwischen oder vor den Hörnern zu suchen.

Mitte rechts: Beim Steinwild und der Gämse hornen beide Geschlechter, hier ist es eine Geiss. Bei Reh und Hirsch, wo nur die Männchen Geweihträger sind, «hornen» (bzw. schlagen) fast nur diese. Meines Erachtens handelt es sich nicht nur bei männlichen Hirschen schwerpunktmässig um Möchtegern-Ranghohe an der Grenze zum (Paarungs)Erfolg. Beim Steinbock ist die Rangskala der Hornenden verhältnismässig breit, und Kitzfotos belegen, wie sehr dieses Verhalten auf vererbter Basis im Steinbock steckt – wahrscheinlich würde auch ein isoliertes Einzeltier hornen, das dazu nie Vorbilder hatte.

Rechts: Über der Waldgrenze findet man in Steinwildgebieten oft fast keine Gruppe des Gelben Enzians mit völlig unbeschädigten Stängeln. Die Stängel werden weniger zwischen die Hörner genommen, wie auf dem Bild beim Markieren(?), als mit Sichelschlägen links und rechts beim «Bodenhornen» verdroschen – auch von Geissen. Im abgebildeten Fall konzentrierten sich alle unbeteiligten Böcke aufs Weiden, nur der Nächststehende schien sich kurz eine eigene Aktion zu überlegen.

Links: Verbiss, d.h. das Abfressen von Baumtrieben durch Steinwild, ist ein seltenes, aber punktuell völlig unterschätztes Problem. Selbst gute Steinwildkenner kennen meist nur durch Hörner entstandene Schäden an dünnen Stämmchen von kleinen Bäumchen. Aber angepflanzte Bäumchen, die mit starken Nährstoffgaben aufwachsen, sind für Wildtiere viel attraktiver als natürlich gewachsene und führen regelmässig zu Problemen. Schutzkörbe sollten deshalb gegen das Wild mit drei Pfählen gesichert werden. Das Bild zeigt echtes Abfressen im Problemgebiet Lauterbrunnen. Die hier betroffene Fichte ist von guter Vitalität und deshalb nicht gefährdet.

• Steinwild-Waldschäden – Verbiss

Beim (gelegentlichen) Abreiben der Winterwolle an Baumstämmen beschädigt Steinwild keine Bäume. Schälschäden (Rindenfrass mit den Zähnen) kommen zwar unter Zoobedingungen vor, gehen aber im Freiland normalerweise auf das Konto von Hirschen. Dagegen legt man dem Steinbock zumindest im Winter gelegentlich «Verbiss» zur Last, d.h. das Abfressen junger (Nadel)Baum-Triebe. Im Albrisgebiet fand KLANSEK eine durchschnittliche Menge von 3,3 Prozent Nadelholz-Verbiss in den untersuchten Mägen (beziehungsweise vor allem Wacholder). Junge Tiere hatten höhere Werte. Forstwirtschaftlich ist Wacholder bedeutungslos und als Zwergstrauch anzusprechen. Nach TEN HOUTE DE LANGE gehört der Zwergwacholder zu den mässig beliebten Steinbockpflanzen. Er hat wahrscheinlich ähnlich wie für die Gämse den Charakter einer beliebten Winter-Notnahrung. Hingegen ermittelte KOFLER (1981) in einem Steinbockgebiet ohne Lebensräume über der Waldgrenze (und somit unter ganz speziellen Bedingungen) im Winter bis 62 Prozent Nadelholz-Nahrung – zusätzlich zu Laubbäumen, Sträuchern und Zwergsträuchern. Am Angebot beurteilt war die Weisstanne vom Verbiss weit überdurchschnittlich betroffen. Kofler schliesst allerdings nicht aus, dass es sich um forstwirtschaftlich gefällte oder vom Wind umgeworfene Weisstannen gehandelt hat. Im Sommer stellte der gleiche Autor 21 Prozent Blattnahrung von Laubbäumen fest – nachweislich natürlich gefallene Blätter hauptsächlich von Ahorn und Buche.

Nehmen mehr als 20 Steingeissen und -böcke in einem eher trockenen Gebiet mit angepflanztem Jungwuchs Daueraufenthalt, wie das z.B. im Bereich der Schiltwaldfluh ob Lauterbrunnen der Fall ist, kann es für die Schutzwaldaufforstung kritisch werden. Jedenfalls drücken die Tiere dort die Schutzkörbe aus dünnem Drahtgeflecht trotz Stacheldraht zusammen, um an Lärchen-, Föhren-, Bergahorn- und Fichtenzweige zu kommen. Wenn gleichenorts noch Salz und Heutristen angeboten werden, sind Probleme vorgespurt. Obwohl (selten auftretender) Verbiss in Lawinenaufforstungen grössere Schäden verursacht als (weit verbreitetes) Hornen, entging diese Tatsache bisher den meisten Biologen. ABDERHALDEN & BUCHLI (1999) sprechen für das Val Trupchun (im Schweizerischen Nationalpark) von etwa 10 Prozent durch Hornen geschädigter Nadelbäume. Wie der Verbissanteil in Mägen dürfen auch die 10 Prozent Hornen nicht auf alle Steinwildkolonien und jeden «Steinbockwald» hochgerechnet werden und schliessen viele Fälle ein, in denen der Baum nicht abstirbt, die Wunde also zuwächst. Zudem müssen bei Durchforstungen ohnehin viele kleine Bäumchen eliminiert werden. Wirtschaftlich betrachtet riskiert das Holz betroffener Bäumchen allerdings Entwertungen durch Kernfäule, vermag aber trotzdem Schutzwaldfunktionen zu erfüllen. Steinwild verursacht beim Hornen an dickeren Stämmchen zwei nebeneinanderliegende Streifen mit blank wegpolierter Rinde. Hirsche halten sich weniger an diese schmetterlingsförmige Zweiteilung. Sie hinterlassen an dicken Stämmchen ähnliche Verletzungen mit faserig aufgerauten Rindenrändern. Zudem liegen

vom Hirsch verursachte Stammbearbeitungen leicht höher über dem Boden. Bei den oft betroffenen ganz kleinen, dünnen Stämmchen hingegen ist eine korrekte Zuordnung zu Hirsch, Steinbock (oder Reh) wohl nur mit zusätzlicher Überprüfung vorgefundener Haare möglich – so weit ging bisher keine Feldstudie. Vom Steinbock bearbeitete Bäumchen sollten stehenbleiben, weil sie die Tiere von unverletzten abhalten können (FEUERSTEIN, ABDERHALDEN & BUCHLI 1999). Es handelt sich typischerweise bei «Steinbockbäumchen» um sehr dünne, federnd-elastische Stämmchen. An dichten Bäumchen richtet sich das Hauptinteresse des Steinbockes auf bewegliche Äste, welche die Krafteinwirkung ohne sichtbare Marken am Stamm abfangen. Sofern schadenmässig überhaupt relevant, brächten vielleicht Versuche mit etwa einem Meter hohen, poppig farbigen, federnden Kunststoff-Ablenkstangen Erleichterung – nötigenfalls gleichzeitig mit einem Geruchslockstoff imprägniert. Da gerne auch Holundersträucher oder Alpenkreuzdorne zum Hornen angenommen werden, könnten sich Forstexperimente mit solchen positiv auswirken und deuten zugleich auf Schwachstellen unserer teilweise wenig mit Sträuchern durchmischten Bergwälder. In natürlichen Waldverjüngungen hat der Rote Holunder ohne Zutun des Försters meistens eine starke Position. Früher setzte man sehr viel stärker auf Aufforstungen und Einzäunungen als heute mit abnehmenden finanziellen Mitteln. Aber Steinböcke sprangen und kletterten nicht selten über Forstzäune hinweg.

Mitte: Wenn der Haupttrieb einer 30 Zentimeter kleinen Fichte derart abgefressen aussieht, kämpft sie ums Überleben. Die Haare sind abgeriebene Steinwild-Wollhaare aus dem Winterfell. Der Standort befand sich innerhalb einer nicht mehr genutzten Weide mit teilweiser Verwaldung.

Rechts: Ein Steinbock hat mit den Hörnern «hornend» die Stämmchen dieser beiden kleinen Fichten an einer Stelle rundum entrindet und sie damit zum Absterben gebracht. Der Standort (weitab von Lauterbrunnen) betrifft einen wertvollen, durch spontane Wiederbewaldung in Frage gestellten Trockenrasen. Weil keine Infrastrukturanlagen von Lawinen bedroht sind, handelt es sich nicht um einen Schaden, sondern eher um einen Glücksfall. Lawinen müssen nicht unbedingt verhindert werden, wenn sie keine Wege und Gebäude bedrohen. Aber letztlich bleiben Wertungen je nach Vorstellung (Ökonomie, Ökologie usw.) sehr subjektiv.

Nehmen «Schäden» mit sinkender Steinbockzahl ab? Nein, dafür gibt es keine Garantie. FEUERSTEIN stellte im Albrisgebiet bei stetig abnehmendem Steinbockbestand eine markante Zunahme der neu bearbeiteten Bäume fest. Die Winterhärte (bzw. die Schneehöhe), jedes Ausholzen (Durchforsten) der kleinen Bäume oder die Nähe zu Steinbock-Durchgangsrouten waren entscheidender als die Zahl der Böcke. Möglicherweise wirkten auch die aussergewöhnlich starken jagdlichen Eingriffe (sozial destabilisierend) in diese Richtung.

1 Das Problem im Tal:
Das Lauterbrunnental bei Interlaken BE ist ein enges Tal. Seine Flanken sind mehr senkrecht als nur steil. Die Hauptstrasse schlängelt sich im Talboden manchmal gefährlich nah den Felswänden entlang. Was haben sich unsere Vorfahren damals gedacht, als sie den Weg dort bauten? Welche Zwänge waren ausschlaggebend? Kann uns der Forstdienst die Sicherheit dieser Strasse und dazugehöriger Häuser vor Steinschlag, Eis und Lawinen auf «ewig» garantieren? Was geschieht, wenn der Fichte im Sommer das Klima zu trocken wird? Kommt der Forstdienst mit der Zeit nicht teurer als die Verlegung der Strasse? Aber wären wir überhaupt bereit, auf Sicherheit zu verzichten? Sicherheit zum Nulltarif gibt es nicht! «Absolut» ist sie nie (schon gar nicht in Lauterbrunnen).
Der Förster sieht die Aufforstung an der Oberkante der Schiltwaldfluh (rechts) wegen Steinböcken zunehmend in Gefahr. Die Tiere leben dort ganzjährig auf ca. 1200 Meter ü.M. im Wald, was speziell ist. Links im Bild der weltberühmte Staubbachfall.

2 Der Förster – Ralf Schai:
Sein Herz schlägt für den Wald und die Natur. Er muss innert der nächsten 5 bis 15 Jahre den Jungwuchs an der Schiltwaldfluh sicherstellen. Der Schutzwald-Standort dort ist trocken. Deshalb sollten vermehrt Bergahorne, Lärchen und Föhren anstelle der Fichten wachsen. Die Steinböcke fressen aber genau deren Gipfeltriebe vollständig aus den Schutzkörben heraus ab. Nur von den Kosten des Forstdienstes zu hören, ohne dessen Nutzen gewürdigt zu sehen, verletzt Ralf Schai. In solchen Momenten wünscht er sich alle Steinböcke abgeschossen – fügt aber sogleich an, wie gerne die Tiere von Gästen, Einheimischen und ihm selber gesehen werden.

3 Der Wildhüter – Kurt Schweizer:
Sein Herz hängt am Wild und an der Natur. Er tut viel, damit unseren Tieren optimale Lebensbedingungen erhalten bleiben und wir Menschen einen letzten Rest Rücksicht auf sie nehmen. Er steht im Kontakt mit dem Förster und möchte Lösungen finden, die weder den Schutzwald noch die Tiere in Frage stellen. Manchmal ist eine Situation nur halb so schlimm, wenn der Wildtierspezialist und der Waldfachmann im ständigen Gespräch die Lösung Schritt für Schritt gemeinsam angehen. Im Bild sehen wir Kurt Schweizer und seine Brandlbrackenhündin Cora im mittleren Teil der Schiltwaldfluh neben einer angepflanzten Lärche mit Schutzkorb. Ganz rechts im Hintergrund liegt das Steinwild-Aussetzungsgebiet Schwarz Mönch.

4 Ein Einheimischer – Albin Kehrli, Postbote und Jäger:
Albin Kehrli denkt mit Wehmut an die 1970er- und 1980er-Jahre zurück, als Steinböcke im Frühling über der Rohrfluh regelmässig bis unter den Bahnhof Wengen kamen. Er kennt viele Feriengäste, welche die Böcke vermissen. Kehrli fragt sich, wie lange das Steinwild sich noch über der Schiltwaldfluh halten kann, wenn der Forstdienst immer neue Abschüsse verlangt. Aus seiner Sicht sollte man die Probleme nicht auf Kosten des Steinbocks lösen. Er gibt aber zu, dass der eigentliche Lebensraum der Steinböcke höher oben, im Gebiet Eigergletscher, liegt.

5 Das Problem am Berg:
Böcke wählen als Winterlebensräume gelegentlich Waldgebiete aus, die der Mensch bei der Wiederaussetzung nicht für sie vorgesehen hat. Die stark bewaldete Zone über der Schiltwaldfluh bei Lauterbrunnen fällt durch eine ganzjährige Präsenz selbst von Weibchen mit Jungtieren auf. Die Hörner des Waldsteinwildes wachsen stärker als in der ursprünglichen Kolonie am Schwarz Mönch. Vermutlich bietet der Lebensraum im Aussetzungsgebiet nicht optimale Steinwildbedingungen (vgl. SCHNEIDER).

6 Die Heutriste:
Scheinbar belanglos im Konflikt Steinwild und Schutzwald bilden Salz(Lecksteine) und Heutristen grosse Anziehungspunkte, die das Problem anheizen oder überhaupt erst haben entstehen lassen. Für den Ort Wengen sind die Steinböcke eine Attraktion und beim Salz garantiert zu sehen und zu fotografieren. (Foto: © Albin Kehrli, Wengen)

Links: Nach dem Abschuss kamen die zarten Seiten von Arno und Andrea zum Vorschein: immer wieder konnten sie beim Zwischenhalt und im Tal ihre beiden Tiere im Detail betrachten und von den Hufen über die Ohren bis zur abgestuften Länge der Schwanzhaare alles wortreich bewundern. Ins Tal tragen mussten sie aber eine zusätzliche 30- und 29,8-Kilo-Last.

Rechts: «Ein schönstes Porträt» aus einem Jägerleben: Andrea Conrad beim Abtransport von Arnos Geiss. Im Hintergrund ein Blick auf ihren Lebensraum. Die Bergung alter Böcke aus schwierigem Gelände über Steine und Geröll wäre noch anspruchsvoller. Selbst junge, kräftige Jäger müssen dann von den Schultern auf Schlitten, Karretten oder Ziehen zu zweit an den Hörnern umstellen.

DIE STEINBOCKGESCHICHTE

Tierkreiszeichen, Wappentier, bis auf kaum 100 Stück in Italien ausgerottet, heute dank gewilderter und geschmuggelter Kitze wieder 45'000 an der Zahl. Wiederholt tiefe Bestandeszahlen (Flaschenhälse) kennzeichnen die bewegte Geschichte des Alpensteinbockes und haben im Erbgut des Tieres ihre Spuren hinterlassen. Deshalb gehören neben Ausrottung und Wiedereinbürgerung auch Erbgutfragen und ein Ausblick zum Thema.

Ähnlich wie später beim Bartgeier begleiteten anfänglich viele Leute die Wildhüter und ihre Steinwildtransporte zu den Aussetzungsorten. Man trug die Tiere einzeln in schweren Holzkisten mit Bahrengriffen den Berg hoch und setzte sie vorwiegend in eidgenössischen Jagdbanngebieten aus, wo Wildhüter und Polizei auch heute noch besonders gut wachen und der Bund den Kantonen etwas an die Überwachungskosten bezahlt. Zudem war in Banngebieten am wenigsten Widerstand von den Grundbesitzern zu erwarten. Das historische Bild zeigt den Aussetzungstransport vom 7. Juli 1933 ins Val Tantermozza (im Schweizerischen Nationalpark). Im Vordergrund sind der eidgenössische Jagdinspektor Dr. Georg Nathanael Zimmerli, rechts der Tantermozzahütte Wildhüter Andrea Rauch zu sehen. (Foto: Bartholomäus Schocher (Nachlass), Wildparkgesellschaft St. Gallen.)

Links: «Über dem Abgrund» könnte der Titel dieses Bildes lauten. Es ist nicht selbstverständlich, dass das «Experiment Steinbock» (bzw. seine Wiederaussetzung) gelang. Jedenfalls versank der «König der Alpen» nicht auf Nimmerwiedersehen im Abgrund. Vielmehr stehen wieder viele Steinböcke nahe der Wolken über den Abgründen der Bergwelt.
Der 11-jährige Bock hielt sich nur kurze Zeit (ein oder zwei Tage) etwas abseits seines Rudels auf – richtige Einsiedlerböcke kommen kaum vor (Kapitel Rudel).

• Die Ausrottung

In der Schweiz war der Alpensteinbock an den gut zugänglichen Orten um 1550 ausgerottet. Bereits damals verloren die ersten «Kantone» alles Steinwild. Keine hundert Jahre später soll auch das Berner Oberland gefolgt sein. Kaum bis 1634 (BÄCHLER 1935) behielten die Bündner ihr Wappentier – jedenfalls bleiben angebliche spätere Steinbockhinweise fraglich (BUNDI 2006a). Am längsten überlebte die Art im Wallis: 1809 wurde im Val d'Anniviers der letzte auf Schweizer Boden lebende Steinbock erlegt. Der Steinwild-Abschuss 1830 und die sieben Lawinenopfer 1840 betrafen aus Italien zugewanderte Tiere (FELLAY 1974).
Im österreichischen Tirol waren die Steinböcke etwa 80 Jahre vor dem gerichtlichen Jagdverbot von 1630/31 ausgerottet. Im Zillertal schossen und fingen die Erzbischöfe von Salzburg bzw. der Graf von Thun, zwischen 1694 und 1712 den blühenden Bestand weg (BUNDI 2006a). Es scheint, dass Österreich bereits 1712 steinbockfrei war (AUSSERER).
In Frankreich hielten sich einzelne Tiere nahe Italien wahrscheinlich über das Jahr 1850 hinaus in unsere Zeit (MICHALLET 1997). Jedenfalls nehmen STÜWE (1991) oder MAUDET aufgrund genetischer Untersuchungen und hartnäckiger Gerüchte an, dass in Maurienne einige Steinböcke der italienischen Urpopulation in über 120 Kilometern Entfernung auf französischem Boden überlebten. In Deutschland gibt es keine gesicherten historischen Steinwildnachweise (VON BÜLOW 1978+1984).

• Die Ausrottungsgründe

Das 14. und 15. Jahrhundert profitierten von einer Warmphase, bevor zwischen 1565 und 1600 anhaltende Regenperioden viele Getreide-Fehlernten mit sich brachten. Die Sommer blieben wahrscheinlich bis 1630 kühl und niederschlagsreich, und spätestens um 1700 bis 1850 folgte eine Kälteperiode mit Gletschervorstössen (die Kleine Eiszeit). Nicht dass das Klima den Steinbock direkt gefährdet hätte, davon kann keine Rede sein – Daten aus der alpinen Archäologie zeigen im Gegenteil bis nach 1600 eine geringere Vergletscherung als in unserer Zeit (CAMENZIND). Kurz nach 1600 aber war die Ausrottung des Alpensteinbockes auf dem Gebiet der heutigen Schweiz und Österreichs schon weitgehend Tatsache (CAMPELL 1573, AUSSERER) – nach der Ablösung von Speer und Armbrust durch Feuerwaffen. Die historische Klimasituation wird zwar heute von Klimatologen und Glaziologen zunehmend anders beurteilt und von LÜPS (2006) im Zusammenhang mit den Steinbockhornfunden aus den Gletschern am Strahleggpass diskutiert. Grundsätzlich stehen dem

Steinbock vor Klimaänderungen die gleichen Ausweichmöglichkeiten offen wie der nie ausgerotteten Gämse, wenn nur der Mensch es zulässt (vgl. CHOISY 1990, FILLI 2002). Insofern ist das Klima nebensächlich. Unbestreitbar litt die Bevölkerung unter einer Häufung von Hungersnöten, reihenweise Pesttoten und grossen Umwälzungen. In deren Verlauf ging das alleinige Jagdrecht des politischen und religiösen Adels vor allem in der Schweiz an das Volk über. In Graubünden auf dem Gebiet des Freistaates der Drei Bünde beispielsweise 1524 (BUNDI 2006a). Lokale Schutzgesetze oder Strafbestimmungen entstanden teilweise erst nach der Ausrottung (z.B. im Tirol) oder waren wegen gegenseitiger Abhängigkeit der Bevölkerung nicht durchsetzbar (unter anderem in Graubünden). Eine wirksame Beaufsichtigung der Volksjagd fehlte in der Schweiz bis 1875, bis zum ersten eidgenössischen Jagdgesetz. In Österreich wussten sich Kaiser und Bischöfe das Jagdrecht besser zu wahren – obwohl auch sie nicht verschont blieben vor legalem und illegalem Treiben der hungernden Bauern (vgl. AUSSERER). Anders als in der Schweiz waren es in Österreich die Oberen selbst, die durch Bejagung und wiederholte Einfangaktionen mit «schützender» Unterbringung in Gehegen überlebensfähige Bestände auslöschten (BUNDI 2006a).

Meistens erklärt man sich die Ausrottung mit einer zu geringen Fluchtdistanz gegenüber Gewehren. Bestimmt ist es wesentlich einfacher, ein Rudel Steinböcke in offener Landschaft zusammenzuschiessen als verstreute, halb im Wald versteckte Gämsen nach einer Störung. Auch dürften sich das ausgeprägte Rudelverhalten von Steinwild und mit grösster Wahrscheinlichkeit sogar die verräterische Reichweite seiner Pfiffe (auf ca. einen Kilometer) ungünstig ausgewirkt haben. KRÄMER & AESCHBACHER bezweifeln aber aufgrund gebietsabhängiger Fluchtdistanzen (vgl. Kapitel Fluchtverhalten) eine entscheidende Bedeutung durch direkten Abschuss. Jedenfalls können von Menschen überraschte Steinböcke augenblicklich davonspringen, ihre Fluchtdistanz bei chronischen Fällen von Wilderei massiv vergrössern oder nach COUTURIER (1962) sogar auf nächtliche Aktivität umstellen. Zudem gab es um 1700 noch keinen Wandertourismus. Aus diesem Grund haben die Tiere generell ängstlicher auf Menschen reagiert. RAUCH hält für die Ausrottung den Einsatz von Salz in Fallen für wesentlicher als den direkten Abschuss (weitab vom Siedlungsgebiet). Tatsächlich kommt man in

Mitte: Bei Mondbildern mit Steinböcken liegt Übersinnliches nahe. Zumindest hat der Steinbock beim Menschen schon immer übersinnliche Kräfte geweckt, man denke an das Tierkreiszeichen des Steinbockes oder kaum nachvollziehbare Ideen über die Wirkung fast aller Steinbock-Körperteile, welche zumindest lokal bei der Ausrottung eine Rolle spielten.

Rechts: Nachtaktivität ist beim Steinbock zwar insbesondere in Hitzeperioden im Sommer zu beobachten, aber wissenschaftlich bisher kaum untersucht. Die Geiss links und der junge Bock stehen nicht im Mondlicht, sondern tagsüber im Gegenlicht der Sonne. Manchmal liefert nicht reine Dokumentation das bessere Bild, sondern ein «künstlerischer» Versuch.

Links: Trittsicher benutzt ein junger Bock (und mit ihm jedes weitere Rudelmitglied) einen Baumstamm als Brücke über einen Bach. Ohne «Brücke» wäre ein Sprung fällig geworden – ein ersparter Sprung bedeutet eingesparte Energie. Steinböcke können ihre Hufschalen entgegen verbreiteter Meinung sehr stark spreizen und sogar in gegenläufiger Richtung bewegen (COUTURIER 1958).

Rechts oben und unten: Der Sprung eines Gämsbockes in den Churfirsten soll 12,2 Meter (aus dem Stand und auf ein sieben Meter tieferes Niveau) betragen haben (BATTAGLIA). Vergleichbares dürfte auch für den Steinbock zutreffen. Sprünge unter natürlichen Verhältnissen sind etwa über Bäche oder vom Fels in den darunterliegenden Lawinenschnee (zum Ruhen und Abkühlen) zu beobachten.

Links: Früher, beim jederzeit und überall wildernden «Bauern» waren Tierindividuen mit ängstlichem Charakter im Vorteil. Heute, bei reglementierter Jagd und in Lebensräumen, die ganzjährig touristisch genutzt werden wie das Gemmenalphorngebiet BE (Bild), hat sich dies ins Gegenteil geändert. Jetzt sind Tiere gefragt, die sich mit dem Menschen arrangieren können. Dies entspricht in etwa einer vollständigen Kehrtwende. Eigentlich hat der Alpensteinbock den Spagat dazu nicht hingekriegt – schliesslich wurde er bis auf kaum 100 Tiere ausgerottet und hätte die Rückkehr in die heutige Zeit ohne «Heimatschützer» nicht geschafft. Der Bock ist 12- bis 13-jährig (Aufnahmedatum Ende April). Man beachte, dass das Horn über Jahre hinweg lediglich einen jährlichen Knoten bildete.

Mitte: Der Bergmythos steht heute gleichbedeutend für Ferien, Freizeit und Erholung in der Höhe. Wer aber hätte gedacht, dass sich unsere Alpensteinböcke gelegentlich auf Meeresböden bewegen? Vor 20 bis 25 Millionen Jahren lagen die abgebildeten, wunderschönen Felsfalten irgendwo (ungefaltet) im Untergrund, vielleicht sogar auf dem Meeresboden.

Rechts: Beinahe afrikanisch mutet dieses Gegenlichtbild auf Macun im Schweizerischen Nationalpark an. Statt des Alpensteinbockes stünde dann einer der seltenen Walia Steinböcke mitten im Bild. Es gibt in der Nähe von Macun (ebenfalls im Nationalpark) einzelne Stellen mit tatsächlich afrikanischem Oberflächengestein.

diesem Zusammenhang kaum darum herum, die riesige Schwäche von Steinwild für Salz und dessen Einsatz als Lockmittel in unmittelbarer Umgebung der Bergbauern zu betonen. Auch reichte die Weidenutzung höher hinauf als heute. Aber man sollte nicht nach dem «allereinzigen, richtigen» Ausrottungsgrund suchen, regionale Besonderheiten nicht ausschliessen und sich bewusst sein, dass die Beurteilung ohne Fakten aufgrund von später gebildeten Meinungen schwierig bis unmöglich ist. Zeitgenössische Quellen äussern sich nur vereinzelt dazu, z.B. CAMPELL (1573). BUNDI (2006a) verweist auch auf historisch höchste Ziegen- und Schafbestände und damit (wie insbesondere RAUCH) auf Konkurrenzierung und Krankheitsübertragungen als denkbare zusätzliche Ausrottungsfaktoren: In der Schweiz haben zwischen 1950 und 2003 (die oft hoch oben gesömmerten) Schafe wieder von 165'000 auf 450'000 zugenommen (KRUMMENACHER) – auf einen Bestand wie um 1860 (SCHNIDRIG-PETRIG & SALM) als es zusätzlich etwa 416'000 Ziegen, aber viel weniger Grossvieh gab (GMÜR). An einzelnen Orten können Hausschafe oder Ziegen dem Wild auch heute Probleme bereiten (BLANKENHORN 1999). In jeder lokalen Schlussphase der Ausrottung des Steinbocks lässt sich im Übrigen ein massiv steigender Gefühls- und Marktwert des Tieres vermuten. Museen und Private sicherten sich in «letzter Minute» ein letztes Exemplar. In der Grossregion Salzburg glaubten um 1660 viele (Städter) an eine Kraftübertragung aus Steinbock-Körperteilen vom bewunderten, schwindelfreien Bergtier auf den Menschen (ZEDLERSCHES UNIVERSALLEXIKON 1744) und trieben damit die Preise in die Höhe. GIACOMETTI (2003a) verweist für «Graubünden» auf CANDREIA (1904), der diesen Aberglauben dort in Abrede stellte. Von STUMPF (1586) sind um 1548 für Sitten VS geringe Fleischpreise für Steinböcke und anderes Wild überliefert. Die Landbevölkerung war bitterarm und versorgte sich selber mit Wild. Erwiesen bleibt der illegale Handel mit Pulvern aus Aorta-Herzknochen (Herzkreuzen), Hörnern, Magenkugeln und anderen so deklarierten «Fundstücken» zumindest für Apotheken der Bischöfe von Salzburg und von Berchtesgaden. Wer sich selber mit Herzkreuzen (vgl. Bildteil Kapitel Überblick) und Magenkugeln befasst, sieht sich mit Objekten von grosser Seltenheit und kleiner Grösse konfrontiert, die aber mit Leichtigkeit hätten gefälscht werden können. Die legendären Steinbock-Magenkugeln (Bezoarkugeln) aus Haaren, Harz und Mageninhalt haben ihren Ursprung eher bei der Gämse als beim Steinbock. Jedenfalls fand ich in Steinwild-Magenaufbrüchen über der Waldgrenze bisher nie eine Magenkugel. Auch die Angaben von Johann Jakob Scheuchzer (1672 bis 1733) (in BÄCHLER 1935) und Gespräche mit Wildhütern legen diesen Schluss nahe. Dagegen bildet COUTURIER (1962) zwei Bezoare aus dem Gran Paradiso ab. Er gibt an, im Pansenmagen häufig hühnereigrosse gefunden zu haben – einmal sogar einen angeblich zwei Kilo schweren. GIACOMETTI & RATTI (2003a) präzisieren den Labmagen als hauptsächlichen Fundort.

• Wieso überlebte der Steinbock in Italien?

(vgl. PASSERIN D'ENTRÈVES, COUTURIER 1962)

Der Steinbock stand 1820 auch in Italien kurz vor der Ausrottung. Es soll damals je nach Quelle im Gran Paradiso-Gebiet noch 30 bis 40 (Zumstein in PASSERIN D'ENTRÈVES), 50 bis 60 (KUSTER, BÄCHLER 1935) oder bis 100 Tiere gegeben haben (PIODI 1978+1984). 1820 machte der Tuchhändler, Jäger, Alpinist und mit der Forstwirtschaft vertraute Joseph Zumstein (Giuseppe Dela Pierre) die königliche Akademie der Wissenschaften in Turin brieflich auf das Aussterben des Steinwildes aufmerksam. Diese beauftragte Prof. Franco Andrea Bonelli mit Abklärungen, welche den Statthalter des Königs von Sardinien, Ignazio Thaon di Revel, bewogen, den Alpensteinbock durch ein Artenschutzgesetz und erste Wildhüter vor der Ausrottung zu bewahren. Aber diese Massnahmen griffen erst richtig, als in Sardinien das Königshaus Savoyen zum Zuge kam. Der junge Vittorio Emanuele II. (1820 bis 1878), der spätere König von Sardinien und erste König Italiens, hatte die Jagdleidenschaft im Blut und wollte ausbrechen aus den pompösen Hirschjagdzeremonien am Hofe seines Vaters. Da kamen die Möglichkeiten zu einem Steinbockabschuss 1841 und 1850 gerade zur richtigen Zeit, um das Königshaus mit dem ungewissen Schicksal dieser Tierart zu verknüpfen. Der Steinbock sollte der Volksjagd entzogen und der königlichen Jagd anvertraut werden. Vittorio Emanuele II. stellte keineswegs Land- und Jagdrechte der einheimischen Bevölkerung in Frage und übertrieb die Jagd nicht. Er staffierte seine Wildhüter – zum Teil absichtlich ursprüngliche Wilderer – mit schmucken Uniformen aus. Zwar hintergingen, zeitlebens und häufig, wildernde Wildhüter den König. Aber sein taktisch geschicktes Vorgehen unter Einbindung der Bevölkerung unterschied ihn von den österreichischen Würdenträgern und dürfte letztlich für die Rettung des Steinbockes ausschlaggebend gewesen sein. Es war aber auch mindestens 150 Jahre später als in Österreich und damit eine andere Zeit. Dass sich der Steinbock in Italien ohne Hilfe hauptsächlich an den Gipfeln Creya, Tersiva, Veso/Gran San Pietro, Bioula/Ran länger halten konnte als anderswo (PERACINO 1984), das wiederum ist den zerklüfteten Hochlagen des Gran Paradiso zu verdanken. Vittorio Emanuele II. kaufte, pachtete und tauschte «Steinbockland» – die Jagdnutzungsrechte galt er gesondert, womöglich auf Lebenszeit ab und überliess die Gämsjagd teilweise den früheren Rechteinhabern. Wo sein Hofstaat im Sommer zur Jagd auftauchte, kamen Weganlagen in die Täler. Beschäftigung und Spenden blieben allerdings bei Verhandlungsproblemen oder schlechten Jagderfolgen als Druckmittel unter Umständen auch aus. Ab 1870 etablierten sich riesige königliche Jagden mit 200 bis 300 Treibern, weiteren Hilfspersonen und einer Beute von 20 bis 50 Böcken jährlich (bzw. nach PIODI (1984) ausnahmsweise innert drei Stunden). Erst Vittorio Emanuele III. beendete 1914 die Bejagung der Steinböcke wegen Arbeitsüberlastung. Bereits zu Lebzeiten von Vittorio Emanuele II. waren alle Hänge am Gran Paradiso königlicher Besitz; 1922 erfolgte ihre Unterschutzstellung als Nationalpark. Vittorio Emanuele III. schenkte Land und Jagdrechte dem Staat. 1922 bis 1933 hatte der Nationalpark Gran Paradiso eine privatrechtliche Führung. Bis 1933 entwickelten sich die Steinbockbestände stetig aufwärts, fielen jedoch durch Wilderei 1945 auf 419 Tiere zurück, waren also unbedeutender als die zwischenzeitlich ca. 1300 Individuen ausserhalb Italiens. Im Zweiten Weltkrieg übernahmen unbewaffnete Milizen den Aufsichtsdienst anstelle der Parkwächter. Beim Neuanfang danach fehlten die königlichen Gelder früherer Zeiten. Deshalb begann der Verkauf von Bockabschüssen an gut Betuchte, konnte aber ca. 1957 durch den Verkauf von Tieren zum Versetzen anderswohin abgelöst werden. Wildern im Park blieb bis weit in die Siebzigerjahre ein Thema (ANONYM, WIERSEMA).

Oben: Wie schwer ist der «Rucksack» des Alpensteinbockes, den wir ihm mit seiner Fastausrottung und damit verbundener Erbgutreduktion aufgebürdet haben? Es wäre tatsächlich ein Problem, wenn nicht durch Aussetzungen in grossem Umfang sich seine Wiederausbreitung realisiert hätte. Sofern wir beim Auftreten von Konflikten (Kapitel Jagd, Waldschäden) kühlen Kopf bewahren und uns der europäischen Verantwortung zu seiner Erhaltung bewusst bleiben, müssen wir nach Meinung von Fachleuten nichts Schlimmes befürchten. Der Steinbock geniesst in der Berner Konvention internationalen gesetzlichen Schutz.

• Geringe Erbgutvielfalt, Hausziegen-Erbgutanteile

Alle heutigen Alpensteinböcke stammen von wenigen überlebenden Tieren in Italien ab. Deshalb ist die Vielfalt im Erbgut des Alpensteinbockes gering. Auch der Iberische Steinbock fällt durch eine (leicht) reduzierte genetische Basis auf (HARTL 1992). Es handle sich aber um ein Problem des Alpensteinbockes und nicht der gesamten Steinbockverwandtschaft, stellt Professor Lukas Keller, Genetiker an der Universität Zürich, brieflich klar. Der Alpensteinbock fällt durch einförmige Verhaltensmuster, ohne Imponier- und Unterwerfungsgesten, auf. Auch der Funktionskreis Harnen (Geiss) und Flehmen (Bock) fehlt weitgehend. Sogar der Iberische Steinbock hat bei Rangausmarchungen und beim Werben ein umfangreicheres Verhaltensrepertoire (ALADOS 1986b, 1984). Somit scheinen sich die Unterschiede in der Erbgutvielfalt direkt im Verhalten abzubilden. Dazu sagt jedoch der Genetiker Keller, dass Verhaltensmuster von viel zu vielen Genen beeinflusst und viel zu stark von Umweltunterschieden geprägt werden. Es fragt sich, ob die drei italienischen Könige, die eigentlichen Retter der Art, durch Wegselektionieren junger Böcke mit eng gestellten Hörnern die Vererbungsbreite eingeschränkt haben könnten (Abbildungen Seite 1250 in COUTURIER 1962 oder Seite 38 in GIACOMETTI 2006) (vgl. HARTL 1991). Professor Keller hält einen solchen Einfluss für gering (falls er je bestand).

Speziell klein war die Erbgutvielfalt bei den Wiederaussetzungen in der Schweiz. RANDI fand in der Schweiz eine höhere Erbgutvariabilität als in Italien, wurde aber zwischenzeitlich von der Zürcher Forschergruppe und anderen (z. B. MAUDET) widerlegt. GIACOMETTI (1988) gibt an, dass der heutige Bündner Steinwildbestand auf 45 Tiere zurückgeht. Doch waren diese ihrerseits durch Herkunft und Zucht in unbekanntem Ausmass miteinander verwandt. Auch stammten die gewilderten Kitze aus einem einzigen Sektor des Gran Paradiso. In Frankreich verkleinerte man in ungünstigen Einzelfällen das Erbgut mit Aussetzungsaktionen offenbar bis auf die Hälfte (STÜWE 1991); normale Verluste belaufen sich allerdings nur auf einige wenige Prozente (Prof. Keller). Hingegen nimmt die Vielfalt im Erbgut des Alpensteinbockes durch Paarungsselektion um etwa 0,5 bis 1 Prozent pro Jahr ab (genetische Drift) (RANDI): Mutter und Vater übergeben nur je die Hälfte ihrer Erbinformation an einen Nachkommen – die andere Hälfte ist gefährdet, verloren zu gehen. Zusätzlich kommen einzelne Individuen bevorzugt und andere überhaupt nicht zur Fortpflanzung.

COUTURIER (1962) erwähnt bei Böcken im Gran Paradiso gelegentlich abnorm lange Kinnbärte bis 20 Zentimeter, die typisch sind für gewisse Hausziegenrassen. Da sich Steinböcke mit Hausziegen kreuzen lassen und deren Nachkommen fruchtbar sind, wäre es naheliegend, solche Fälle als Ziegen-Steinbock-Mischlinge zu betrachten. Die Forschergruppe Keller fand jedoch bei einem Walliser-Bock mit «auffällig langem» Bart genetisch keine Anzeichen dafür. Professor Keller deutet auch generell hohe Zwillingsraten bei Steingeissen nicht als Hinweise auf Hausziegenblutanteile. Für PIODI (1984) «entlarven» braune oder schwärzliche Hornfarben den Mischling, während «echte» Steinböcke immer grau-beige Hörner haben sollen. Wie PASSERIN D'ENTRÈVES schreibt, liess Vittorio Emanuele II. ab 1859 zur Verbesserung der Jagd (unter anderem für längere Hörner) Steinböcke mit Hausziegen kreuzen und aussereuropäische, jagdlich interessante Trophäenträger züchten. Ob es in der Folge zu keinen Freilassungen von Steinbockmischlingen kam, wie angenommen, ist nicht restlos sicher. Sicher ist, dass angrenzend an die königlichen Steinbockreviere im Aostatal ein anderer Adeliger um 1900 zu Jagdzwecken solche aussetzte. Die Zürcher Forschergruppe von Professor Keller fand jetzt, 100 Jahre später, in Italien bei 5 Prozent der Steinböcke Ziegenerbgutanteile. In der Schweiz war dies je nach Kolonie bei 12 bis 33 Prozent der untersuchten Tiere der Fall, wobei eine wichtige Quelle für Ziegenerbgut bei der Albris-Population geortet wurde (SIX). Von dort stammen 1700 (ca. 50 Prozent) aller Aussetzungstiere der Schweiz, Österreichs, Italiens, Sloweniens und viele Lieferungen an Zoos. Nach Professor Keller (brieflich) soll aber auch am Albris der ursprüngliche Ziegeneinfluss dieselben italienischen Wurzeln haben. Die Ziegenerbgutanteile hätten sich am Albris «wahrscheinlich per Zufall» vermehrt. Spekulationen über betrügende italienische Wilderer, die in den Jahren ab 1906 Mischlingskitze statt echte Steinkitze in die Schweiz lieferten, wären jedenfalls fehl am Platz.
Nach vielen kritischen Punkten sollte nicht vergessen gehen, dass die Umweltverhältnisse im Lebensraum des Alpensteinwildes jedes einzelne Individuum hart auf seine Lebenstüchtigkeit selektionieren! Vielleicht gleichen andere Vererbungsmechanismen (durch Mutation und Rekombination) die genetische Drift aus. Irgendwelche Erbkrankheiten sind bis heute nicht bekannt, beispielsweise ist bisher (wenn überhaupt) höchstens ein einziger echter Albino aufgetaucht (vgl. COUTURIER 1962). Erbkrankheiten sind allerdings auch nicht kurzfristig, sondern erst langfristig zu erwarten (HARTL 1991, LYNCH & LANDE). Mir fiel eine ältere Geiss auf, die möglicherweise in drei aufeinanderfolgenden Jahren ihr Kitz verlor. Hier fragt sich, ob eine ungünstige genetische Konstellation vorliegt (ein Letalfaktor). Jedenfalls sterben in Teilen Graubündens gehäuft «mittelalte» Böcke an rätselhafter Erschöpfung (GIACOMETTI 2003d und andere).

• Erfolglose Wiederaussetzungsbemühungen

In der Schweiz waren früher die Einnahmen der Kantone aus der Jagd noch wichtig. Deshalb enthielt das erste schweizerische Jagdgesetz von 1875 die Absicht, eidgenössische Jagdbanngebiete einzurichten und darin Steinwild anzusiedeln. Während bei ersten Gefangenschaftszuchten um 1817 und gegen 1820 nicht unbedingt Aussetzungsabsichten bestanden, war dies 1854 bei Andermatt und vor 1875 am Fluebrig SZ bereits der Fall. 1879 und 1886 scheiterten zwei Anläufe der Sektion Raetia des Schweizerischen Alpenclubs trotz Federführung durch Amtsstellen und Politiker. In Österreich kamen die meisten Versuche durch Leute aus dem Hochadel nicht über das Gehegestadium hinaus (vgl. aber AUSSERER). Ein Versuch (teilweise mit Mischlingen) durch Baron Friedrich von Born im angrenzenden Slowenien scheint 1902 allen andern Aussagen zum Trotz geglückt zu sein (VALENTIČIČ & KUŠEJ, VARČAK 1978 und andere Quellen). Doch erlitt der Bestand immer wieder Rückschläge – den grössten 1987 auf sechs Tiere.

Leider wurde fast ausschliesslich (oder zumindest auch) mit Mischlingen gezüchtet. Im Hintergrund aber gingen der Natur insgesamt gleichwohl mehrere Hundert echte Steinböcke bei der Beschaffung und als Lehrgeld für die schwierige Haltung und Zucht verloren; Krankheiten, Vermischung mit Hausziegen und Kriegswirren in Österreich bereiteten den Wiederaussetzungsträumen das Ende. Aussetzungsversuche scheiterten nicht nur an den unzeitigen, winterlichen Geburten von Mischlingen, sondern teilweise auch an den hohen Besonnungsansprüchen des Steinwildes im Winter, an Wilderern und zunehmend sogar am Mangel an geeigneten Gehegetieren und an Resignation. Allmählich hatte der italienische König das Steinwildmonopol fest in seiner Hand. Von der italienischen Krone bekamen lediglich der österreichische Kaiser, der Fürst Hans Heinrich von Pless und vermutlich der deutsche Kaiser echte Steinböcke (PASSERIN D'ENTRÈVES, BUNDI 2006b). Nicht zum Kreis dieser Auserwählten gehörte 1879, und 1905 mit leeren Versprechen abgespiesen, auch der schweizerische Bundesrat.

• Mit gewilderten Steinkitzen zum Erfolg

1902 initiierte der Hotelier Glinz in der Wildparkgesellschaft des Jagdvereins St. Gallen den Ankauf von Steinwild (PLATTNER). Dr. Girtanner drängte auf reinrassige Tiere. Ab 1906 vermittelte der Hotelier und Jäger Robert Mader, der ebenfalls Vorstandsmitglied war, den Steinkitzkauf zum damaligen Stückpreis von durchschnittlich 1000 Franken; dies entspricht nach heutigem Geldwert in etwa 30'000 Franken! Die Lieferanten hiessen Giovanni Boschino (Deckname Jean Buschino) und Giuseppe (nicht Gabriele) Berard (Deckname Berard Grat Joseph). Beide waren Wilderer, die in Italien Steingeissen-Mütter abschossen und Wildhüter bestachen, um an die wenige Tage alten Kitze zu kommen (COUTURIER 1962/Seiten 1302f sowie PASSERIN D'ENTRÈVES/Briefauszug Seite 50). Das Argument, Schüsse seien im überwachten Gran Paradiso nicht mög-

Links: Heute ist der Steinbock ein attraktives, modernes Vorzeigetier für den Tourismus. Im Berner Oberland gehörten Verkehrsvereine verschiedentlich zum «Initiativkomitee» für neue Kolonien: beispielsweise Interlaken (Augstmatthorn), Mürren (Schwarz Mönch), Adelboden (Lohner), Meiringen (ehemals Engelhörner). Der Bock hat lediglich ein Alter von sieben Jahren.

Mitte: Um in Italien kleine Steinkitze für die Steinwild-Wiederansiedlung in der Schweiz fangen zu können, mussten die Wilderer die Mütter der Kitze abschiessen. Diese weniger schöne (verschleierte) Rückseite einer Erfolgsgeschichte soll ausnahmsweise einmal in einem Buch beim Namen genannt werden, damit sie nicht völlig vergessen geht.

Rechts: Bei der ersten erfolgreichen Steinwild-Aussetzung im Kanton Waadt am 21. Mai 1955 in der Pierreuse wurden eine Geiss und zwei Böcke vom Augstmatthorn ausgesetzt (CATHÉLAZ). Links aussen ist der eidgenössische Jagdinspektor Alfred Kuster zu erkennen. Im Hintergrund dominieren von links nach rechts Gummfluh, Brecaca und le Biolet, die heute auch zum Steinwildlebensraum gehören. Seit 1938 benutzte man für den Tiertransport nicht mehr schwere Holzkisten, sondern geflochtene, leichte Körbe. Die letzten Aussetzungen erfolgten zwischenzeitlich per Hubschrauber. Nach GAUTHIER (1994a) sollte man allerdings den Hubschraubertransport nur medikamentös ruhig gestellten Steinböcken zumuten. (Foto: © Jean-Claude Jaccard, Lausanne)

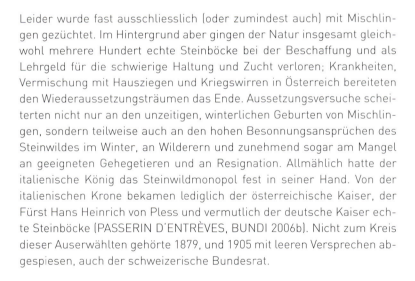

Links: Im Lebensraum des Steinwildes lauern viele Gefahren. Manche Gedenktafel erinnert an den Unfalltod eines Menschen. Andererseits sind Generationen von Menschen, aber auch von Steinböcken, hier vorbeigezogen, die keine Erinnerungstafel bekamen. Ein Dankesschild verdient hätten zumindest all jene Personen, die bei den Wiederaussetzungen des Alpensteinbockes mitgeholfen haben.

lich gewesen, widerlegt sich durch gut dokumentiertes, weit verbreitetes Wildern grosser Böcke (COUTURIER 1962). Der Abschuss der Mütter vom wenige Tage alten Kitz weg war damals in der Schweiz bekannt und führte zu heftigen Kontroversen (Schweizer Gesellschaft für Vogelkunde und Vogelschutz: HESS 1927). BÄCHLER (1935/Seite 24) spricht für 1914 bis 1918 und danach von einem empfindlich hohen Abschuss von Geissen durch Wilderer. Stattdessen zirkulieren heute Märchen von auf Geburten wartenden Wilderern, wo jeder Steinkitzfotograf spätestens nach einem Jahr merkt, dass diese erfunden sind – die meisten Steinkitze kommen nachts zur Welt (Kapitel Geburtszeit). Es geht im Übrigen nicht um Einzelfälle, sondern allein von 1906 bis 1917 in St. Gallen und Interlaken um 41 aus Italien herausgeschmuggelte Kitze (SCHNEIDER), zu denen eine Dunkelziffer aus früheren Jahren, von Eingegangenen und anderswohin Gelieferten hinzukommt (vgl. AUSSERER, GIACOMETTI 2006). Boschino erhielt von der Walliser Kantonspolizei einen Passierschein für den Schweizer Zoll bei Lourtier und sparte sich so die Zollgebühren von 300 Franken pro Kitz (DE LUZE). Zumindest seine Steinkitze wurden demnach nicht illegal in die Schweiz importiert. Im revidierten Jagdgesetz von 1904 war zwar Wildern von Steinböcken in der Schweiz neu unter Strafe gestellt – aber unter Wildern verstand man im damals steinwildlosen Land natürlich etwas anderes. Immerhin führte das beschriebene Vorgehen ab 1911 im eidgenössischen Jagdbanngebiet der Grauen Hörner SG endlich zur Entstehung der ersten, mühsam am Leben erhaltenen schweizerischen Steinwildkolonie. Die beiden nächsten Versuche (Piz Aela GR und Nationalpark) misslangen im ersten Anlauf. Ca. 1918 erfuhr der italienische König, was ablief (PASSERIN D'ENTRÈVES/Briefauszug Seite 50). Danach sollen Fang und Export von (mindestens 59) weiteren Kitzen in die Schweiz legal erfolgt sein – PLATTNER setzt aber das Datum der Legalisierung dieses Handels zu früh an (vgl. SCHNEIDER). Erst ab 1931 liess der italienische Staat Kitze einfangen und verkaufen oder verschenken (GIACOMETTI 2003b). Im Juni 1935 leitete die gerichtliche Verurteilung einer Frau das endgültige Ende des illegalen Kitzhandels ein. Ihr Mann konnte sich der Bestrafung für den Abschuss von Steinkitz-Müttern durch Flucht in die Schweiz entziehen (COUTURIER 1962).

Bereits 1906 nahm der eidgenössische Oberforstinspektor Dr. Johann Coaz mit dem Wildpark in St. Gallen Kontakt auf. In der Folge flossen zwischen 1908 bis 1917 ohne grosse Publizität 34'500 Franken Bundesbeiträge, was damals sehr viel Geld war. Bis 1935 sollen es insgesamt 171'000 Franken gewesen sein (STÜWE & NIEVERGELT). Bundesgeld gab es für den (juristisch heiklen) Ankauf der Kitze aus Italien, für den Betrieb des Wildparks und für Tiere, die in der Schweiz ausgewildert wurden (BLANKENHORN 2006). Auch die später entstandene Steinwildzucht im Wildpark Interlaken profitierte von gleichen Konditionen. Daneben lieferten noch die Wildparks Langenberg ZH und Dählhölzli BE Tiere sowie kurze Zeit Bretay VD und Seiler VS. Im Übrigen trug der Bund nach Startsschwierigkeiten Teile der Kosten für Wildhut und Wildschäden in den eidgenössischen Jagdbanngebieten mit.

In Frankreich bildeten sich schon vor 1911 durch Abwanderung von italienischem Steinwild neue Kolonien – wenn auch lange Zeit stark bedroht durch Wilderer. Österreich war über die Schweiz von Beginn weg am Steinkitzhandel aus Italien beteiligt. Die erste erfolgreiche österreichische Steinwildaussetzung begann 1924 im Blühnbachtal nahe Berchtesgaden (D). Ab 1936 folgten auf der anderen Seite der Landesgrenze deutsche Bemühungen.

• Die Steinbockperspektiven

Gemäss CHOISY (1984) könnte der geeignete Lebensraum in Frankreich gut 12'000 Steinböcke aufnehmen. Es hat also noch Platz für mehr Tiere. Auch in Italien ist noch Potenzial vorhanden. In der Schweiz und Österreich darf man das Aussetzungsprogramm als erfolgreich beendet ansehen. Jetzt ist das Augenmerk unbedingt auf Fragen der Erbgutvielfalt zu richten. In Zukunft könnten vielleicht noch einzelne fehlende Verbindungskorridore zwischen isolierten Kolonien hergestellt werden. Steinwildgebiete sollten gerade auch im Wissen um die genetische Problematik nie kleinräumig geplant werden. Man kann aber sogar mehr tun, MAUDET gibt eine Reihe von Empfehlungen, welche geeignet sind, die Erbgutvielfalt einzelner Kolonien mit erstaunlich wenig Umsetzungsaufwand auf das Niveau der Gran Paradiso oder der Mont Pleureur Population zu heben – mehr geht nicht. Erschwerend ist nur, dass die Lösungen individuell verschieden sein können und unter Beizug von Steinbock-Genetikern geplant werden sollten. Bereits das Hinzufügen eines einzelnen umgesiedelten Tieres pro Steinbockgeneration (d.h. etwa alle drei Jahre) kann genügen. Man muss aber genau wissen, wo man Aussetzungstiere hernimmt – nicht eine möglichst unterschiedliche Herkunft dieser Tiere ist verlangt. 1989 empfahlen STÜWE & NIEVERGELT, für neue Aussetzungen ausschliesslich Gran Paradiso–Tiere auszuwählen, womit man jedenfalls auf der sicheren Seite wäre. Aus meiner Sicht die beste und umfassendste Anleitung für Steinwildaussetzungen gibt GAUTHIER (1994a), auch wenn für alpine Verhältnisse die Gewichtung des einen oder anderen Punktes etwas anders aussehen sollte. Im Rahmen eines allgemein gehaltenen Buches ist es nicht möglich, alles so gut und kritisch auszubreiten wie er.

Obwohl man bei einer Aussetzung gemachte Fehler später korrigieren kann, gehört trotzdem zu einer genetisch idealen Aussetzungsstrategie, alle Aussetzungstiere gleich zu Beginn in die Freiheit zu entlassen und vor irgendwelchen jagdlichen Eingriffen rasch eine möglichst hohe Individuenzahl zuzulassen. PERACINO & BASSANO (1991) empfehlen im Minimum 8 bis 10 Tiere auszusetzen, besser 15 bis 20 innert dreier Jahre. Man sollte sich bewusst sein, dass die Fachliteratur für überlebensfähi-

Rechts: Eines meiner allerersten Steinbockbilder, welches die Bildselektion überlebt hat. Es zeigt in einem Bockrudel die Zusammensetzung aus sehr verschiedenen Altersgruppen: Die Böcke sind von links nach rechts 9½, 4½ und 6½ Jahre alt. Sie haben abends den Aufbruch des Bockrudel-Hauptharstes verpasst und gucken nun vom Grat in die Tiefe, wo alle sind und was läuft.

ge Populationen heute Minimalzahlen von 500 bis 1000 Individuen angibt, langfristig aber besser 1000 bis 5000 (z.B. LYNCH & LANDE). BUBENIK hält die einzelne Kolonie ab 60 Tieren für gesichert, verstand diese Aussage allerdings nicht genetisch begründet. PERACINO & BASSANO (1991) nennen aus unpublizierten Unterlagen von Perco dazu 70 bis 100 Individuen. CHOISY (1990) bezeichnet bezugnehmend auf Tosi Kolonien ab 200 Tieren als «optimal». Generell lässt sich empfehlen, Anfang Sommer möglichst junge Tiere umzusiedeln (GAUTHIER 1994a), damit deren Integration in ein Rudel inklusive Rangaufstieg in späteren Jahren funktionieren kann – eine altersmässig gut durchmischte Population stellt sich jeweils selber ein oder existiert vielleicht bereits. Einzeltiere aber vergesellschaften sich bevorzugt mit Gleichaltrigen. Es macht bei den Böcken wenig Sinn, 6- bis 7-jährige Tiere noch zu verpflanzen. Man erhöht damit nur das Risiko, diese durch Wilderei zu verlieren. GAUTHIER (1994a) legt im Gegensatz zu anderen Autoren bei Böcken die obere Altersgrenze sogar bei vier Jahren. Bei gleichaltrigen Hauptböcken dürften in der Paarungszeit die Vererbungschancen breiter gestreut sein. Zudem wanderten ausgesetzte ältere Böcke verschiedentlich zurück an ihren Herkunftsort («Homing») (NIEVERGELT 1966a, GAUTHIER 1994a). Die Rückwanderungstendenz besteht allerdings auch bei jüngeren Tieren, wenn zwischen Fang- und Aussetzungsort «nur» 11 Kilometer liegen (ROSSI & TERRIER). Die Gründe sind kaum bekannt (Hauptgrund evtl. suboptimale Aussetzungsgebiete).

Im Übrigen ist die Ziegenhaltung in unmittelbarer Nähe von Steinböcken wegen Erbgut-Vermischungsgefahr nicht unproblematisch: wenn Mischlinge unter menschlicher Obhut bleiben (STÄMPFLI), besteht kein Problem. Aber wenn sich verwilderte Mischlingsrudel bilden wie im Safiental oder bei Soglio im Bergell GR (ROGANTI, GIACOMETTI 2004), müssen diese Tiere so schnell wie möglich entfernt werden. Enorm wichtig sind bei neuen Aussetzungen gut besonnte Winterlebensräume. Dazu besteht heute genug Wissen und Erfahrung. NIEVERGELT (1973) rät, Aussetzungen am Fusse des vorgesehenen Winterlebensraumes vorzunehmen. GIACOMETTI (2003e) empfiehlt, die Transportbehälter am Ankunftsort nebeneinander zu stellen und eine Weile lang sich selber zu überlassen, damit jedes Tier vor der Freilassung sicher merkt, dass es nicht allein ist. Auch sei es ratsam für jede Teil-Aussetzungsaktion Tiere gleicher Herkunft auszuwählen, weil diese besser zusammenhalten und so den Erfolg erhöhen. Umgesiedelte Tiere müssen gesundheitlich kontrolliert sein (LANFRANCHI & GUBERTI, LANFRANCHI & MENEGUZ) – sie dürfen nicht aus Seuchengebieten stammen (Räude, Gämsblindheit etc.). Aber Hand aufs Herz! Gehören Sie zu denjenigen Menschen, die draussen in der Natur noch nie einen Steinbock gesehen haben? Dann wird es höchste Zeit, dies nachzuholen! Wer weiss, vielleicht entdecken Sie in den Bergen eine neue Liebe? Autor und Verlag wünschen Ihnen viel Freude auf Ihrer Entdeckungsreise.

Links: Der Name Steinbock steht als Name für eine ganze Tierart. Zumindest sind damit sowohl die Böcke wie die Geissen gemeint. Aber eigentlich bewundert man fast immer nur die langen Hörner der Männchen. Dagegen verwechseln öfter Leute in Gipfel- und Hüttenbüchern Weibchen und Jungtiere mit Gämsen.

Mitte links: Dieser 6-jährige Bock ist Anfang November in bester körperlicher Verfassung und mit voll ausgebildetem Winterfell ausgestattet, das in diesem Alter aber noch nicht voll abdunkelt. Er hält sich in einem Bockrudel in felsiger Gratregion nahe der Geissen auf. Man sieht sehr schön die gedrungene, kurzbeinige Gestalt.

Mitte rechts: Steinböcke gelten als faul, weil man sie in der Vegetationszeit bei schönem Wetter tagsüber meistens ruhend antrifft – sie gelten aber (zu Unrecht wohl!) auch als «zahm» (vgl. Ausrottung, Fluchtverhalten). Dank grossem Magen kommt der Steinbock mit ein bis zwei Fressperioden auf 24 Stunden aus (Kapitel Überblick). Steinböcke nutzen eine schlechte Nahrungsqualität effizienter und wirtschaften mehr «Freizeit» heraus als Gämsen. Allerdings muss ein beträchtlicher Teil der scheinbaren Mussezeit zum Wiederkäuen eingesetzt werden. Der Bock dürfte lediglich 9-jährig sein.

Rechts: Über den Wolken muss die Freihiet wohl grenzenlos sein? Die Sonneneinstrahlung ist im Winter an Steilhängen überdurchschnittlich stark. Auch sind Steinböcke gut an das harte Bergleben angepasst, aber sie erreichen bei weitem kein Alter von 30 bis 50 Jahren, wie man früher dachte, sondern eher nur 10 als 20 Jahre (Kapitel Überblick/Hörner). Unter Zoobedingungen erreichen mehr Tiere die Altersphase, nicht aber eine höhere Lebensspanne.

1   Findet jemand im Winter unter einer Fluh einen toten Bock, vermuten viele den Grund sofort in einem Unfall beim Kämpfen. Solche Fälle kommen vor, dürften aber seltener sein als «gewöhnliches» Ausgleiten mit anschliessendem Sturz. Der Biologe Christian Willisch fotografierte für seine Doktorarbeit zwei kämpfende Böcke, von denen in der Folge einer abstürzte. Der Zufall wollte, dass für einmal eine Fotodokumentation entstand (Ganze Fotoserie: © Christian Willisch, Täsch)

2   Hangtiefer stehend vermochte der 10-jährige Bock (unten rechts) den Schlag des 11-jährigen Bockes (oben links) nicht aufzufangen. Er konnte weiter unten provisorisch Tritt fassen, während sein Gegner stürzte.

3   Hier sollen die Böcke im Fels ständig abwärts fallen, bzw. konnte sich der jüngere Bock knapp halten, während dies dem älteren nicht gelang.

4   Die nächsten zehn Meter bis zum abgebildeten Moment nahm der Bock im freien Fall. Typisch Steinbock drehte er sich bereits in die einzig richtige Position mit den Vorderbeinen weit vor dem Körper. Deshalb sieht der «Todessprung» elegant und harmlos aus.

5   Der Gewichtsschwerpunkt eines Bockes liegt im Brustbereich und lässt sich auf Dauer im freien Fall kaum halten. Früher oder später treten Überschläge oder Drehungen auf, welche die Überlebenschancen schmälern.

6   An dieser Stelle sei jedoch preisgegeben, dass der 11-jährige Bock auf wundersame Weise dem Tod entrann. Zwar prallte er nach ca. 20 Metern im freien Fall vermutlich in einem Felsband auf und stürzte weiter bergab.

7   Am Felsfuss angekommen war die Reise ins neu geschenkte Leben noch nicht ganz überstanden. Die oberste Strecke im Hang rollte er in hoher Geschwindigkeit abwärts, bevor er sich auffangen konnte. Er ruhte dann aus, wurde aber dabei von seinem Kampfgegner zur Fortsetzung des Kampfes aufgesucht – und gewann diesen!

Wenn es den Alpensteinbock nicht gäbe, müsste man ihn erfinden.

Erklärungstext zu den Tabellen

♂ ausgesetzte Böcke
♀ ausgesetzte Geissen
? unbekanntes Geschlecht ausgesetzt

**Erloschene Kolonien sind nicht aufgeführt. Fett hervorgehobene Bestandeszahlen aus der Schweiz bedeuten jährlich oder zeitweise bejagte Populationen. Die Angaben über erfolgreich ausgesetzte Tiere weichen je nach Quelle voneinander ab. Frühere Quellen wurden nach neuestem Wissen korrigiert (z. B. aus AESCHBACHER 2007).
Die französischen Zahlen enthalten in Klammern mehrere Hundert in Italien überwinternde Tiere. Vollständigkeit ist speziell für neuere Aussetzungen nicht möglich.**

SCHWEIZ (Stand 2006/07)	Aussetzungen	♂	♀	?	Bestand	Quellen (Quellen betreffen nur Aussetzungen)
KANTON ST. GALLEN (SG)						Bestandesangaben (2007) ANJF/St. Gallen
Graue Hörner	1911–1961	22	26	07	**400**	AESCHBACHER 2007
Foostock	1961	00	00		**380**	
Calanda (GR/SG)	Zuwanderung	00	00		**GR**	
Alpstein/Säntis (SG/AI/AR)	1956	03	03		**150**	AESCHBACHER 2007, COUTURIER 1962
Churfirsten	1984–1993	08	19		**170**	RUHLÉ 1994+1995
KANTON GRAUBÜNDEN (GR)						Bestandesangaben 2007 AJF/Chur
Piz Albris					**1349**	
Nationalpark	1920–1934	12	22		↑	GIACOMETTI 1988, NIEVERGELT 1966a, BÄCHLER 1935
Piz Albris	1920–1928	06	07		↑	GIACOMETTI 1988, NIEVERGELT 1966a, BÄCHLER 1935
Macun/Terza/Sesvenna					**363**	
Macun	1947–1980	37	19		↑	GIACOMETTI 1988
Sesvenna	1953	05	00		↑	GIACOMETTI 1988
Terza	1974–1979	33	12		↑	GIACOMETTI 1988
Julier	1954–1971	197	91		**1011**	GIACOMETTI 1988
Flüela/Rätikon					**1012**	
Flüela	1958–1985	74	35		↑	GIACOMETTI 1988
Falknis	1970	01	05		↑	GIACOMETTI 1988
Fergen/Seetal	Zuwanderung	00	00		↑	
Safien/Rheinwald/Adula/Mesocco					**1126**	
Safien, Rheinwald, Mesocco	1954–1968	27	21		↑	GIACOMETTI 1988, NIEVERGELT 1966a
Caschleglia Vial	1965	13	06		↑	GIACOMETTI 1988
Zervreila	1971–1972	09	04		↑	GIACOMETTI 1988
Val Cama	1985–1987	07	06		↑	Wh. Erwin Eggenberger (AJF/Chur)
Brione	Zuwanderung	00	00		↑	
Grenerberg (Obersaxen)	1987–1988	13	12		↑	Wh. Erwin Eggenberger (AJF/Chur)
Rothorn/Weissfluh/Hochwang					**433**	
Rothorn (Lenzerheide, Arosa)	1959–1965	41	25		↑	GIACOMETTI 1988
Hochwang Igis, Lüen, Molinis, Maladers	1968–1973	27	23		↑	GIACOMETTI 1988
Weissfluh (Davos)	1970	02	02		↑	GIACOMETTI 1988
Oberalp/Tödi/Calanda					**591**	
Piz Ner	1955–1970	40	25		↑	GIACOMETTI 1988
Crap da Flem	1958–1963	16	11		↑	GIACOMETTI 1988
Calanda (GR/SG)	1968–1970	15	21		↑	GIACOMETTI 1988
Umbrail	1970–1974	10	05		**84**	GIACOMETTI 1988
KANTON BERN (BE)						Bestandesangaben 2006 JI/Münsingen
Augstmatthorn	1920–1925	07	10		97	AESCHBACHER 2007, BÄCHLER 1935
Brienzer Rothorn (BE/OW/LU)	1947/1949	00	00		**153**	LÜPS & ZUBER
Schwarz Mönch	1924–1950	14	12		**170**	AESCHBACHER 2007, BÄCHLER 1935
Wetterhorn/Mettenberg	1926–1964	12	10		68	AESCHBACHER 2007, BÄCHLER 1935
Justistal/Gemmenalphorn	1949–1957	13	14		**77**	AESCHBACHER 2007, NIEVERGELT 1966a
Grosser Lohner	1952–1957	09	11		**44**	AESCHBACHER 2007, COUTURIER 1962
Huetstock/Jochp./Engstlen (OW/NW/BE)	NW/OW	00	00		**OW**	
Gasterntal	1957–1963	16	08		73	AESCHBACHER 2007
Tscherzis/Gummfluh (BE/VD)	1958–1961	15	08		**105**	AESCHBACHER 2007
Gadmerfluh	Zuwanderung	00	00		41	
Blattenstock	1968	04	02		28	LÜPS & ZUBER
Bire/Öschinen	1961–1962	04	09		**76**	AESCHBACHER 2007
Oldenhorn	1965–1969	16	08		20	Martin Zuber (JI/Münsingen)
Spillgerten	2001–2003	05	05		21	Rudolf Wyss brieflich

SCHWEIZ	Aussetzungen	♂	♀	?	Bestand	Quellen
KANTON WALLIS (VS)						Bestandesangaben 2007 AJFW/Sion
Mittelwallis linke Talseite					1124	
Mont Pleureur	1928–1935	06	09	06	↑	AESCHBACHER 2007, BÄCHLER 1935, FELLAY 1967, AUSSERER
Arolla-Veissivi	1960–1964				↑	Urs Zimmermann (AJFW/Sion)
Zinal-Moiry	1961				↑	ALBRECHT
Val Ferret	1962–1990				↑	Urs Zimmermann (AJFW/Sion)
Champex-Catogne	1973				↑	ALBRECHT
Val d'Hérémence-Val des Dix	2001–2004	00	00		↑	Urs Zimmermann (AJFW/Sion)
Oberwallis rechte Talseite					707	
Aletsch-Bietschhorn	1938–1963	25	24	06	↑	MOREND
Leukerbad	1956–1958	08	04		↑	COUTURIER 1962
Fieschertal (Eggishorn)	1973				↑	ALBRECHT
Münstigertal	1974				↑	ALBRECHT
Oberwallis linke Talseite					1607	
Mischabel (Saastal, Mattertal)	1946–1965	03	02	?	↑	COUTURIER 1962, Urs Zimmermann (AJFW)
Weissmies-Simplon (Saastal, Simplon)	1960–1982	24	23		↑	ALBRECHT
Weisshorn (Mattertal, Turtmanntal)	1960–1969				↑	Urs Zimmermann (AJFW/Sion), FELLAY 1974
Binntal	1965–1996				↑	Urs Zimmermann (AJFW/Sion)
Geren-Nufenen	1975–1991	06	06		↑	ALBRECHT, Urs Zimmermann (AJFW/Sion)
Mittelwallis rechte Talseite					598	
Haut de Cry-Prabé-Derborence	1959–2001	04	03	?	↑	COUTURIER 1962, Urs Zimmermann (AJFW)
Grand Chavalard	1976				↑	ALBRECHT
Zeuzier-Rawyl	1976–2002				↑	Urs Zimmermann (AJFW/Sion)
Chablais					489	
Dents-du-Midi-Dt. du Salantin	1961–1979				↑	Urs Zimmermann (AJFW/Sion)
Vouvry-Tannay	1977–1978				↑	Urs Zimmermann (AJFW/Sion)
Val d'Illiez	1979–1980				↑	Urs Zimmermann (AJFW/Sion)
Emoson	Zuwanderung	00	00		↑	ALBRECHT
KANTON FREIBURG (FR)						Bestandesangaben 2006 AWWF/Givisiez
Vanil Noir/Bimis (FR/VD)	1953–1958	05	04		**230**	Paul Demierre (AWWF/Givisiez)
Dent-de-Lys	1974–1975	03	03		**85**	Paul Demierre (AWWF/Givisiez)
HALBKANTON NIDWALDEN (NW)						Bestandesangaben 2007 AFJ/Stans
Huetstock/Jochp./Engstlen (OW/NW/BE)	1954	03	04		**OW**	HUG, Wh. Hubert Käslin (AFJ/Stans), DESAX 1978
Pilatus (NW/OW/LU)	1961–1969	03	03	13	**104**	HUG, Wh. Hubert Käslin (AFJ/Stans)
Brisen (Niederbauen-Walenstöcke)	1969–1986	10	12	01	**UR**	Wh. Hans Hug, Wh. Hubert Käslin (AFJ/Stans)
HALBKANTON OBWALDEN (OW)						Bestandesangaben 2007 (ohne Kitze) AWR/Sarnen
Brienzer Rothorn (BE/OW/LU)	BE	00	00		**BE**	
Huetstock/Jochp./Engstlen(OW/NW/BE)	1955	03	03		**106**	Peter Lienert (AWR/Sarnen), DESAX 1978
Pilatus (NW/OW/LU)	1961	03	04		**NW**	Peter Lienert (AWR/Sarnen)
Brisen (NW/UR/OW)	1979	02	01		**UR**	Peter Lienert (AWR/Sarnen)
KANTON WAADT (VD)						Bestandesangaben 2006 Wh. Jean-Claude Roch/Les Diablerets
La Pierreuse/Gummfluh (VD/BE)	1955–1959	08	10		**138**	AESCHBACHER 2007
Vanil Noir/Bimis (FR/VD)	FR	00	00		**FR**	
Le Chamossaire	1967–1969	03	02		**52**	RUCHET
Grand Muveran	Zuwanderung	00	00		**30**	RUCHET
Cape au Moine-Chaussy (VD/BE)	Zuwanderung	00	00		**189**	CATHÉLAZ
HALBKANTON APPENZELL (AI)						Angaben Alfred Moser Jagdverwaltung/Appenzell
Säntis/Gloggeren (SG/AI/AR)	1955	03	04		**SG**	AESCHBACHER 2007

SCHWEIZ	Aussetzungen	♂	♀	?	Bestand	Quellen
HALBKANTON APPENZELL (AR)						Angaben Willi Moesch Jagdverwaltung/Herisau
Säntis/Gloggeren (SG/AI/AR)	AI/SG	00	00		SG	
KANTON GLARUS (GL)						Angaben Christoph Jäggi AJF/Glarus
Kärpfstock/Panixer/Crap da Flem (GR/GL)	1958	01	02		**GR**	Christoph Jäggi AJF/Glarus
Foostock (SG/GL)	SG	00	00		**SG**	
Fluebrig-Forstberg-Längenegg (SZ/GL)	SZ	00	00		**SZ**	
KANTON URI (UR)						Bestandesangaben 2007 (ohne Kitze) AFJ/Altdorf
Oberalp/Tödi/Calanca (UR/GR)	1953–1976	03		09	**183**	Josef Walker (AFJ/Altdorf)
Brisen (UR/NW/OW)	1962	03	03		**108**	Josef Walker (AFJ/Altdorf)
Susten-Meiental	1991–1992	10	17		**131**	Josef Walker (AFJ/Altdorf)
Chaiserstock-Kette (SZ/UR)	SZ	00	00		SZ	
KANTON LUZERN (LU)						Angaben Otto Holzgang AFJ/Luzern
Brienzer Rothorn (BE/OW/LU)	BE	00	00		**BE**	
Pilatus (NW/OW/LU)	NW/OW	00	00		**NW**	
KANTON SCHWYZ (SZ)						Bestandesangaben 2007 ANJF/Schwyz
Fluebrig-Forstberg-Längenegg (SZ/GL)	1962–1971	11	10		**208**	Wh. Friedrich Lienert, Wh. Anton Büeler (ANJF/Schwyz)
Chaiserstock-Kette (SZ/UR)	2004	04	06		10	Wh. Pius Reichlin (ANJF/Schwyz)
KANTON TESSIN (TI)						Bestandesangaben 2006 UCP/Bellinzona
Bleniotal/Rheinwald/Safien (GR)	1963	04	04		**590**	Marco Salvioni (UCP/Bellinzona)
Robiei Valle Maggia	1974	03	02		196	Marco Salvioni (UCP/Bellinzona)
Onsernone	1982–1985	11	09		64	Marco Salvioni (UCP/Bellinzona)
Verzasca	1983	12	07		77	Marco Salvioni (UCP/Bellinzona)
Cadagno (Leventina)	1987	03	04		108	Marco Salvioni (UCP/Bellinzona)
KANTON NEUENBURG (NE)						Bestandesangabe 2006 SFFN/Neuchâtel
Creux du Van	1965–1970	08	06		18	AESCHBACHER 2007

LIECHTENSTEIN (Stand 2008)						Bestandesangabe 2008 AWNL/Vaduz
Naafkopf-Falknis	Zuwanderung	00	00		im Sommer	Wh. Wolfgang Kersting (AWNL/Vaduz)

ITALIEN (Stand 1991) [1]: 1957-1977 [2]: 1982	Aussetzungen	♂	♀	?	Bestand	Quellen
AOSTA (AO)						
P.N. Gran Paradiso:						
Valnontey	Urpopulation	00	00		958[1]	GRAF
Riserva di Rhemes	Urpopulation	00	00		235[1]	GRAF
Valsavaranche	Urpopulation	00	00		1347[1]	GRAF
Valle d'Orco	Urpopulation	00	00		588[1]	GRAF
Forzo Soana	Urpopulation	00	00		78[1]	GRAF
Riserva Conte Rossi	Zuwanderung	00	00		91[1]	GRAF
Riserva Monte Bianco					29[2]	PIODI 1984
Riserva Saint Marcel					35[2]	PIODI 1984
Riserva Dondena-Clavalite					34[2]	PIODI 1984
Val di Gressoney	1961–1966	07	09		130	PERACINO & BASSANO 1991
Monte Nery					205[2]	PIODI 1984
Monte Tournalin					↑	PIODI 1984
Plantaz					↑	PIODI 1984
Morgex					↑	PIODI 1984
Courmayeur	1962	01	01		90	PERACINO & BASSANO 1991
La Thuile	1970	03	02		?	PERACINO & BASSANO 1991
Val d'Ayas	1970	20	16		120	PERACINO & BASSANO 1991
CUNEO (CN)						
P.N. Argentera (Valdieri-Entracque)	1920–1932	10	15		455	PERACINO & BASSANO 1991
SONDRIO (SO)						
Val Viera, Val Trenzeira (Livigno)	1920	00	00		573	TOSI 1997
V. Grosina, Viola: Sperella (Livigno)	1970	00	00		90	TOSI 1997
Valli di Cancano (Livigno)	1992			10	12	TOSI 1997
Val Bregaglia (Cranna, Acqua Fraggia)	1960	00	00		115	TOSI 1997
P.N. Stelvio (Val Zebru, Valle Braulio)	1967–1968	20	24		460	PERACINO & BASSANO 1991
Oasi Val Masino: Valle di Mello	1984–1990	12	17		65	PERACINO & BASSANO 1991
Val Malenco (Sasso di Fora, Moro)	Zuwanderung	00	00		58	TOSI 1997
NOVARA (NO)						
Oasi Macugnaga	1969	05	03		100	PERACINO & BASSANO 1991
Alpe Veglia, Alpe Devero	1977–1979	05	08		13	BIONDA 1996
BOZEN (BZ)						
P.N. Stelvio (Stilfserjoch-Cavallaccio)	1970–1974			44	111	TOSI 1997
Tessa	1977				?	GIACOMETTI 2006
TURIN (TO)						
Oasi Val Susa (Thuras)	1970–1973	03	07		13	TOSI 1991
Val Troncea (Chisone, Germanasca)	1985	06	06		23	PERACINO & BASSANO 1991
Val Pellice (Oasi Barant, Varaita, Po)	1978–1979	06	07		39	PERACINO & BASSANO 1991
VERCELLI (VC)						
Alta Valsesia/Monte Rosa	1974–1976	10	09		152	PERACINO & BASSANO 1991
VICENZA (VI)						
Pozza di Fassa	1978–1979	05	05		25	PERACINO & BASSANO 1991

ITALIEN	Aussetzungen	♂	♀	?	Bestand	Quellen
UDINE (UD)						
Tarvisio	1978–1985	09	09		45	PERACINO & BASSANO 1991
Monte Plauris	1987	06	06		12	PERACINO & BASSANO 1991
BRESCIA (BS)						
P.N.Stelvio(Cane,Grande,Dombastone)	1984–1992			14	29	TOSI 1997
P.N. Stelvio (Rezzalo,Grande,Sobretto)	1987	00	00		21	TOSI 1997
Alto Garda (Monte Tombea)	1989			15	22	TOSI 1997
Adamello	1995–1996			61	70	TOSI 1997
PORDENONE (PN)						
Oasis Val Cellina? (Turlon, Pramaggiore)	1985–1987	13	13		36	DE LUCA 1996
BERGAMO (BG, SO)						
P.R. Alpi Orobie (V. Seriana, Brembana)	1987–1990	45	45		144	PERACINO & BASSANO 1991
Pizzo dei Tre Signori-Biandino-Gerola	1989			29	78	TOSI 1997
COMO (CO, SO)						
Val Dosso-Duria, Bodengo (Lepontine)	1996			20	20	TOSI 1997
BELLUNO (??)						
M. Antelao-Marmarole (S. Vito Cadore)	1965+1975	04	06		30	DE BATTISTI & SOMMAVILLA 1997
Croda Rossa-Fanes (Cortina d'Ampezzo)	1975+1982	03	08		40	DE BATTISTI & SOMMAVILLA 1997
Marmolada-Ombretta-Franzedas-Menin	1978+1979	05	05		135	DE BATTISTI & SOMMAVILLA 1997

DEUTSCHLAND (Stand 1983)	Aussetzungen	♂	♀	?	Bestand	Quellen
BAYERN						
Röth Berchtesgaden/Blühnbachtal A	1936–1942	05	11		90	GRAF, VON BÜLOW 1984
Benediktenwand/Oberaudorf	1957	03	02		44	GRAF, VON BÜLOW 1984
Brünnstein/Jachenau	1963	03	02		40	GRAF, VON BÜLOW 1984
Oberstdorf					?	GIACOMETTI 2006

SLOWENIEN (Stand 1987)	Aussetzungen	♂	♀	?	Bestand	Quellen
Monte Begunjščica (Loiblpass)	(1902)–1970			>34	6	VALENTINČIČ & KUSEJ
Monte Brana	1961–1973	02	02	15	82	VALENTINČIČ & KUSEJ
Nationalpark Triglav (Julische Alpen)	1964–1974	07	07		102	VALENTINČIČ & KUSEJ, PERACINO

FRANKREICH (nach MICHALLET 1997a)	Aussetzungen	♂	♀	?	Bestand	Quellen
SAVOIE						
Maurienne (Encombres)	Urpopulation?	00	00		400	
Nationalpark La Vanoise	Zuwanderung	00	00		670	
Prariond/Sassières	Zuwanderung	00	00		(260)	
Archeboc/Becca du Lac	Zuwanderung	00	00		20	
Encombres	1959	00	00		400	
Carro/Aiguilles de Gontière	1969	00	00		30	
Champagny/Pesey	1969+1980	09	07		300	
Roignais/Terrasse/Chapieux	1980	00	00		100	
Les Roches	1981	00	00		15	
Dent d'Ambin	1994			06	6	
ALPES MARITIMES						
Nationalpark Mercantour	1957	00	00		(200)	
Cime des Tavels	ca. 1995	00	00		(15)	
HAUTES ALPES						
Cerces/Galibier	1959–1960	04	02		150	
Nationalpark Les Écrins	1989–1990	13	15		80	
Vieux Chaillol/Sirac	1994–1995	14	16		30	
Mont Viso/Ristolas	1995	05	07		12	GIRARD 1998
HAUTE SAVOIE						
Arve/Giffre	1969–1973	28	23		330	
Aravis	1969–1975	14	10		280	
La Tournette	1973–1976	07	07		230	
Bargy Jaloufre	1974–1976	07	07		250	
Mont Blanc (Arandellys/Contamines)	1973–1976	12	12		200	
Sous Dine/Les Frettes	1976	05	05		50	
Cornette de Bise	1978	03	05		150	
ISÈRE						
Naturpark Vercors	1989–1990	13	15		130	
Belledonne/Sept/Laux	1983	07	13		300	
La Roche	1995	01	00		4	
HAUTES-PROVENCES						
Saint-Ours	1995	09	11		20	
Bléone/Tête de l'Europe	1987–1990	03	00		3	

ÖSTERREICH (Stand 2008) (Quellen betreffen nur Aussetzungen)	Aussetzung	♂	♀	?	Bestand	Quellen
SALZBURG	(Kolonien- und Bestandesangaben: Dr. Gunther Gressmann, DI Josef Erber)					
Blühnbachtal/Berchtesgaden D						
Blühnbachtal bis Schneibstein (A)	1924–1928	02	07		150	GRAF
Hohe Tauern						
Gastein	1964+1966			15	20	GRESSMANN & PICHLER
Obersulzbachtal	1963+1977				40	GRESSMANN & PICHLER
Rauriser Tal, westliche Seitentäler	1994–2005	>10	>10		110	GRESSMANN & PICHLER
Mühlbachtal	Zuwanderung	00	00		65	GRESSMANN & PICHLER
Amertal, mittleres Stubachtal	Zuwanderung	00	00		25–30	GRESSMANN & PICHLER
Tauernmoos, Weisssee	Zuwanderung	00	00		10–15	GRESSMANN & PICHLER
Fuschertal	Zuwanderung	00	00		10	GRESSMANN & PICHLER
Grosser/Kleiner Rettenstein						
Grosser Rettenstein					20	
Schladminger Tauern						
Hochgolling	1981+1982				10–15	GRESSMANN 1997
Dachstein						
Dachstein, Bischofsmütze					15–25	
STEIERMARK	(Kolonien- und Bestandesangaben: Dr. Gunther Gressmann, Erwin Gottsbacher, Dr. Armin Deutz)					
Wildalpen	1936–1956	04	06		80	GOËSS-SARAU, GRESSMANN 1997
Hochlantsch/Röthelstein	1955+1956	06	06		150	GRAF, GRESSMANN 1997
Neuberg, Mürzsteg	1959–1963	03	01		15–20	GRAF
Reiting Reichenstein	1975–1981				80–90	GRESSMANN 1997
Hochschwab bis Polster	1977–1983				150–160	GRESSMANN 1997
Seckauer Alpen	1977–1994				140	GRESSMANN 1997
Schladminger Tauern						
Grosssölktal	1973–1990	>07	>16		20–25	GRESSMANN 1997
Dachstein						
Dachstein, Bischofsmütze	1979–1984				40–45	GRESSMANN 1997
TIROL	(Bestandesangaben: Dr. Gunther Gressmann, Ernst Rudigier, HR Karl Bauer)					
Bezirk Schwaz					182	
Dristkopf (Achensee, Karwendel)	1953–1957	07	05		↑	GRAF
Bächental/Karwendel	1956–1969	05	06		↑	GRAF
Sonnjochspitze/Karwendel	1968–1973	02	04		↑	GRAF
Seekarspitze/Karwendel	1973–1976	12	10		↑	GRAF
Wattental/Tuxer Alpen	1977			09	↑	GRAF
Hintertux/Zillertal/Tuxer Alpen	1967–1969	07	02		↑	GRAF
Mayrhofen/Zillertal	1967–1974	11	04		↑	GRAF
Gerlos	1976	05	05		↑	GRAF
Bezirk Lienz					450	
Hohe Tauern						
Kals am Grossglockner	1969–1975	11	14		210	GRAF, GRESSMANN & PICHLER
Matrei-Felbertauern/Granatspitzgruppe	1976–1986	>03	>02	03	25–30	GRAF, GRESSMANN & PICHLER
Iseltal (Virgen, Prägraten)	1979+1982				190	GRESSMANN & PICHLER
Defereggental	1999				35	GRESSMANN & PICHLER
Bezirk Reutte					801	
Steeg/Hochalpe	1971–1975	11	07		↑	GRAF
Plansee/Lechtal	1973	04	06		↑	GRAF

Bezirk Innsbruck Land/Stadt　　　　　　　　　　　　　　　　505
Seekarspitze/Karwendel　　　1973–1976　　12　10　　↑　GRAF
Wattental/Tuxer Alpen　　　　1977　　　　　　　09　↑　GRAF
Hintertux/Zillertal/Tuxer Alpen　1967–1969　　07　02　↑　GRAF
Hechenberg/Solstein　　　　　1975　　　　　08　07　↑　GRAF
Gschnitztal　　　　　　　　　1976　　　　　04　05　↑　GRAF

Bezirk Landeck　　　　　　　　　　　　　　　　　　　　1150
Radurschltal　　　　　　　　 1974　　　　　10　05　↑　GRAF
Malfontal　　　　　　　　　　1974　　　　　05　04　↑　GRAF
Paznauntal　　　　　　　　　 ?　　　　　　　　　　 ↑
Mathon　　　　　　　　　　　1976　　　　　　　10　↑　GRAF

Bezirk Kitzbühel　　　　　　　　　　　　　　　　　　　65
Spertental/Kitzbühel　　　　　1975　　　　　07　04　↑　GRAF

Bezirk Imst　　　　　　　　　　　　　　　　　　　　　787

VORARLBERG (Kolonien- und Bestandesangaben: Dr. Gunther Gressmann, DI Hubert Schatz)

Rätikon/Silvretta
Rätikon/Silvretta　　　　　　 1958–1960　　06　05　　300　GRAF
Gamperdona/Nenzing　　　　　1961　　　　　01　03　　　9　GRAF

Kleinwalsertal, Warth　　　　　　　　　　　03　03　　 90　GRAF
Kanisfluh, Hoher Feschen　　　　　　　　　　　　　　 90
Verwall　　　　　　　　　　　　　　　　　　　　　　 70
Klostertal
Klostertal　　　　　　　　　　　　　　　　　　　　　450
Rote Wand, Braunarl (Gr. Walsertal)　1971–1974　08　08　230　GRAF
Arlberg (Zürs, Rauz)　　　　　　　　　　　　　　　　110

KÄRNTEN (Kolonien- und Bestandesangaben: Dr. Gunther Gressmann, Markus Lackner)

Hohe Tauern
Heiligenblut, Fleisstal　　　　1960–1965　　09　07　　185　GRAF, GRSSMANN & PICHLER
Flattach, Innerfragant　　　　Zuwanderung　00　00　30–40　GRESSMANN & PICHLER

Die Literaturübersicht
Zitierte Literatur:

ABDERHALDEN W & BUCHLI C (1999): Einwirkungen des Alpensteinbockes auf den Wald. Zeitschrift für Jagdwissenschaft 45(1), 17–26.
ABDERHALDEN W (2005): Raumnutzung und sexuelle Segregation beim Alpensteinbock. Nationalpark-Forschung in der Schweiz 92, 184p.
AESCHBACHER A (1978): Das Brunftverhalten des Alpensteinwildes. Eugen Rentsch Verlag Erlenbach-Zürich, 88p.
AESCHBACHER S (2007): Contrasting observed and simulated genetic structure of bottlenecked Alpine ibex populations reveals evidence for gene flow. Diplomarbeit Uni Zürich, 156p.
ALADOS CL (1984): Etograma de la cabra montes (Capra pyrenaica) y comparacion con otras especies. Donana 11(2), 289–309.
ALADOS CL (1985): An analysis of vigilance in the Spanish ibex. Zeitschrift für Tierpsychologie 68, 58–64.
ALADOS CL (1986a): Time distribution of activities in Spanish ibex. Biology of Behaviour 11, 70–82.
ALADOS CL (1986b): Aggressive behaviour, sexual strategies and their relation to age in male Spanish ibex. Behavioural Processes 12, 145–158.
ALBRECHT L (1989): Die Geschichte des Steinbocks im Kanton Wallis. In Wildbiologie, Jagd und Hege, Naturschutz, Heft 2, 4.16.1–4.16.12.
ANONYM (1973): Bandenkrieg im Nationalpark Gran Paradiso. Das Tier 13(1), 48–52.
APOLLONIO M (1994): A preliminary review of reproductive behaviour of wild goats. In CATALINO MA et al, Actas del Congreso international del Género Capra en Europe, Ronda, 20–22 Octubre 1992, 51–54.
AUF DER MAUR J (2008): Es ist in seinem Blut. Wilderei ist eine heimliche Sucht. Und nirgends grassiert sie so wie in Grabünden. Ein Räuber-und-Gendarm-Spiel in der dunklen Nacht. NZZ vom Sonntag, 20.1.2008, 81.
AUSSERER C (1946): Der Alpensteinbock. Universum Verlagsgesellschaft Wien, 1. Auflage, 236p + 22 Tafeln.
BÄCHLER E (1917/18): Die Wiedereinbürgerung des Steinwildes in den Schweizeralpen. Jahrbuch der St. Gall. Naturw. Ges. 55, 393–536.
BÄCHLER E (1935): Der Stand der Steinwildkolonien in den Schweizeralpen. Jahrbuch der St. Gall. Naturw. Ges. 67, 105p.
BASSANO B, GOBBI G, PERACINO V (1996): Valutazione a distanza degli incrementi ponderali di Stambecco. IBEX Journal of Mountain Ecology, Supplement 4(2), 9–12.
BASSANO B, GERONUTTI E et al (1998): Niche overlap between Alpine ibex and cattle on Alpine pasture. In HAVET P et al, eds, Proc. XXIIIrd Congr. IUGB, Lyon, France, Gibier Faune Sauvage 15(3), 793–801.
BATTAGLIA W (1987): Dramatische Rettungsaktion in den Churfirsten. Wildtiere 4, 1–4.
BERGERON P (2007): Parallel laser for remote measurements of morphological traits. The Journal of Wildlife Management 71(1), 289–292.
BIELER C (1991): Steinböcke nur für Bündner. Tages-Anzeiger 23.10. 1991, 64
BIONDA R (1996): Relazione sullo status dello stambecco nei Parchi Naturali dell'Alpe Veglia e Devero. Alpi Centro-Occidentali Italiane. IBEX Journal of Mountain Ecology, Supplement 4(2), 35–38.
BLANKENHORN H-J (1984): Zur Bejagung des Steinbockes in der Schweiz. In CIC, Der Steinbock in Eurasien, Symposium Pontresina 1984, 13–25.
BLANKENHORN H-J (1985): Rapport détaillé sur la situation du bouquetin en Suisse. Office Fédéral des Forêts, 25p.
BLANKENHORN H-J (1995): Die Bedeutung von wissenschaftlichen Grundlagen aus der Sicht der Vollzugsbehörden. Ornithologischer Beobachter 92(3), 379–384.
BLANKENHORN H-J (1999): Schafe brauchen Hirten - auch zum Schutz der Alpen. Magazin Umwelt (3), 37–41.
BLANKENHORN H-J (2006): Die Rolle des Bundes. In GIACOMETTI M, Von Königen und Wilderern, Salm Verlag, 190–203.
BÖCK F (1992): Kampfverhalten des Alpensteinbocks. Begleitveröffentlichung zum Film C 2545 des Ösetrr. Bundesinstitutes f. d. Wisse. Film. Nr. 44, 33–38.
BOLLMANN K (1989): Erhebung von Bestand und tageszeitlichem Raummuster an Rothirsch, Gemse und Steinbock im Tal Trupchun. Wissenschaftliche Nationalparkkommission. Arbeitsberichte zur Nationalparkforschung, Dezember 1989, 21p.
BON R, RIDEAU C et al (2001): Segregation is not only a matter of sex in Alpine ibex. Animal Behaviour 62(3), 495–504.
BOURGOGNE C & GAUTHIER D (1990): Données préliminaires sur la pathologie du bouquetin des Alpes en France. In BALBO T et al, eds, Atti Conv. Int.: Lo Stambecco delle Alpi. Realta Attuale e Prospettive, Valdieri, 17–19 Sett. 1987, 73–81.
BRANDT M (1992): Beeinflussung von Vegetationsschluss und Erosion ... alpiner Rasen durch Steinbock, Gemse und Rothirsch (im Schweizerischen Nationalpark). Diplomarbeit Uni Zürich, 84p.
BROSI G (2007): 30 Jahre Steinwildjagd in Graubünden. Bündner Jäger 94(5), 8–12.
BRÜLLHARDT H & LÜPS P (1984): Entwicklung und Regulierung von Steinwild-Beständen im Berner Oberland. Mitteilungen der Naturforschenden Gesellschaft Bern 41, 153–169.
BUBENIK AB (1984): Ernährung, Verhalten und Umwelt des Schalenwildes. BLV Verlagsgesellschaft München, 272p.
BUCHLI C & ABDERHALDEN W (1997): Grösse, Struktur und Dynamik der Steinbockpopulation Albris / SNP. Unpubliziert.
BUCHLI C & ABDERHALDEN W (1998): Zur Konstitution von Steinböcken im Kanton Graubünden. Zeitschrift für Jagdwissenschaft 44(4), 237–243.
BUCHLI C & ABDERHALDEN W (1999): Einwirkungen des Alpensteinbockes auf alpine Rasen. Zeitschrift für Jagdwissenschaft 45(1), 77–87.
BUNDI M (2006a): Frühere Verbreitung und Ausrottung. In GIACOMETTI M, Von Königen und Wilderern, Salm Verlag, 12–29.
BUNDI M (2006b): Projekte zur Wiederansiedlung im 19. Jahrhundert. In GIACOMETTI M, Von Königen und Wilderern, Salm Verlag, 76–106.
BURCKHARDT D (1961): Aus dem Leben des Steinbockes. Schweizer Naturschutz 27(1), 10–14.
BURTHEY F (1987)(zitiert in GAUTHIER 1991): L'alimentation printanière du bouquetin des Alpes en Maurienne. Mémoire E.N.G.R.E.F. Montpellier.
BYERS JA (1980): Play partner preferences in Siberian ibex. Zeitschrift für Tierpsychologie 53, 23–40.
CAMENZIND P (2006): Spuren des Steinzeitjägers. Berner Oberländer vom 3.11.2006.
CAMPELL U (1573) (zitiert in BÄCHLER 1935): Rhaetiae Alpestris Topograhpica descriptio. Beilage zum Jahresbericht der Naturforschenden Gesellschaft Graubündens, 1900, 42–44, p54–58.
CANDREIA J (1904)(zitiert in GIACOMETTI 2003c): Zur Geschichte des Steinbocks in den Rätischen Alpen. Der Section Rätia des SAC zur Feier ihres 40jährigen Bestehens. Verlag Hermann Fiebig, Chur, 23p.
CATANIA L (1995): Koordination des Verhaltens in Steinbockgruppen in Bezug auf gemeinsames Ziehen im Schweizerischen Nationalpark. Diplomarbeit Uni Zürich, 70p.
CATHÉLAZ M (1994): Le bouquetin des Alpes (de sa réintroduction à sa chasse). Dans le livret de fête de l'assemblée des délégués des sections vaudoises de la Diana en avril à Aigle.
CAUGHLEY G (1976): Wildlife management and the dynamics of ungulate populations. Applied Biology 1, 183–246.
CHOISY JP & PACQUET Y (1987): Quelques observations d'interactions entre artiodactyles et aigle royal. Le Bièvre 9(1), 81–82.
CHOISY JP (1990): Le bouquetin des Alpes et les facteurs écologiques. Comparaison d'autres espèces. Bulletin Mensuel de l'Office National de la Chasse 144, 27–37 et 145,13–23.
CHOISY JP (1994): Réintroduction de bouquetins Capra sp.: conditions de réussite, choix des massifs, enseignements. L'exemple du Vercors. IBEX spéciale 1, 15–33.
COUTURIER MAJ (1958): Parallèle anatomique, physiologique et écologique entre le pied du bouquetin des Alpes et celui du chamois en rapport avec l'adaptation à la montagne de ces deux espèces. Mammalia 22(1), 76–89.
COUTURIER MAJ (1961): Ecologie et protection du bouquetin et du chamois dans les Alpes. La Terre et la Vie 58 (1), 54–73.

COUTURIER MAJ (1962): Le bouquetin des Alpes. Eigenverlag Grenoble, 1553p.
CRAMPE JP & CREGUT-BONNOURE E (1994): Le massif des Pyrénées, habitat naturel du bouquetin Iberique (Capra pyrenaica, Schinz 1838). Évolution temporo-spatiale de l'espèce de la préhistoire à nos jours. Ibex Speciale 1, 39–48.
DAENZER L (1978): Aktivitätsmuster und Zeitbudget von Steinbock und Gemse im Winter. Diplomarbeit Uni Zürich, 58p.
DAVID A (1994): Zur Ökologie und Einbürgerung des Alpensteinbocks in den Berchtesgadener Alpen. Nationalpark Berchtesgaden, Forschungsbericht 28, 75–110 + 4.
DAVID A (1995): Zur Nachbrunft des Steinwildes im Nationalpark Berchtesgaden. Beiträge zur Jagd- und Wildforschung 20, 75–77.
DE BATTISTI R & SOMMAVILLA G (1997): Origine, distribuzione attuale e status dello stambecco e del muflone (Ovis ammon musimon Pallas) in Provincia di Belluno (Alpi orientali). In SPAGNESI M et al eds, Atti del III Convegno Nazionale dei Biologia della Selvaggina, Bologna 9–11 febbraio 1995, Istituto Nazionale per la Fauna Selvatica. Supplemento alle Richerche di Biologia XXVII, 487–492.
DEGEN AA, SOD-MORIAH UA et al (1981): Seasonal fluctuations in plasma testosterone levels and testes size in male goat [and] ibex-crosses (Capra hircus x Capra nubiana). Comp. Biochem. Physiol. vol. 69A(4), 713–716.
DE LUCA F (1996): La colonia di stambecco della catena del Monte Pramaggiore, Friuli-Venezia-Giulia. IBEX Journal of Mountain Ecology, Supplement 4(2), 23–25.
DE LUZE FA (1957): L'épopée des bouquetins. La Forêt 10(10), 215–219.
DESAX C (1978): Die Wiedereinbürgerung des Steinwildes in der Schweiz. In DESAX C, Arbeitstagung über Steinwild, Pontresina 9.–11.2.1978, 25–35.
DRISCOLL RS (1995): Die Rolle der Beweidung in alpinen und bewaldeten Ökosystemen. Alpine Umweltprobleme: Ergebnisse des Forschungsprojekts Achenkirch Teil XXX, 12–70.
FACOETTI R, PEDROTTI L et al (1997): Attivita riproduttiva dello Stambecco: il caso della popolazione reintrodutta delle Alpi Orobie (Italia). In SPAGNESI M et al eds, Atti del III Convegno Nazionale dei Biologia della Selvaggina, Bologna 9–11 febbraio 1995, Istituto Nazionale per la Fauna Selvatica. Supplemento alle Richerche di Biologia XXVII, 501–514.
FELLAY R (1945): Les bouquetins du Mont Pleureur. Bulletin de la Murithienne 62, 184–195.
FELLAY R (1967): Implantation et transplantation du bouquetin en Valais. Bulletin de la Murithienne 84, 25–39.
FELLAY R (1974): Le bouquetin en Valais. Diana 91(2), 6–8.
FERROGLIO E, GENNERO MS et al. (2007): Cohabitation of a Brucella melitensis infected Alpine ibex with domestic small ruminants in enclosure in Gran Paradiso National Park, in Western Italian Alps. Eur J Wildl Res 53, 158–160.
FEUERSTEIN GC (1997): Analyse von Stammverletzungen durch Alpensteinböcke in einem subalpinen Lärchen-Arvenwald. Diplomarbeit ETH Zürich, 78p.
FILLI F (1995a): Wie entwickelte sich die Steinbockkolonie im [Schweizerischen] Nationalpark? Cratschla 3(1), 30–35.
FILLI F (1995b): Projekt zur Untersuchung der Populationsbiologie der Gemse im Schweizerischen Nationalpark. Ornithologischer Beobachter 92(3), 251–252.
FILLI F (2002): Die Wiederansiedlung des Steinbocks im Spiegel von Theorie und Management. Dissertation Technische Uni München, 127p.
FRAMARIN F (1985): The population-density of chamois and ibex in the Gran Paradiso national park, Italy. Biological Conservation 32(1), 51–57.
FRATTI SCM (1978): Der Steinwildbestand im Südtirol und in der Provinz Belluno. In DESAX C, Arbeitstagung über Steinwild, Pontresina, 9.–11.2.78, 23–24.
GAUTHIER D, BOUVIER M et al (1990): Bilan sur le statut du bouquetin dans les Alpes françaises en 1986. In BALBO T et al, eds, Atti Conv. Int.: Lo Stambecco delle Alpi. Realta Attuale e Prospettive, Valdieri, 17–19 Sett. 1987, 25–37.
GAUTHIER D, MARTINOT J-P et al (1991): Le bouquetin des Alpes. Revue d'Ecologie (La Terre et la Vie), Suppl. 6, 233–275.
GAUTHIER D, GIBERT P, HARS J (1992): Sanitary consequences of mountain cattle breeding on wild ungulates. In SPITZ F et al eds, Ongulés/Ungulates 91, Proc. Int. Symp. Toulouse, France, sept. 2-6 1991, 621–630.
GAUTHIER D, CHATAIN G et al (1994a): L'organisation des réintroductions de bouquetins en France – la charte du bouquetin. IBEX spéciale 1, 1–14.
GAUTHIER D, MICHALLET J et al (1994b): Social grouping in s x french Alpine ibex populations. In CATALINO MA et al, Actas del Congreso international del Género Capra en Europe, Ronda, 20–22 Octubre 1992, 55–70.
GEORGII B (1979): Aktivitätsmuster eines jungen Steinbockes. In ONDERSCHEKA K, Tagungsbericht 3. internationales Gamswild-Symposium Mayerhofen, 26.–28.10.78, 35–38.
GEYER H (2000): Bau und Funktion der Hautdrüsen und einiger Hautorgane beim kleinen Wiederkäuer. Forum 6/7, 4–8.
GIACOMETTI M (1988): Zur Bewirtschaftung der Steinbockbestände. Mit einem geschichtlichen Abriss der Steinbockkolonien im Kanton Graubünden. Dissertation Uni Zürich, 114p.
GIACOMETTI M (1991): Beitrag zur Ansiedlungsdynamik und aktuellen Verbreitung des Alpensteinbockes im Alpenraum. Zeitschrift für Jagdwissenschaft 37(3), 157–173.
GIACOMETTI M & RATTI P (1994): Zur Reproduktionsleistung des Alpensteinbockes in der Freilandkolonie Albris (Graubünden, Schweiz). Zeitschrift für Säugetierkunde 59(3), 174–180.
GIACOMETTI M, BASSANO B et al (1997): Die Konstitution des Alpensteinbockes in Abhängigkeit von Geschlecht, Alter und Jahreszeit in Graubünden und im Parco Nazionale Gran Paradiso. Zeitschrift für Jagdwissenschaft 43(1), 24–34.
GIACOMETTI M, Willing R, Defila C (2002): Ambient temperature in spring affects horn growth in male Alpine ibex. Journal of Mammalogy 83(1), 245–251.
GIACOMETTI M (2003a): Geschichte der Ausrottung. In MEILE: Der Steinbock, Biologie und Jagd, 10–15.
GIACOMETTI M (2003b): Wiederansiedlung und Verbreitung des Alpensteinbockes. In MEILE: Der Steinbock, Biologie und Jagd, 17–27.
GIACOMETTI M (2003c): Fortpflanzung. In MEILE: Der Steinbock, Biologie und Jagd, 99–105.
GIACOMETTI M (2003d): Krankheiten und Todesursachen. In MEILE: Der Steinbock, Biologie und Jagd, 107–115.
GIACOMETTI M (2003e): Fang und Aussetzung. In MEILE: Der Steinbock, Biologie und Jagd, 145–151.
GIACOMETTI M & RATTI P (2003a): Körperbau des Alpensteinbockes. In MEILE: Der Steinbock, Biologie und Jagd, 31–53.
GIACOMETTI M & RATTI P (2003b): Gehörn. In MEILE: Der Steinbock, Biologie und Jagd, 55–65.
GIACOMETTI M & RATTI P (2003c): Beurteilung von Steinbockpopulationen. In MEILE: Der Steinbock, Biologie und Jagd, 133–142.
GIACOMETTI M, ROGANTI R et al (2004): Alpine ibex x domestic goat hybrids in a restricted area of southern Switzerland. Wildlife Biology 10(2), 137–143.
GIACOMETTI M (ed) (2006): Von Königen und Wilderern. Die Rettung und Wiederansiedlung des Alpensteinbockes. Salm Verlag Wohlen/Bern, 215p.
GIRARD ID, GAUTHIER D, MARTINOT J-P (1998): Évolution démographique des populations de bouquetin des Alpes présentes dans le parc national de la Vanoise ou réintroduites à partir de celui-ci. In HAVEL P et al, eds, Proceedings of the XXIIIrd congress of the IUGB, Lyons, France, Gibier et Faune Sauvage 15(2), 417–431.
GIRARD ID, TOÏGO C et al (1999): Patron de survie chez le bouquetin des Alpes dans le Parc National de la Vanoise. Revue d'Ecologie (La Terre et la Vie) 54, 235–251.
GIRARD ID (2000): Dynamique des populations et expansion géographique du bouquetin des Alpes dans le parc national de la Vanoise. Thèse de doctorat Université de Savoie Le Bourget du Lac, 284p.
GIRTANNER A (1878): Der Alpensteinbock mit besonderer Berücksichtigung der letzten Steinwildkolonie in den Grauen Alpen. Fr. Lintz'sche Buchhandlung Trier, 69p.
GMÜR B (2006): 100 Jahre Schweizerischer Ziegenzuchtverband FSEC/SZZV/FSAC (1906–2006). Jubiläumsschrift, 205p.
GOËSS-SARAU KA (1978): Die Wiederansiedlung von Steinwild in Österreich. In DESAX C, Arbeitstagung über Steinwild, Pontresina, 9.–11.2.78, 55–68.
GRAF C (1979): Zum Stand der Wiedereinbürgerung des Alpensteinbockes.

Diplomarbeit Uni München, 181p.
GREENBERG-COHEN D, ALKON PU, YOM-TOV Y (1994): A linear dominance hierarchy in female Nubian ibex. Ethology 98(3/4), 210–220.
GRESSMANN G (1997): Populationsentwicklung von ausgesetzten Alpensteinböcken am Ostalpenrand. Diplomarbeit Uni Graz.
GRESSMANN G, DEUTZ A et al (2000): Die Bedeutung der Topografie für das Populationswachstum von Steinwildkolonien am Ostalpenrand. Zeitschrift für Jagdwissenschaft 46(1), 14–22.
GRESSMANN G & PICHLER H (2005): Alpensteinwild um den Grossglockner. Journal Verlag, Matrei.
GRIGNOLIO S, PARRINI F et al (2003): Habitat selection in adult males of Alpine ibex. Folia Zoologica 52(2), 113–120.
GROSS JE, DEMMENT MW et al (1995): Feeding and chewing behaviours of Nubian ibex: compensation for sex-related differences in body size. Funct. Ecol. 9, 385–393.
GROSS JE, ALKON PU, DEMMENT MW (1996): Nutritional ecology of dimorphic herbivores: digestion and passage rates in Nubian ibex. Oecologia 107, 170–178.
GRUBB P (2001): Review of family-group names of living bovids. Journal of Mammalogy 82(2), 374–388.
GUARDA F & PERACINO V (1987)(zitiert aus GIACOMETTI 1988+1997): Problemi di patologia nei camosci e stambecchi delle Alpi. Schweiz. Arch. Tierheilk. 129, 327–331.
GÜNTER A-M (2004): Blitzunfälle in den Alpen. Berner Oberländer vom 7.8.2004.
HABERMEHL KH (1985): Die Altersbestimmung bei Haustieren, Pelztieren und beim jagdbaren Wild: Steinwild. Paul Parey, Berlin und Hamburg, 85–95.
HABIBI K (1994): The desert ibex. Immel Publishing London, 192p.
HALLER H (1992): Zur Ökologie des Luchses im Verlauf seiner Wiederansiedlung in den Walliser Alpen. Habilitationsschrift, Mammalia depicta 15, 62p.
HALLER H (1996a): Prädation und Unfälle beim Steinbock im Engadin. Zeitschrift für Jagdwissenschaft 42(1), 26–35.
HALLER H (1996b): Der Steinadler in Graubünden: Langfristige Untersuchungen zur Populationsökologie von Aquila chrysaetos im Zentrum der Alpen. Ornithologischer Beobachter, Beiheft 9, 167p.
HARS J & GAUTHIER D (1984): Suivi de l'évolution de la kératoconjonctivite sur le peuplement d'ongulés sauvages du parc national de la Vanoise en 1983. Trav. Scient. Parc Nation. Vanoise 14, 157–210.
HARTL GB (1991): The influence of game management on allelic variation in large mammals of central Europe. Ric. Biol. Selvaggina, suppl. XVIII, 95–108.
HARTL GB, MENEGUZ PG et al (1992): Molecular systematics of ibex in western Europe. Actas del Congreso Internacional del Género Capra en Europa, 21–26.
HASSANIN A, PASQUET E, VIGNE J-D (1998): Molecular systematics of the subfamily Caprinae as determined from cytochrome b sequences. Journal of Mammalian Evolution 5(3), 217–225.
HAURI R (1959): Fuchs, Gemse, Steinbock und ihr Verhalten zu einem Steinadler. Ornithologischer Beobachter 56(1), 28–29.
HAUSSER J (ed) (1995): Säugetiere der Schweiz. Verbreitung, Biologie und Ökologie. Birkhäuser Verlag Basel Boston Berlin, 501p.
HEDIGER H (1975): Jagdzoologie für Nichtjäger. Ex Libris, 3. Auflage, 211p.
HEMMI M (1991): Äsverhalten und Äsungsdruck von Steinbock, Rothirsch und Gemse auf einer alpinen Weide im Schweizerischen Nationalpark. Diplomarbeit Universität Zürich, 39+8p.
HEPTNER VG & NAUMOV NP (eds.) (1966): Die Säugetiere der Sowjetunion, Band 1: Paarhufer und Unpaarhufer. Gustav Fischer Verlag, Jena, Gattung Capra, 639–738.
HESS A (1927): Steinböcke und Steinadler. Der Bund, 29.12.1927.
HINDENLANG K & NIEVERGELT B (1995): Alpensteinbock. In HAUSSER J (ed): Säugetiere der Schweiz, 450–456.
HÖRNING B (1975): Die Rolle des Parasitenbefalls in den Wildbeständen. Schweiz. Z. Forstwesen 126 (5), 361–372.
HOFMANN A & NIEVERGELT B (1972): Das jahreszeitliche Verteilungsmuster und der Äsungsdruck von Alpensteinbock, Gemse, Rothirsch und Reh in einem begrenzten Gebiet im Oberengadin. Zeitschrift für Jagdwissenschaft 18(4), 185–212.
HOLZGANG O (1998): Das Nahrungsangebot ehemaliger Weiden im [Schweizerischen] Nationalpark. Cratschla 6(2), 8–11.
HORWICH RH, VAN DYKE R et al (1977): Regressive growth periods as a mechanism for herd formation in Siberian ibex. Zool. Garten N.F., Jena 47, 59–68.
HUG H (2007): Wie der Steinbock wieder zu uns kam – Steinwild in Nidwalden. Nidwaldner Kalender 148, 129–136
HÜPPOP O (2004): Physiologische Grundlagen. In INGOLD P: Freizeitaktivitäten im Lebensraum der Alpentiere, Verlag Haupt Bern, 189–197.
INGOLD P (2005): Freizeitaktivitäten im Lebensraum der Alpentiere. Haupt Verlag Bern, 516p.
JACOBS G, DEEGAN JF, NEITZ J (1998): Photopigment basis for dichromatic colour vision in cows, goats and sheep. Visual Neuroscience 15, 581–58.
KLANSEK E, VAVRA I, ONDERSCHEKA K (1995): Die Äsungszusammensetzung des Alpensteinwildes in Abhängigkeit von Jahreszeit, Alter und Äsungsangebot in Graubünden. Zeitschrift für Jagdwissenschaft 41(3), 171–181.
KLINGLER K (1973): Zusammenhänge zwischen Populationsdichte und Krankheitsbefall des Schalenwildes. Beiheft Zeitschrift des Schweizerischen Forstvereins 52, 213–222.
KNOTEK J (1922)(zitiert in BÄCHLER 1935): Das Steinwild. Die Wildziegen. In ALBERTI DC et al: Die Hohe Jagd. 5. Aufl., Paul Parey, Berlin, 369–402.
KOFLER H (1981): Ökologisch-vegetationskundliche Untersuchungen zur Nahrungswahl und Konkurrenz von Gams und Steinbock im Hochlantschstock/Steiermark. Dissertation Uni Graz, 138p.
KRÄMER A (1969): Soziale Organisation und Sozialverhalten einer Gemspopulation in den Alpen. Zeitschrift für Tierpsychologie 26(8), 889–964.
KRÄMER A & AESCHBACHER A (1971): Zum Fluchtverhalten des Steinwildes im Oberengadin. Säugetierkundliche Mitteilungen 19(2), 164–171.
KRUMMENACHER U (2006): Schafe zerstören die Alpenflora. Berner Oberländer vom 6.3.2006, 24.
KRÜSI BO, SCHÜTZ M et al (1996): Was bedeuten Huftiere für den Lebensraum Nationalpark? Cratschla 4(2), 51–64.
KUMMER H (1971)(zitiert aus AESCHBACHER 1978): Primate societies. Worlds of Man, Aldine Atherton, Chicago, New York.
KURT F & HARTL B (1995): Socio-ethogram of adult males versus biochemical-genetic variation in assessing phylogenetic relationships of the Caprinae. Acta Theriologica, Suppl. 3, 183–197.
KUSTER A (1961): Die Wiederansiedlung des Steinwildes in den Schweizer Alpen. Schweizer Naturschutz 27(1), 6–9.
KUTZER E (1988): Bedeutung parasitärer Wechselinfektionen bei Haus- und Wildwiederkäuern. Mh. Vet. Med. 43, 577–580.
LAINER F (1995): Heimkehr der Alpensteinböcke ins Raurisertal. Natur und Land 81(1/2), 48–9.
LANFRANCHI P, MANFREDI MT et al (1994): Annual patterns and dynamics of gastrointestinal helminths in Alpine ibex of Piz Albris Colony. In CATALINO MA et al, Actas del Congreso international del Género Capra en Europe, Ronda, 20–22 Octubre 1992, 127–134.
LANFRANCHI P, MANFREDI MT et al (1995): Eine dreijährige Untersuchung der Labmagen-Helminthenfauna beim Alpensteinbock der Kolonie Albris, Graubünden, Schweiz. Zeitschrift für Jagdwissenschaft 41(1), 24–35.
LANFRANCHI P & MENEGUZ PG (1996): Cattura e transferimento di ruminanti selvatici e relative problematiche sanitarie: rassegna bibliografica sulla situazione italiana (1970–1994). Supplemento alle Richerche di Biologia della Selvaggina 24, 391–398.
LANFRANCHI P & GUBERTI V (1997): Aspetti sanitari delle immissioni faunistiche. («Health problems related to wildlife relocation programs») In SPAGNESI M et al, eds, Atti del III Convegno Nazionale dei Biologi della Selvaggina, Bologna 1995, Supplemento alle Richerche di Biologia della Selvaggina 27, 47–60.
LEONI G (1985): Nahrungswahl des Steinbockes auf alpinen Silikatrasen bei

Davos mit Vergleich zur Gemse. Diplomarbeit ETH Zürich, 73p.
LÜPS P (1978): Steinbock. Naturhistorisches Museum Bern, 28p.
LÜPS P (1983): Steinböcke: Sonderaufgabe für wenige Jäger. Der Bund, 134(234), 2.
LÜPS P, BRÜLLHARDT H et al (1986): Sonderabschüsse von Steinwild im Berner Oberland – erste Erfahrungen und Resultate. Zeitschrift für Jagdwissenschaft 32(3), 148–157.
LÜPS P & ZUBER M (1986): 65 Jahre Steinwildhege im Berner Oberland (1921–1986). Jahrbuch Thuner- und Brienzersee 65–79.
LÜPS P (1995): Der Steinbock. Bündner Monatsblatt/Desertina AG Chur, 59p.
LÜPS P, DAUWALDER B et al (2003): Die Zahl der «Schmuckknoten» beim Alpensteinbock: Hilfe zur (Alters-)Bestimmung oder Anlass zu Verwirrung? Zeitschrift für Jagdwissenschaft 49(4), 261–266.
LÜPS P, GRIEDER S, SCHLÜCHTER C (2006): Der Steinbock vom Strahleggpass: Biologische Aussagen und glaziologische Folgerungen anhand eines 900 Jahre im Eis gelagerten Gehörn Contributions to Natural History, Naturhistorisches Musem Bern Nr. 7, 17p.
LÜPS P, BLÖCHLINGER B et al (2007): Ontogenese und Variabilität verschiedener Körpermerkmale des Steinwildes im Berner Oberland (Schweizer Alpen). Beiträge zur Jagd & Wildforschung 32, 495–510.
LUIKART G, GIELLY L et al (2001): Multiple maternal origins and weak phylogeographic structure in domestic goats. PNAS 98(10), 5927–5932.
LYNCH M & LANDE R (1991): The critical effective size for genetically secure population. Animal Conservation 1, 70–72.
MANCEAU A, DESPRÉS L et al (1999): Systematics of genius Capra inferred from mitochondrial DNA-sequence data. Molecular Phylogenetics and Evolution 13(3), 504–510.
MANNEN H, NAGATA Y, TSUJI S (2001): Mitochondrial DNA reveal that domestic goat (Capra hircus) are genetically affected by two subspecies of bezoar (Capra aegagrus). Biochemical Genetics 39(5/6), 145–154.
MARTINOT J-P & DELMAS M et al (1984): Beitrag zur Kenntnis der Bio–Geografie und der Öko-Ethologie des Steinbockes in der Vanoise. In CIC, Der Steinbock in Eurasien, Symposium Pontresina 1984, 44–66.
MAUDET C, MILLER C et al (2002): Microsatellite DNA and recent statistical methods in wildlife conservation management: applicatons in Alpine ibex. Molecular Ecology 11(3), 421–436.
MEILE P, GIACOMETTI M, RATTI P (2003): Der Steinbock, Biologie und Jagd. Salm Verlag Bern, 255p.
MERKER M (2006): Wie gut geht es dem Steinwild? Jagd & Natur 12/2006, 26–33.
MEYER-HOLZAPFEL M (1958): Bouquetins en captivité. Mammalia 22(1), 90–103.
MEYER-HOLZAPFEL M (1974): Steinbock raubte fremdes Kind. Das Tier 14(5), 19–21.
MICHALLET J (1994): Domaines vitaux et déplacements de bouquetins des Alpes dans le massif de Belledonne/Sept/Laux: bilan de deux années de suivi télémétriques. Travaux Scientifiques du Parc National de la Vanoise. Cahiers du Parc, spécial bouquetins, Chambéry 18, 239–248.
MICHALLET J (1997a): Inventaire des populations de bouquetin des Alpes en France. Bulletin Mensuel de l'Office National de la Chasse 218, 42–48.
MICHALLET J, TOÏGO C, BLANC D (1997b): La taille des groupes, un bioindicateur chez le bouquetin des Alpes. Office National de la Chasse. Bulletin Mensuel no. 227, 16–21.
MONGAZON C (1990): Étude sur les phénomènes hiérarchiques au sein de populations de bouquetins des Alpes. Mémoire de D.E.A. Uni François Rabelais, Tours, 82p + annexes.
MOREND P (1966)(zitiert in SCHNEIDER): Quelques observations sur l'écologie du bouquetin de la réserve suisse du Mont Pleureur. Faculté de sciences de l'université de Lyon.
MOSLER-BERGER C (1994): Störung von Wildtieren: Umfrageergebnisse und Literaturauswertung. BUWAL, Umwelt-Materialien Nr. 16, 52+15p.

MÜHLETHALER B (2006): Das steile Leben des Steinbockes. Pro Natura Magazin Spezial, 24p.
NEUHAUS P & RUCKSTUHL KE (2002): Foraging behaviour in Alpine ibex: consequences of reproductive status, body size, age and sex. Ethology Ecology & Evolution 14, 373–381.
NIEDERBERGER J (1992): Salzlecken als Attraktionspunkte für Steinböcke. Diplomarbeit Universität Zürich, 48p.
NIEVERGELT B (1962): Der Einfluss der Witterung auf das Gehörnwachstum des Alpensteinbockes. Verh. Schw. Naturf. Ges. Scuol, 109.
NIEVERGELT B (1966a): Der Alpensteinbock in seinem Lebensraum. Ein ökologischer Vergleich. Mammalia depicta, Verlag Paul Verlag Hamburg und Berlin, 85p.
NIEVERGELT B (1966b): Unterschiede in der Setzzeit beim Alpensteinbock. Revue Suisse de Zoologie 73, 446–454.
NIEVERGELT B (1967): Die Zusammensetzung der Gruppen beim Alpensteinbock. Zeitschrift für Säugetierkunde 32(3), 129–144.
NIEVERGELT B (1973): Zur Ausrottung und zur Wiederansiedlung des Alpensteinbockes in der Schweiz. Beiheft Z. Schweiz. Forstverein (BZF) 52, 255–258.
NIEVERGELT B (1974): Group size and number of single animals. The Behaviour of Ungulates 14, 336–339.
NIEVERGELT B (1977): Ökologische und ethologische Gesichtspunkte zur Jagd und zu Reduktionsabschüssen in Steinbock-Kolonien. Feld, Wald, Wasser 5(7), 33–38.
NIEVERGELT B (1978): Die Knoten am Bockgehörn von Bezoarziege und Alpensteinbock. Zeitschrift für Säugetierkunde 43(3), 187–190.
NIEVERGELT B & ZINGG R (1986): Capra ibex Linnaeus, 1758 – Steinbock. In NIETHAMMER J & KRAPP F, Handbuch der Säugetiere Europas, Bd. 2/II, 384–404.
NIEVERGELT B (2003): Der Alpensteinbock. Wildbiologie, Biologie Einheimischer Wildtiere 1/3a, 16p.
ONDERSCHEKA K & HARTL GB (1988): Steinwild. In STUBBE H (ed): Buch der Hege Bd. 1, Verlag H Deutsch, Thun-Frankfurt/Main, 236–247.
PARRINI F, GRIGNOLIO S et al (2003): Spatial behaviour of adult male Alpine ibex in the Gran Paradiso national park, Italy. Acta Theriologica 48(3), 411–423.
PASSERIN D'ENTRÈVES P (2006): Königliche Jagden im Gran Paradiso. In GIACOMETTI, Von Königen und Wilderern, Salm Verlag, 31–55.
PEDROTTI L, TOSI G et al (1995): Organization of a study using radio-tracking and analysis of homeranges: application to Alpine ungulates (in Italy). Supplemento Ricerca Biologia Selvaggina 23, 3–100.
PERACINO V (1984): Colonie nel massiccoio del Gran Paradiso. In CIC, Der Steinbock in Eurasien, Symposium Pontresina 1984, 76–94.
PERACINO V & BASSANO B (1991): Réintroduction du bouquetin dans les Alpes Italiennes et Slovenes. In CSANYI S & ERHAFT J eds, Trans. 20th Congr. IUGB, Aug. 1991, Goedoelloe Hungry, Part II, 489–492.
PERACINO V, BASSANO B, SCHRÖDER C (1995): Populationsdynamik des Alpensteinbocks im Nationalpark Gran Paradiso. Der Ornithologische Beobachter 92(3), 253–254.
PICARD K, THOMAS DW et al (1994): Bovid horns: an important site for heat loss during winter? Journal of Mammalogy 75(3), 710–713.
PIODI M (1978): Lo stambecco delle Alpi nelle Alpi centro occidentali Italiane. In DESAX C, Arbeitstagung über Steinwild, Pontresina 9.–11.2.78, 12–22.
PIODI M (1984): Le bouquetin des Alpes – Capra ibex L. In CIC, Der Steinbock in Eurasien, Symposium Pontresina 1984, 95–108.
PLATTNER WA (1961): So kam der Steinbock wieder in die Schweiz. Schweizer Naturschutz 27(1), 4–6.
PLETICHA P (1973): Jugendentwicklung bei Alpensteinböcken im Zoo. Säugetierkundliche Mitteilungen 21, 297–307.
PROSL H & REITER I (1984): Vergleichende Untersuchungen zur Gastrointestinal-Nematodenfauna von Gemse und Steinbock. Zeitschrift für Jagdwissenschaft 30(2), 89–100.
RANDI E, TOSI G et al (1990): Genetic variability and conservation problems in Alpine ibex, domestic and feral goat populations. Zeitschrift für Säugetierkunde 55(6), 413–420.

RATTI P & HABERMEHL K-H (1977): Untersuchungen zur Altersschätzung und Altersbestimmung beim Alpensteinbock im Kanton Graubünden. Zeitschrift für Jagdwissenschaft 23(4), 188–213.
RATTI P (1994): Stand von Hege und Erforschung des Steinwildes im Kanton Graubünden. Zeitschrift für Jagdwissenschaft 40(4), 223–231.
RATTI P (2003a): Populationsbegrenzung durch die Jagd am Beispiel Graubünden. In MEILE: Der Steinbock, Biologie und Jagd, 153–159.
RATTI P (2003b): Steinbockjagd. In MEILE: Der Steinbock, Biologie und Jagd, 189–204.
RAUCH A (1937): Der Steinbock wieder in den Alpen. Orell Füssli Verlag Zürich, 150p.
RIEDI F (2001): Einfluss der Bejagung auf Fluchtverhalten und Raumnutzung beim Alpensteinbock. Diplomarbeit Uni Zürich und ETH Zürich, 93p.
ROCHAT N (1994): Bouquetin des Alpes: niche spatio-temporelle dans le parc national Suisse. Travail de diplôme Uni Lausanne, 93p.
ROGANTI R, DE TANN D et al (2003): Steinbock-Ziegen-Hybriden. Schweizerjäger 10/2003, 58–61.
ROSSI P & TERRIER G (1990): Lâchers de bouquetins des Alpes dans le parc naturel régional de l'Argentera (Italie) et le parc national du Mercantour (France). Premiers résultats. Office National de Chasse, Bulletin Mensuel no. 151, 37–43.
RUCHET D (1973): Développement de la faune dans le district franc Diablerets-Muveran. MEM. SOC. VAUD SC. NAT., 93(15), 147–156.
RUCKSTUHL KE & NEUHAUS P (2001): Behavioural synchrony in ibex groups: effects of age, sex and habitat. Behaviour 138, 1033–1046.
RUHLÉ C, EGGENBERGER P et al (1994): Untersuchungen zur Raumnutzung des Steinbocks im Churfirstengebiet. Bericht der St. Gallischen Naturforschenden Gesellschaft 87, 101–110.
RUHLÉ C, LOOSER B, TSCHIRKY R (1995): Die Steinbock-Kolonie Churfirsten: eine Neugründung. Cratschla 3(1), 36–46.
RYSER-DEGIORGIS M-P, INGOLD P et al (2002): Encounters between Alpine ibex, Alpine chamois and domestic sheep in the Swiss Alps. Hystrix, the Italian Journal of Mammalogy 13(1–2), 1–11.
SÄGESSER H & NIEVERGELT B (1967): Der Alpensteinbock. Fischers Tiermonographien 4, Fischer Münsingen-Bern, 34p.
SÆTHER B-E, ENGEN S et al (2002): Stochastic population dynamics of an introduced Swiss population of the ibex. Ecology 83(12), 3457–3465.
SÆTHER B-E, LILLEGÅRD M et al (2007): Predicting fluctuations of reintroduced ibex populations: the importance of density dependence, environmental stochasticity and uncertain population estimates. Journal of Animal Ecology 76, 326–336.
SCHAERER O (1977): Standortwahl, Tagesaktivität und Verbandsstruktur in einem Bockrudel des Alpensteinbockes (im Safiental). Diplomarbeit Uni Zürich, 30+19p.
SCHAFFER J (1940): Die Hautdrüsenorgane der Säugetiere. Urban und Schwarzenberg, Berlin und Wien, 464p.
SCHILD P (2006): Der Kampf der Titanen. Schweizerjäger 91 (12), 24–25.
SCHLOETH RF (1972): Die Entwicklung des Schalenwildbestandes im Schweizerischen Nationalpark von 1918 bis 1971. Schweizerische Zeitschrift für Forstwesen 123(9), 565–571.
SCHNEIDER J (2006): Zucht in Gehegen und Aussetzungen bis 1938. In GIACOMETTI M, Von Königen und Wilderern, Salm Verlag, 108–158.
SCHNIDRIG-PETRIG R & SALM U-P(1998): Die Gemse: Biologie und Jagd. Salm Verlag, Bern, 176p.
SCHRÖDER W (1979): Des Königs Böcke. GEO 3, 96–112.
SCHRÖDER W (1983): Zur jagdlichen Planung in Steinbockpopulationen. In KOFLER H, Tagungsbericht Hegegemeinschaft Röthelstein-Hochlantsch, 37–49.
SCHRÖDER W & KOFLER H (1990a): Ibex and chamois: Testing the competition hypothesis. In BALBO T et al, eds, Atti Conv. Int.: Lo Stambecco delle Alpi. Realta Attuale e Prospettive, Valdieri, 17–19 Sett. 1987, 21–24.
SCHRÖDER W & KOFLER H (1990b): Harvesting a productive ibex population. In BALBO T et al, eds, Atti Conv. Int.: Lo Stambecco delle Alpi. Realta Attuale e Prospettive, Valdieri, 17–19 Sett. 1987, 137–140.
SCHÜTZ C (1994): Zum Einfluss der Altersstruktur in Gruppen von männlichen Alpensteinböcken auf das Verhalten ihrer Mitglieder. Diplomarbeit Uni Bern, 26p.
SCHÜTZ C, INGOLD P, PFISTER U (1995): Zum Einfluss der Altersstruktur in Gruppen von männlichen Alpensteinböcken auf deren Reaktionsempfindlichkeit. Ornithologischer Beobachter 92(3), 249–250.
SENN J & HÄSLER H (2005): Wildverbiss: Auswirkungen und Beurteilung. Forum für Wissen, 17–25.
SHACKLETON DM ed (1997): Wild sheep and goats and their relatives. Status survey and conservation action plan for Caprinae. IUCN, Gland, Switzerland and Cambridge, UK, 390p.
SIX A (2006): Die überraschende Verwandtschaft bei Steinbocks. NZZ am Sonntag vom 26.11.2006.
STÄMPFLI G (1979): Kreuzung zwischen Hausziege und Steinbock im Kanton Tessin. Naturhistorisches Museum Bern, Kleine Mitteilungen 7, 2p.
STAUFFER C (1988): Verteilung, Koexistenz und Äsungsdruck von Rothirsch, Alpensteinbock und Gemse im Val Trupchun, Schweizerischer Nationalpark. Diplomarbeit Universität Zürich, 60p.
STECK P (1996): Steingeissen in einer Kleingruppe: Individuen oder Nummern? Diplomarbeit Uni Zürich, 77p.
STEINBORN W (1973): Beobachtungen zum Verhalten des Alpensteinbocks. Säugetierkundliche Mitteilungen 21(1), 37–65.
STÜWE M & GRODINSKY C (1986): Die Wiedereinbürgerung des Steinbocks – ein ungewollter genetischer Grossversuch. Wildbiologie in der Schweiz 6, 13.1–13.12.
STÜWE M & GRODINSKY C (1987): Reproductive Biology of captive Alpine Ibex. Zoo Biology 6, 331–339.
STÜWE M & NIEVERGELT B (1989): Der Alpensteinbock - Modellfall einer gelungenen Wiedereinbürgerung. In SCHNEIDER E et al eds, Die Illusion der Arche Noah: Gefahren für die Arterhaltung durch Gefangenschaftszucht, Intern. Symp. Wiesbaden 10.–13. März 1988, Echo Göttingen, 237–248.
STÜWE M, SCRIBNER K, GAUTHIER D (1991): A genetic comparison of French ibex populations and implications for their management. Ongulés/Ungulates 91, 71–76.
STUMPF JR (1586) (zitiert in GIACOMETTI 2003a): Gemeiner löblicher Eydgnoschaft Stetten, Landen und Völckern chronicwirdiger Thaaten Beschreibung. Getruckt in den Froschow, Zürych.
SUTER W (2006): Wald, Wild und Wildverbiss – ein heisses Thema kühl betrachtet. Cratschla 14(2), 18–19.
SZEMKUS B, INGOLD P, PFISTER U (1998): Behaviour of Alpine ibex under the influence of paragliders and other air traffic. Zeitschrift für Säugetierkunde 63(2), 84–89.
TATARUCH F, STEINECK T et al (1991): Untersuchungen an Steinwild aus Graubünden (Schweiz). Analysen der Nahrungszusammensetzung, der Aktivität der Schilddrüsen und Nebennieren sowie der Reproduktion. Wiener Tierärztliche Monatsschrift 78(11), 351–356.
TATARUCH F & ONDERSCHEKA K (1996): Chemische Analysen der Panseninhalte von Steinwild in Graubünden. Zeitschrift für Jagdwissenschaft 42(1), 18–25.
TENGER E (1940): Die Steinwildkolonie am Augstmatthorn unter eidgenössischen Jagdbann. Schweizer Naturschutz 6(4), 50–52.
TENGER E (1949): Von unsern Steinwildkolonien. Schweizer Naturschutz 15(3), 89–91.
TEN HOUTE DE LANGE SM (1978): Zur Futterwahl des Alpensteinbockes am Piz Albris bei Pontresina. Zeitschrift für Jagdwissenschaft 24(3), 113–138.
TERRIER G, BRET E et al (1992): Individual space use patterns obtained with tagged Alpine ibexes in the case of 3 relocation programs. In SPITZ F et al eds, Ongulés/Ungulates 91, Proc. Int. Symp. Toulouse, France, sept. 2–6 1991, 309–315.
TOEPFER V (1934)(zitiert in MANCEAU): Ein diluviales Steinbockgehörn aus Thüringen. Paläontol. Zeitschr. 16, 276–281.
TOÏGO C, MICHALLET J, BLANC D (1995): Structure des groupes chez le bouquetin des Alpes dans le massif de Belledonne/Sept/Laux (Isère). Gibier Faune Sauvage, Game Wildlife 12(2), 133–146.
TOÏGO C, GAILLARD JM, MICHALLET J (1996): La taille des groupes: un bioindica-

teur de l'effectif des populations de bouquetin des Alpes? Mammalia 60(3), 463–472.
TOÏGO C, GAILLARD J-M, MICHALLET J (1997): Adult survival pattern of the sexually dimorphic Alpine ibex. Canadian Journal of Zoology 75, 75–79.
TOÏGO C (1999a): Vigilance behaviour in lactating female Alpine ibex. Canadian Journal of Zoology 77, 1060–1063.
TOÏGO C, GAILLARD JM, MICHALLET J (1999b): Cohort affects growth of males but not females in Alpine ibex. Journal of Mammalogy 80(3), 1021–1027.
TOÏGO C & MICHALLET J (2002): Le bouquetin des Alpes: les conditions climatiques de l'année de naissance des mâles ont un effet sur leurs caractéristiques physiques. Faune Sauvage no. 257, 25–28.
TOÏGO C, GAILLARD J-M et al (2002a): Female reproductive success and costs in an Alpine capital breeder under contrasting environments. Ecoscience 9(4), 427–433.
TOÏGO C, MICHALLET J, BLANC D (2002b): Le bouquetin des Alpes: les mâles adultes survivent-ils moins bien que les femelles? Faune Sauvage no. 257, 29–31.
TOSI G & SCHERINI G (1991): Valutazione numerica dei bovidi selvatici in ambiente Alpino: indicazioni metodologiche. In FASOLA M ed, Atti II Seminario Italiano Censimento Faunistici dei Vertebrati, Brescia 6–9 Aprile 1989, Ric. Biol. Selvaggina Suppl. Vol. XVI, 519–532.
TOSI G, TOSO S, RANDI E (1991): Demografia e variabilita genetica in alcune colonie di stambecco e indicazioni per programmi di conservazione. In RANDI E & SPAGNESI M eds, Atti del Convegno Genetica e Conservazione della Fauna – Genetics and Wildlife Conservation, Bologna 10–11 sett. 1990, Ric. Biol. Selvaggina Suppl. XVIII, 109–122.
TOSI G, PEDROTTI L, SCHERINI GC (1997): Planificazione e controllo di un progetto di reintoduzione: il caso dello Stambecco nelle Alpi lombarde. In SPAGNESI M et al eds, Atti del III Convegno Nazionale dei Biologia della Selvaggina, Bologna 9–11 febbraio 1995, Istituto Nazionale per la Faune Selvatica. Supplemento alle Richerche di Biologia XXVII, 155–182.
TRÖSCH B & INGOLD P (1998): Zur Reaktionsempfindlichkeit von männlichen Steinböcken. Artenschutzreport 8, 31–32.
VALENTINČIČ S (1966): Zahnmissbildungen beim Steinwild in den Karawanken. Zeitschrift für Jagdwissenschaft 12 (4), 198–200.
VALENTINČIČ S & KUSEJ M (1990): Lo stambecco in Jugoslavia. In BALBO T et al, eds, Atti Conv. Int.: Lo Stambecco delle Alpi. Realta Attuale e Prospettive, Valdieri, 17–19 Sett. 1987, 59–63.
VARIČAK V (1978): Alpensteinwild in Slowenien (Jugoslawien). In DESAX C, Arbeitstagung über Steinwild, Pontresina 9.–11.2.78, 76–81.
VARIČAK V (1984): Alpensteinwild in Slowenien. In CIC, Der Steinbock in Eurasien, Symposium Pontresina 1984, 163–167.
VILLARET JC, BON R, RIVET A (1997): Sexual segregation of habitat by the Alpine ibex in the French Alps. Journal of Mammalogy 78(4), 1273–1281.
VILLARET JC & BON R (1998): Sociality and relationsships in Alpine ibex. Revue d'Ecologie (La Terre et la Vie) 53, 153–170.
VON BÜLOW G (1978): Das Steinwild im deutschen Alpenraum. In DESAX C, Arbeitstagung über Steinwild, Pontresina 9.–11.2.78, 69–75.
VON BÜLOW G (1984): Steinwildvorkommen im deutschen Alpenraum – Veränderungen seit 1978. In CIC, Der Steinbock in Eurasien, Symposium Pontresina 1984, 26–30.
VON ELSNER–SCHACK I (1983): Zur Wiedereinbürgerung des Steinbocks in den gesamten Alpen. In KOFLER H, Tagungsbericht Hegegemeinschaft Röthelstein-Hochlantsch, 9–20.
VON HARDENBERG A, BASSANO B et al (2000): Preliminary analysis of the temporal variability of the Alpine ibex population in the Gran Paradiso national park. IBEX Journal of Mountain Ecology 5, 195–204.
VON HARDENBERG A, BASSANO B et al (2007): Age-dependent genetic effects on ... [horns] in male Alpine ibex. Molecular Ecology 16, 1969–1980.
VONOW P (2008): Überlebensstrategie der Steinböcke im Winter. Bündner Jäger 95(2), 8–15.
WEBER E (1994): Sur les traces des bouquetins d'Europe. Delachaux et Niestlé Lausanne, Paris, 176p.
WEISS R, GIACOMETTI M, GEYER H (1993): Histologische Untersuchungen zur Entwicklung der Milchdrüse bei trächtigen Alpensteingeissen. Zeitschrift für Säugetierkunde 58(3), 144–154.
WEISS R & GEYER H (1997): Säugend oder nichtsäugend? Die agdtaugliche Untersuchung der Milchdrüse bei Steinbock, Gemse, Reh und Hirsch. Bündner Jäger 84(9), 366–374.
WEPPLER T & SUTER W (2006): Entwicklung der Waldverjüngung angesichts hoher Dichten von Huftieren in der Val Trupchun (Schweizerischer Nationalpark) von 1991/1992 bis 2003. Nationalparkforschung in der Schweiz 93, 213–235.
WIERSEMA G (1982): Zur Wiedereinbürgerung des Alpensteinbockes. In: Jahrbuch des Vereins zum Schutz der Bergwelt 47, 9–25.
WIRZ D (1991): Das «Fegeverhalten» des Alpensteinbockes. D plomarbeit Uni Zürich, 54p.
WÜST M (1996): Reaktionen von Steinböcken auf das experimentelle Abschirmen von ... Salzlecken. Diplomarbeit Uni Zürich, 68p.
WYRWOLL W (2000): Der Gredos-Steinbock in Portugal? Säugetierkundliche Mitteilungen 45(3), 94–107.
ZAFFARONI E, MANFREDI MT, LANFRANCHI P (1999): Effect of seasonality on abomasal helminth community in Alpine ibex. Parassitologia 41, 567–572.
ZAFFARONI E, MANFREDI MT et al (2000): Host specificity of abomasal nematodes in free ranging Alpine ruminants. Veterinary Parasitology 70, 221–230.
ZEDLERSCHES UNIVERSALLEXIKON (1744) (zitiert in AUSSERER): Steinbock.
ZIMMERMANN B (1990): Wechselwirkungen zwischen alpinen Rasen und freilebenden Huftieren im Schweizerischen Nationalpark: Produktion, Konsumation, Selektivität. Diplomarbeit Universität Zürich, 49p.
ZINGG R (1980): Ähnlichkeitsbeziehungen zwischen den Vertretern der Gattung Capra aufgrund gehörnmorphologischer Strukturen. Diplomarbeit Uni Zürich, 89p.
ZUBER M, BLÖCHLINGER B, LÜPS P (2001): Bewirtschaftung des Steinwildes im Berner Oberland (Schweiz): Erfahrungen aus den ersten 20 Jahren (1980–1999). Beiträge zur Jagd- und Wildforschung, Bd. 26, 33–42.
ZUMBACH S (1986): Körpermasse von Steinwild aus dem Berner Oberland. (Schweiz) – Abschüsse 1980–1984. Naturhistorisches Museum Bern, Kleine Mitteilungen Nr. 12, 14p.
ZUMBACH S & LÜPS P (1987): Hinweise zur Kondition des Steinwildes im Berner Oberland (Schweizer Alpen). Zeitschrift für Säugetierkunde 52(1), 30–38.
ZUMBACH S, KIPFER H et al (1991): Untersuchungen zum Endoparasitenbefall von Steinböcken im Berner Oberland (Schweiz). Wiener Tierärztl. Monatsschrift 78(11), 383–386.

Weiterführende Literatur:

Krankheiten sind nur über langfristige, generelle Arbeiten oder Nematoden berücksichtigt. Die riesige Literaturliste von COUTURIER (1962) wurde nicht gezielt «mitverarbeitet».

ABDERHALDEN W, BUCHLI C et al (1998): Einfang und Immobilisation von Alpensteinböcken. Zeitschrift für Jagdwissenschaft 44(3), 123–132.
ABDERHALDEN W & BUCHLI C et al (1998): Erfahrungen mit der Markierung von Alpensteinböcken. Zeitschrift für Jagdwissenschaft 44(3), 184–189.
ABDERHALDEN W & BUCHLI C (1999): Steinböcke auf Wanderschaft. Cratschla 7(2), 2–8.
ABDERHALDEN W (2005): Waldentwicklung in Dauerzäunen: Die ersten 10 Jahre. Cratschla 13(2), 24.
ALADOS CL & ESCOS J (1987): Relationships between movement rate, agonistic displacements and forage availability in Spanish ibexes. Biology of Behaviour 12, 245–255.
ALADOS CL & ESCOS J (1988): Alarm calls and flight behaviour in Spanish ibex. Biology of Behaviour 13, 11–21.
ALADOS CL & ESCOS J (1988): Parturition dates and mother-kid behaviour in Spanish ibex in Spain. Journal of Mammalogy 69(1), 172–175.
ALBRECHT L (1987): Die Geschichte des Steinbocks im Kanton Wallis. Schweizerjäger 72 (3), 102–110.
AMON R (1958): Fragen zum Wiederaufkommen des Alpensteinbocks in den Ostalpen. Jb. des Österreichischen Arbeitskreises für Wildforschung 86–90.
AMON R (1959): Klimatische Grenzen einer Wiederansiedlung des Alpensteinbockes in den Ostalpen. Zeitschrift für Jagdwissenschaft 5(4), 132–137.
ANDERLUH G (1984): Das Steinwild in Kärnten. In CIC, Der Steinbock in Eurasien, Symposium Pontresina 1984, 8–12.
ANONYM (1952): Steinböcke am Albris sollten abgeschossen werden. Schweizer Naturschutz 18, 19–20.
ANONYM (1989): Abstracts of the 1st World Conference on Mountain Ungulates, Camerino (MC), Italy, 4–6 September 1989, University degli Studi di Camerino, 42p.
ANONYM (1991): Wildpark Peter und Paul. Verlagsgemeinschaft St. Gallen.
ANONYM (1996): Distribuzione e consistenza delle popolazioni di stambecco nel territorio della Regione Valle d'Aosta. IBEX Journal of Mountain Ecology Supplement 4(2), 39–42.
APOLLONIO M (1990): I modelli di valutazione ambientale per gli ungulati con particolare riferimento allo stambecco. In BALBO T et al, eds, Atti Conv. Int.: Lo Stambecco delle Alpi. Realta Attuale e Prospettive, Valdieri, 17–19 Sett. 1987, 93–97.
APOLLONIO M, MAURI L et al (1996): Strategie riproduttive dei maschi di stambecco nel parco nazionale del Gran Paradiso. Atti XVII Congr. SIE, 1–2.
APOLLONIO M, MAURI L, BASSANO B (1997): Reproductive strategies of male Alpine ibex in Gran Paradiso national park. Abstrc. 2nd World Conf. on Mountain Ungulates, St. Vincent, 12.
ARAI K, MUNECHIKA I et al (1997): Phylogenetic relationship of Caprinae estimated by cytochrome b gene sequence analysis. Anim. Sci. Technol. Japan 68, 148–155.
BÄCHLER E (1920): Beschreibung der ersten Steinwildaussetzungen im Schweizer Nationalpark. St. Galler Tagblatt 23. und 24. Juni.
BÄCHLER E (1935): Vom Steinwild in den Schweizer Bergen. Schweizer Naturschutz 1(2), 36–38.
BALBO T & LANFRANCHI P (1977): Considerazioni di ordine sanitario interenti le operazioni di reintroduzione e di ripopolamento. Proc. Seminar Reintroductions: Techniques and Ethics, Rome, 29–30 june 1976, WWF, 21–29.
BALBO T, COSTANTINI R et al (1978): Raffronto comparativo della diffusione dei nematodi gastro-intestinali nei ruminanti domestici (Ovis aries e Capra hircus) e nei ruminanti selvatici delle Alpi Occidentali. Parasitologia 20, 131–137.
BALBO T, DE-MENEGHI D et al eds (1990): Atti del Convegno Internazionale «Lo stambecco delle Alpi. Realta attuale e prospettive». 17–19 Settembre 1987, Valdieri, Cuneo, Italia. Dipartimento Patologia Animale Univ. Torino, Parc National Mercantour, Assessorato Parchi Regione Piemonte, 160p + XIV.
BALTER J (1979): Les parcs nationaux français et la protection des mammifères. Thèse de doctorat vétérinaire université Alfort, 122p.
BASSANO B & PERACINO V (1990): Areali estivi e di svernamento occupati dallo stambecco nei territori del parco nazionale Gran Paradiso: metodologia di censimento ed interpretazione. In BALBO T et al, eds, Atti Conv. Int.: Lo Stambecco delle Alpi. Realta Attuale e Prospettive, Valdieri, 17–19 Sett. 1987, 115–121.
BASSANO B, DE-MARCO B et al (1991): Andamento temporale della popolazione di stambecco nel parco nazionale del Gran Paradiso. In PERACINO V & BASSANO B eds, Atti IV Incontro Internazionale Gruppo Stambecco Europa, Maloja Pass e Alagna Valsesia 1991, Coll. Sci. Parco Naz. Gran Paradiso no. 178, 95–107.
BASSANO B & PERACINO V (1992): Annual average increases of Alpine ibex population reintroduced from Gran Paradiso National Park. In SPITZ F et al eds, Ongulés/Ungulates 91, Proc. Int. Symp. Toulouse, France, sept. 2–6 1991, 579–581.
BASSANO B, GRIMOD I, PERACINO V (1992): Frequenza di uso del bosco da parte dello stambecco in un'area ampione del parco nazionale del Gran Paradiso. Rev. Valdot. d'Hist. Naturelle 46, 85–102.
BASSANO B (1994): Competizione territoriale e trofica tra ungulati domestici e selvatici nel parco nazionale del Gran Paradiso. Tesi di dottorato Universita Torino.
BASSANO B & PERACINO V (1994): Effetti della densita sulla struttura di popolazione di stambecco del Parco Nazionale del Gran Paradiso. IBEX spéciale 1, 35–38.
BASSANO B, DURIO P, PERACINO V (1994): Population dynamic of Alpine ibex in the Gran Paradiso National Park. In CATALINO MA et al, Actas del Congreso international del Género Capra en Europe, Ronda, 20–22 Oct. 1992, 141–148.
BASSANO B, PERACINO A et al (1995): Cranio-cheratometria dello stambecco del parco nazionale del Gran Paradiso. Analisi computerizzata. Rev. Valdotaine Hist. Nat. 49, 5–15.
BASSANO B, PERACINO V, PERACINO V (1996): Spatial interactions between wild ruminants (Alpine ibex and chamois) and cattle on high altitude grassland. Atti Int. Conf. on the sustainable use of biological resources, Budapest, 26–29 ... 1996, ...
BASSANO B, MUSSA PP et al (1998): Le syndrome de sous-nutrition chez les ruminants sauvages: une synthèse bibliographique. Gibier Faune Sauvage, Game and Wildlife 15, 189–209.
BASSANO B, MUSSA PP et al (1998): Diet quality in Alpine ibex based on fecal analysis. In HAVET P et al, eds, Proc. XXIIIrd Congr. IUGB, Lyon, 1–6 sept. 1997, Gibier Faune Sauvage 15(3), ...
BASSANO B, MUSSA PP et al (1998): Il consumo volontario nello stambecco e la stima del valore pastorale come parametric per la determinazione della carrying capacity. Atti II Congr. Ital. A.T.It., Varese, 28–30 Ott 1998, 24.
BASSANO B, VON HARDENBERG A et al (1998): A method to weight free-ranging ungulates without handling. Wildlife Society Bulletin 31(4), 1205–1209.
BASSANO B & BERGERO D (1999): Considerazioni nutrizionali sulla dieta invernale dello stambecco. IV Conv. Naz. Biol. della Selvaggina, Bologna 28–30 Ottobre 1999, 53 (abstract).
BASSANO B, BERGERO D et al (1999): Diet digestibility in captive Alpine ibex. Zoot. Nut. Anim. 25, 43–47.
BASSANO B, GIACOBINI G, PERACINO V eds (2000): Animal management and demography through the ages. Proc. VIth Int. Meeting of the Association Man and Animal, Society of Interdisciplinary Research, 16–18 Sept. 1998, Turin. IBEX 5, 247p.
BASSANO B, GIACOBINI G, PERACINO V eds (2000): La gestion démographique des animaux à travers le temps. Actes VIe Congr. Int. de l'Association L'Homme et l' Animal, Société de Recherche Interdisciplinaire, 16–18 Sept. 1998, Turin. IBEX 5, 247p.
BAUER K (1983): Erfahrungen mit der Steinwildkolonie Piztal/Kaunertal. In KOFLER H, Tagungsbericht Hegegemeinschaft Röthelstein-Hochlantsch, Juni 1982, 31–36.
BAUMANN F (1949): Die freibleibenden Säugetiere der Schweiz. Alpensteinbock, 394–408.

BAUMGARTNER A (1938): 25 Jahre Alpenwildparkverein. Jubiläumsbericht. Alpenwildparkverein Interlaken-Harder. Buchdruckerei E. Halmer, Interlaken.
BEBI P & BAUR P (2005): Rückkkehr des Waldes im Berggebiet - und im Nationalpark? Cratschla 13(2), 14–15.
BIANCHETTI JF (1971) : Le bouquetin des Alpes dans le massif de la Vanoise. Thèse de doctorat vétérinaire université Alfort, 106p.
BIEBACH I (2006): Genetic diversity within and between ibex populations derived from a single ancestral population. - 3rd intern. Conf. on Alpine ibex (abstract). Pontresina.
BLANCOU J & BARRAT J (1984): Pathologie des ongulés sauvages de France. Gibier, Faune Sauvage 1984 no 4, 87–95.
BLANKENHORN H-J (2006): 100 Jahre Steinbock in den Schweizer Alpen. Eine erfolgreiche Wiederansiedlung. Die Alpen (5), 60–66.
BLIN L, BONARDI J, MICHALLET (1994): La population du bouquetin des Alpes du massif de Belle-Donne-Sept Laux: Dix ans déjà (Département de l'Isère, France). IBEX spéciale 1, 63–71.
BÖCK F (1990): Komfortverhalten des Alpensteinbockes. Begleitveröffentlichung zum Film C 1973 des Österr. Bundesinstitutes f. d. Wiss. Film Nr. 41, 36–39.
BÖCK F & REITER K (1994): Unterschiedliche Standortwahl bei Alpensteinbock, Gemse und Reh in einem Seitental des Kaunertales in den Ötztaler Alpen (Verpeil, Tirol). Verhandlungen der Gesellschaft für Ökologie, Innsbruck 1993, Band 23, 77–84.
BON R & CAMPAN R (1996): Unexplained sexual segregation in polygamous ungulates: a defense of an ontogenetic approach. Behavioural Processes 38, 131–154.
BONFILS P (1989): Einfluss der Trittbelastung von Huftieren auf Erosionsgefährdung von Böden im Schweizerischen Nationalpark. Diplomarbeit ETH Zürich.
BOSCAINI E & NASTASIO P (1994): Il progetto di reintroduzione dello stambecco nella foresta demaniale regionale Gardasena Occidentale. IBEX speciale 1, 95–99.
BOURGOGNE C (1990): Le bouquetin des Alpes: pathologie et état sanitaire des populations en France. Thèse de doctorat vétérinaire Université Lyon, 114p.
BOUVIER G, BURGISSER H, SCHNEIDER PA (1958): Les maladies des ruminants sauvages de la Suisse. Fond. Galli-Valerio, Lausanne, 132p.
BUCHLI C & ABDERHALDEN W (1998): Das Steinbockprojekt Albris/Schweizerischer Nationalpark. Zeitschrift für Jagdwissenschaft 44(2), 102–107.
BUCHLI C & ABDERHALDEN W (1998): Untersuchungen zur Konstitution von Steinböcken anhand von Hornmassen. Zeitschrift für Jagdwissenschaft 44(4), 244–250.
BUNDI M (1995): Der Steinbock: Geschichtliches und Symbolfigur in der staatlichen Entwicklung Graubünden. Cratschla 3(1), 22–29.
BURCKHARDT D (1959): Über die biologischen Ursachen von Wildschäden im Wald. Schweizerische Zeitschrift für Forstwesen 110(9), 598–616.
BURGISSER H (1983): Compte rendu sur les maladies des animaux sauvages de 1975 à 1982. Schweiz. Arch. Tierheilk. 125, 519–527.
BUWAL (1991) / [vgl. EDI]: Erläuterungen zur Verordnung über die Regulierung von Steinwildbeständen in der Schweiz (VRS). Bundesamt für Umwelt, Wald und Landschaft. Eidgenössische Forstdirektion, 16p.
BYERS JA (1977): Terrain preferences in the play behaviour of Siberian ibex. Zeitschrift für Tierpsychologie 45(2), 199–209.
CAMPBELL E (1958): Steinwild im Engadin. Bündner Wald 11(8), 287–294.
CANAVESE G, DE-MENEGHI D et al (1994): Considerations on the use of coloured ear-tags on Alpine ibex in the Argentera Natural Park, Maritime Alps (I). In CATALINO MA et al, Actas del Congreso international del Género Capra en Europe, Ronda, 20-22 Octubre 1992, 191–193.
CARLSTEAD K (1973): Observations on the social behaviour of a captive group of Siberian ibex. Chicago Zool. Park Brookfield, Illinois.
CATALINO MA, ZULUETA J et al (1994): Congreso international del Género Capra en Europe, Ronda (Malaga), 20–22 Octubre 1992. Junta Rectora del Parque Natural Sierra de las Nieves, Agenzia de Medio Ambiente, Consejeria de Cultura y Medio Ambiente, Andalucia, 264p.
CHIKUMI K, MORI Y et al (1995): Molecular phylogeny based on the k-casein and cytochrome b sequences in the mammalian suborder Ruminantia. J. Mol. Evol. 41, 859–866.

CHOISY JP (1983): Une population spontanée de bouquetins des Alpes hivernant à basse altitude. Perspectives de réintroduction. Actes du VIIIe Colloque National de Mammalogie, Grenoble, 113–128.
CHOISY JP (1984): Le bouquetin. In Atlas des mammifères sauvages de France. Société Française pour l'Étude et la Protection des Mammifères, Paris, 228–229.
CIC (1984): Der Steinbock in Eurasien - Symposium Pontresina 24.–25.2.1984. CIC Kommission Grosswild, 174p.
COLLE G, DURIO P et al (1974): Indagini e rilievi sul contenuto ruminale di stambecco e camoscio del gruppo del Gran Paradiso. Note I, II, III, Coll. Scient. PNGP.
COLTMAN DW & SLATE J (2003): Microsatellite measures of inbreding: a meta-analysis. Evolution 57, 971–983.
CONRADT L (1998): Measuring the degree of sexual segregation in group-living animals. Journal of Animal Ecology 67(2), 217–226.
CONRADT L (1998): Could asynchrony in activity between the sexes cause inter-sexual social segregation in ruminants? In Proceedings of the Royal Society of London 265 B (1403), 1359–1363.
CORDIER F (1991): Pathologie infectieuse des ongulé de montagne (chamois, bouquetin et mouflon). État sanitaire des populations en Savoie. Thèse de doctorat vétérinaire Université Lyon, 114p.
COUTURIER MAJ (1960): Les bouquetins autochtones français. La Terre et la Vie 57 (1), 44–50.
CREGUT-BONNOURE E (1992): Pleistocene tahrs, ibexes and chamois of France. In SPITZ F et al eds, Ongulés / Ungulates 91, Proc. Int. Symp. Toulouse, France, sept. 2–6 1991, 49–56.
CRONIN MA, STUART R et al (1996): K-casein gene phylogeny of higher ruminants (Pecora, Artiodactyla). Molecular Phylogenetics and Evolution 6(2), 295–311.
CRUVEILLE MH & BOISAUBERT B (1992): Statut actuel des ongulés sauvages en montagne française. Bulletin Mensuel de l'Office National de la Chasse 167, 13–20.
DAENZER L (1979): Steinbock. Wildbiologie für die Praxis 1(3), 8p.
DARINOT F & MARTINOT JP (1994): Les populations de bouquetins des Alpes dans le parc national de la Vanoise: bilan de trente années de protection. Travaux Scientifiques du Parc National de la Vanoise 18, 177–204.
DAVID A (1990): Zur Ökologie und Einbürgerung des Alpensteinbocks in den Berchtesgadener Alpen. Diplomarbeit Technische Uni Braunschweig, 86p.
DEBARD D (1990): Myopathie de capture: approche biochimique et comparaison de différentes méthodes de captures de quelques ongulés de montagne (chamois, bouquetin, mouflon). Actes du symposium sur les techniques de capture et de marquage des ongulés sauvages. Mèze, Hérault, 20–22 mars 1990, 179–185.
DEBARD D, MICHALLET J et al (1993): Le Zoletil 100 ND: Application à la capture du mouflon de Corse et du bouquetin des Alpes. In DUBRAY D ed, Techniques de captures et du marquage des ongulés sauvages, Actes du Symp. Mèze (France), 20–22 mars 1990, 45–49.
DEGIORGIS M-P (1998): Infectious keratokonjunktivitis in Alpine ibex, chamois and domestic sheep. Dissertation Uni Bern, 69p.
DE LA PENA J (1984): Population espagnole de Capra pyrenaica en 1982. In CIC, Der Steinbock in Eurasien, Symposium Pontresina 1984, 67–75.
DE LA ROCHEFOUCAULT L (1983): Contribution à l'étude des communautés végétales liées au biotope à bouquetins dans le parc national de la Vanoise. Mémoire de DEA Université Paris Sud-Orsay.
DE MENGHI D, MIGNONE W et al (1996): Interazioni sanitarie tra mammiferi selvatici e domestici: una rassegna bibliografica sulla situazione italiana (1970–1993). Suppl. Ric. Biol. Selvaggina XXIV, 575–580.
DER SILBERNE BRUCH (ed.) (2002): Steinwild - Mythos und Wirklichkeit. Naturerbe Verlag Jürgen Resch, Überlingen, 158p.
DERIAN D (1998): Analyse bibliographique concernant l'impact du tourisme sur les ongulés et plus particulièrement le bouquetin des Alpes. Rapport interne, Parc National de la Vanoise, Chambéry, 20p.
DESAX C (1972): Der Stand der Wiederansiedlung des Steinwildes in der Schweiz. Schweiz. Zeitschrift für Forstwesen 123(9), 582–589.
DESAX C (1978): Arbeitstagung über Steinwild – 9.–11.2.1978 in Pontresina.

Bundesamt für Forstwesen, Sektion Jagdwesen und Wildforschung, 93p.
DEUTZ A & GRESSMANN G (2001): Gams- und Steinwild (Biologie, Krankheiten, Jagdpraxis). Leopold Stocker Verlag Graz und Stuttgart.
DIGGELMANN AW (1979): Steinböcke. Unterseen, 80p.
D'OLEIRE-OLTMANNS W (1988): 50 Jahre Steinböcke in Berchtesgaden. In: Jahrbuch des Vereins zum Schutz der Bergwelt (München) 53, 81–86.
DUBRAY D (1990): Experience française en matière de marquage optique des ongulés sauvages (techniques et efficacité): synthèse et analyse critique des questionnaires d'enquête. Actes du symposium sur les techniques de capture et de marquage des ongulés sauvage. Mèze, Hérault, 20–22 mars 1990, 217–223.
DURIO P, PERACINO V et al (1988): Dinamica di popolazione di ungulati in contesti territoriali soggetti a tutela integrale. Lo stambecco nel parco nazionale Gran Paradiso (1956-1985 trent'anni di censimenti). Collona Scientifica Parco Nazionale Gran Paradiso Torino, 19p(+117Tav).
EDI / EDMZ (1990): Verordnung über die Regulierung von Steinbockbeständen (VRS). Eidgenössisches Departement des Innern, 4p.
ERHARD H, CARMIGNOLA G, KRAUSE M (2000): Lo stambecco in Alto Adige. Casa Editrice Athesia, Bozen.
ESCHLER W & LÜPS P (1984): Überzähliger Eckzahn bei einem Steinbock. Zeitschrift für Jagdwissenschaft 30, 201–202.
ESCOS J & ALADOS CL (1991): Influence of weather and population characteristics of free-ranging Spanish ibex in the Sierra de Cazorla y Segura and in the Eastern Sierra Nevada. Mammalia 55(1), 67–78.
ESCOS J & ALADOS CL (1994): Application of the stage-projection model with density-dependent fecundity to the population dynamics of Spanish ibex. Can. J. Zool. 72, 731–737.
ESTEVE R & VILLARET C (1989): Le bouquetin en Haute Savoie. Un premier bilan après 10 ans de réintroduction et de protection. Bièvre 10, 23–38.
FERRARIO G (1992): Present status, trends and harvest rates of ungulates populations in Lombardy region (northern Italy). In BOBEK B et al eds, Trans. 18th Congr. IUGB, Global Trends in Wildlife Management, Krakow, Poland, Aug. 1987, Vol. 2, 485–488.
FERRARIS P (1994): Relazione sullo status delle colonie di stambecco nel comune di Alagna Valsesia. IBEX spéciale 1, 83–94.
FERRARIS P (1996): Relazione sullo status dello stambecco del Monte Rosa, nel comune di Alagna Valsesia. IBEX Journal of Mountain Ecology, Supplement 4(2), 43–44.
FERRARIS P (1996): Lo stambecco del Monte Rosa. IBEX Journal of Mountain Eccology, Supplement 4(2), 45–47.
FERROGLIO E, TOLARI F et al (1998): Isolation of Brucella melitensis from Alpine ibex. Journal of Wildlife Diseases 34, 400–402.
FILLI F (2006): Steinböcke. Seit 100 Jahren wieder in der Schweiz. Cratschla 14(1), 4–11.
FILLI F (2007): Was beeinflusst die Entwicklung der Steinbock-Kolonien in der Schweiz? Cratschla 15(2), 29.
FINI F (1980): Le cacce di Vittorio Emmanuele II. In FINI F & MATTANA G, Il Gran Paradiso, Zanichelli, Bologna.
FRAMARIN F (1977): Alcune considerazioni sulla cessioni di stambecchi del Gran Paradiso per formare altrove nuove colonie. Proc. Seminar Reintroductions: Techniques and Ethics, Rome, 29–30 june 1976, WWF, 17–19.
FRANCISCI F, FOCARDI S, BOITANI L (1985): Male and female Alpine ibex: phenology of space use and herd size. In LOVARI S, Biology and management of mountain ungulates, Croom-Helm, London, 124–133.
FREI P (1972): Ökologische Untersuchungen an Huftieren im Val Trupchun. 2. Jahresber. Arbeitsgr. Wildforsch. 32–33.
FUCHS W (1975): Zur Geschichte des Steinbockes im Kanton Schwyz. Schweizerjäger 60(8), 313–316.
GARREL F (2000): Étude du comportement spatial et alimentaire des ongulés sauvages dans la réserve de Belledonne/Sept/Laux. Mémoire de DEA., IGA Université J. Fournier Grenoble, 45p.

GATTINGER G, ONDERSCHEKA K, HUSS H (1978): Nähr- und Mineralstoffgehalt des Panseninhaltes von Gams- und Steinwild. Tagungsbericht 3. Int. Gamswildsymposium, Mayrhofen, Tirol, 18–29.
GAUTHIER D (1990): Pratiques française en matière d'immobilisation par voie chimique: synthèse des questionnaires et experience du parc national de la Vanoise. Actes du symposium sur les techniques de capture et de marquage des ongulés sauvages. Mèze, Hérault, 20–22 mars 1990, 7–17.
GAUTHIER D & MICHALLET J (1990): Bilan des expériences françaises en matière de capture par engin du bouquetin des Alpes. Actes du symposium sur les techniques de capture et de marquage des ongulés sauvages, Mèze, Hérault, 20–22 mars 1990, 139–145.
GAUTHIER D & VILLARET J-C (1990): La réintroduction en France du bouquetin des Alpes. Revue d'Ecologie (La Terre et la Vie), Suppl. 5, 97–119.
GAUTHIER D (1991): La kérato-conjunctivite infectieuse du chamois. Étude épidémiologique dans le département de la Savoie, 1983–1990. Thèse de doctorat vétérinaire Université Claude Bernard Lyon, 107p.
GAUTHIER D, MICHALLET J et al (1992): Taille et composition des groupes sociaux dans six populations de bouquetins des Alpes Travaux Scientifiques du Parc National de la Vanoise 18, 101–124.
GAUTHIER D & MICHALLET J (1993): Bilan des experiences françaises en matière de capture par engin du Bouquetin des Alpes. In DUBRAY D ed, Techniques de captures et du marquage des ongulés sauvages, Actes du Symp. Mèze (France), 20–22 mars 1990, 139–145.
GAUTHIER D & DURAND T (1996): Relationships beetween mountain livestock breeding and wild ungulates health in national park of Vanoise. European Section Wildlife Disease Association – 2nd European Conference of Wroclaw, Poland, October 16–21.
GIACOMETTI M (1991): Distribuzione dello stambecco sull'arco Alpino: Stato attuale delle conoscenze metodologie di perfezionamento. In PERACINO V & BASSANO B eds, Atti IV Incontro Internazionale Gruppo Stambecco Europa, Maloja Pass e Alagna Valsesia 1991, Coll. Sci. Parco Naz. Gran Paradiso no. 178, 5–9.
GIACOMETTI M (1994): Projektoren, Injektionssysteme und Medikamente bei der medikamentellen Immobilisation von ausgewählten Schalenwildarten: eine Übersicht. Wiener Tierärztliche Monatsschrift 81, 141–144.
GIRARD ID, GAUTHIER D, MARTINOT J-P (1998): Descriptive study of natural expansion processes of Alpine ibex in the Vanoise national park. Proc. 2nd World Conference on Mountain Ungulates Saint-Vincent, Italy, 5–7 Mai 1997. Collana Scientifica Parco Nazionale Gran Paradiso 98(1), 107–119.
GONZALES G (1982): Éco-éthologie du bouquetin en Sierra de Gredos. Acta Biol. Montana (1), 177–215.
GONZALES G (1994): Variation saisonnières dans l'utilisation du milieu par le bouquetin des Alpes. Travaux Scientifiques du Parc National de la Vanoise. Cahiers du Parc, spécial bouquetins, Chambéry, 151–174.
GRAF C (1978): Der Stand der Wiedereinbürgerung des Alpensteinbockes. Tagesbericht 3. internat. Gamswild-Symposium in Mayrhofen, Tirol, 54–59.
GREENBERG D, LEVY N (1989): Observations on a communal nursery in Nubian ibex. Isr. J. Zool. 36(3/4), 156 (abstract).
GRIGNOLIO S, LUCCARINI S et al (1999): Selezione dell'habitat ed uso dello spazio in maschi di stambecco alpino nel parco nazionale del Gran Paradiso. IV Conv. Naz. Biol. della Selvaggina, Bologna 28–30 ottobre 1999, 155 (abstract).
GROSS JE, ALKON PU, DEMMENT MW (1995): Grouping patterns and spatial segregation by Nubian ibex. Journal of Arid Environments 30, 423–439.
GROSS JE (1998): Sexual segregation in ungulates: a comment. Journal of Mammalogy 79(4), 1404–1409.
GROVES P & SHIELDS GF (1996): Phylogenetics of the Caprinae based on cytochrome b sequence. Molecular Phylogenetics and Evolution 5(3), 467–476.
GRZIMEK B (1970): Ziegen und Schafe. In Grzimeks Tierleben, Bd. 4, Säugetiere, Kindler Verlag Zürich, 473–504.
GUGGISBERG CAW (1945): Die Steinböcke am Augstmatthorn. Jahrbuch Thuner- und Brienzersee 81–89.

GUGGISBERG CAW (1955): Das Tierleben der Alpen. Bd. II, Verlag Hallwag, Bern.
HABERMEHL KH (1977): Die Altersbeurteilung beim Alpensteinbock. Jagd und Hege 9(2), 20–21.
HABERMEHL K-H (1992): Die Altersbeurteilung beim weiblichen Steinwild anhand der Skelettentwicklung. Anatomia, Histologia, Embryologia 21(3), 193–198.
HAINARD R (1953): Notes sur le rut du bouquetin. Säugetierkundliche Mitteilungen 1(1), 26–28.
HALLER R (1996): Homerange- und Habitatanalysen. Entwicklung von Methoden zur Nutzung von geografischen Informationssystemen in der Wildforschung. Diplomarbeit Uni Zürich, 97p + Anhang.
HALLER R (2006): Die räumliche Verteilung der Huftiere im Schweizerischen Nationalpark – Evaluation der Aufnahme- und Analysemethoden und Vergleich mit den Bestandeserhebungen. Nationalpark-Forschung in der Schweiz 93, 45–78.
HARESTAD AS & BUNNELL FL (1979): Home range and body weight – a reevalution. Ecology 60(2), 389–402.
HARS J (1994): The pathology of Alpine ibex : Health evaluation of French populations from 1980 to 1992. In CATALINO MA et al, Actas del Congreso internacional del Género Capra en Europe, Ronda, 20–22 Octubre 1992, 117–126.
HARS J & GAUTHIER D (1994): Pathologie du bouquetin des Alpes : bilan sanitaire des populations françaises. Travaux Scientifiques du Parc National de la Vanoise. Cahiers du Parc, spécial bouquetins, Chambéry, 53–98.
HARTL GB (1986): Steinbock und Gemse im Alpenraum – genetische Variabilität und biochemische Differenzierung zwischen den Arten. Z. Zool. System. Evolutionsf. 24, 315–320.
HARTL GB, BURGER H et al (1990): On the biochemical systematics of Caprini and Rupicaprini. Biochem. Syst. Ecol. 18, 175–182.
HARTL GB & WILLING R (1990): On the biochemical genetics of the Alpine ibex. In BALBO T et al, eds, Atti Conv. Int.: Lo Stambecco delle Alpi. Realta Attuale e Prospettive, Valdieri, 17–19 Sett. 1987, 3–9.
HARTL GB, MENEGUZ PG et al (1994): Molecular systematics of ibex in western Europe. In CATALINO MA et al, Actas del Congreso international del Género Capra en Europe, Ronda, 20–22 Octubre 1992, 21–26.
HATLAPA H-HM & WIESNER H (1982): Die Praxis der Wildtierimmobilisation. Verlag Paul Parey Hamburg und Berlin, 96p.
HECK L (1950): Bericht über die Einbürgerung des Alpensteinbockes im Naturschutzgebiet Berchtesgaden. Jb. zum Schutze der Alpenpflanzen und -Tiere, 88–92.
HEGG O (1961): Analysen von Grosswildkot aus dem schweizerischen Nationalpark zur Ermittlung der Nahrungszusammensetzung. Revue Suisse de Zoologie 68, 156–165.
HEGGLIN I (1996): Räumliche Verteilung, Dichte, Aktivitätsmuster und Konkurrenz bei Steinbock, Gemse und Rothirsch in der Val Trupchun (Schweizerischer Nationalpark). Diplomarbeit, Zoologisches Institut Universität Zürich, 81p.
HESS R (2002): The ecological niche of markhor Capra falconeri between wild goat Capra aegagrus and Asiatic ibex Capra ibex. Dissertation Universität Zürich, 133p.
HOFMANN A (1971): Das jahreszeitliche Verteilungsmuster und der Äsungsdruck von Alpensteinbock, Gemse, Rothirsch und Reh in einem begrenzten Gebiet im Oberengadin. Diplomarbeit Universität Zürich, 31p + Anhang.
HOFMANN H (1999): Erloschene Lichter: Gemsblindheit, Geissel für Haus- und Wildtiere. Naturforschende Gesellschaft Graubünden, Chur, 33p.
HOLTMEIER FK (1968): Ergänzende Beobachtungen in der Steinwildkolonie am Schafberg und Piz Albris bei Pontresina. Bündnerwald 21(6), 244–249.
HOLTMEIER FK (1969): Das Steinwild in der Landschaft von Pontresina. Natur und Museum, Frankfurt am Main, ...
HOLZGANG O (1997): Herbivore-carying capacity of grasslands in the Swiss National Park. Dissertation ETH 12080, Zürich. 71p.
HORWICH RH, COGSWELL S et al (1982): Seasonal variation in mother-daughter groupings in Siberian ibex. Zool. Biol. 1(4), 345–354.
HUTTER P & GLAUSER M (1974): Les chamois et les bouquetins. Editions Payot Lausanne, 76p.

INGOLD P, HUBER B et al (1993): Tourismus und Freizeitsport im Alpenraum - ein gravierendes Problem für Wildtiere? Revue Suisse de Zoologie 100(3), 529–545.
IRMGARD R (1980): Vergleichende Untersuchungen an Magen-Darm-Nematoden von Gemse und Steinbock. Dissertation Uni Wien.
IVANOVIC T (2001): Steinböcke der Welt. Biologie und Bejagung. DVD. JW 12(4), 66–80.
JANAVEL R (1994): La colonia di stambecco dell'Oasi del Barant, alta Val Pellice (TO). IBEX spéciale 1, 77–78.
JOSLIN G ed (1986): Northern Wild Sheep and Goat Council, Proc. of the Fifth Biennal Symp.
KLANSEK E & VAVRA I (1991): Ergebnisse botanischer Analysen an Panseninhaltsproben von Steinwild. In PERACINO V & BASSANO B eds, Atti IV Incontro Internazionale Gruppo Stambecco Europa, Maloja Pass e Alagna Valsesia 1991, Coll. Sci. Parco Naz. Gran Paradiso no. 178, 156–160.
KLANSEK EF & VAVRA I (1994): Results of analysis of rumen contents o Capra ibex in Grisons (Switzerland). In: Anonymus, Actas del Congreso international del Genero Capra en Europe, Ronda, 20–22 Octubre 1992, 33–37.
KLINGLER K & KRÄMER A (1966): Über den Einfang von Gems- und Steinwild. Zeitschrift für Jagdwissenschaft 12, 125–137.
KÖPSELL R (1973): Zur Charakterisierung der ökologischen Nische des Steinwildes. Diplomarbeit Uni Göttingen.
KOFLER H (1982): Steinbock kontra Gams. Mitteilungen aus der Wildforschung 20, Uni München.
KOFLER H (1983): Der Steinbock - Ansprüche, Einbürgerung, Bejagung. Tagungsbericht der Hegegemeinschaft Röthelstein-Hochlantsch, St. Erhard, Österreich, 25. Juni 1982, 55p.
KOFLER H (1983): Gams und Steinbock: Konkurrenz und Koexistenz am Beispiel Hochlantschstock. In KOFLER H, Tagungsbericht Hegegemeinschaft Röthelstein-Hochlantsch, 21–30.
KOFLER H (1985): Harvesting an atypical ibex population: a management plan. In LOVARI S, The biology and management of mountain ungulates, 212–215.
KOHLHAMMER C (2005): Steinböcke Lebensbilder, Bouquetins Portraits, Ibex Portraits. Simowa Verlag, Stämpfli Bern, 80p.
KOHLMANN SG, MÜLLER DM, ALKON PU (1996): Antipredator constraints on lactating Nubian ibexes. Journal of Mammalogy 77(4), 1122–1131.
KRANZ A & ZEILER H (2001): Steirisches Steinwildsymposium: Hat das Steinwild Zukunft? Der Anblick (6), 24–28.
LANFRANCHI P (1982): Problematiche sanitarie della convivenza tra animali domestici e selvatici. Atti Conv. «Attivita silvo-pastorali ed aree protette», 169–178.
LANFRANCHI P (1984): Considering the parasitological situation in wild ruminants in Piemont (Italy). In ANONYM, XV Congr. Int. de Fauna Cinegetica y Silvestre, Trujillo 1981, 254–250.
LANFRANCHI P & ROSSI L (1985): Dinamica della contaminazione di pascoli con larve di nematodi gastro-intestinali di ruminanti. Parasitologia 30 (Suppl.), 101–102.
LANFRANCHI P & ROSSI L (1987): Les helmintes pathogenes des animaux sauvages d'Europe. In Faune Sauvage d'Europe, Inf. Tech. Services Vétérinaires, Min. Agriculture, Paris, 259–268.
LANFRANCHI P, MANFREDI MT et al (1991): Elmintofauna abomasale nello stambecco della colonia di Albris (canton Grigioni, Svizzera). In PERACINO V & BASSANO B eds, Atti IV Incontro Internazionale Gruppo Stambecco Europa, Maloja Pass e Alagna Valsesia 1991, Coll. Sci. Parco Naz. Gran Paradiso no. 178, 137–148.
LANFRANCHI P (1991): Parassiti e gestione sanitaria del patrimonio faunistico. In ANONYM, Atti I e II Corso di Aggiornamento sulla Gestione e Protezione del Patrimonio Faunistico, Brescia 1989–1990, 32, 269–282.
LANFRANCHI P (1993): Patrimonio zootecnico e faunistico: interazioni sanitarie e reletive implicazioni gestionali. Atti Conv. Soc. Italiana di Buiatria 25, 147–155.
LEMBKE M (1998): Les interactions entre le bouquetin des Alpes et le Merinos d'Arles sur la réserve de Belledonne/Sept/Laux: influences sur les populati-

ons, les paysages et leur gestion. Mémoire de DEA., IGA Université J. Fournier Grenoble, 47p.
LINZI MP (1978): Analisi preliminare dell'ecologia della colonia di stambecchi del parco nazionale del Gran Paradiso. Tesi di dottorato Universita Roma.
LOISON A, TOÏGO C et al (2002): Demographic processes in colonizing populations of isard and ibex. Journal of Zoology London 256, 199–205.
LÜPS P (1982): Hörner – Vielfalt aus Knochen und Eiweiss. Berner Zeitung 12.10.1982.
LÜPS P (1983): Der Steinbock bereitet nicht nur Freude. Der Bund 134(233), 2.
LÜPS P (1986): 65 Jahre Steinwildgehege im Berner Oberland. Berner Zeitung 10.6.1986, 33.
LÜPS P (2001): Steinbock, Luchs und viele andere: Wunschdenken und Wirklichkeit bei Wiedereinbürgerungen in der Schweiz. Beiträge zur Jagd- und Wildforschung 26, 15–22.
MADL E (1991): Vegetation und deren Produktion auf Flächen des Val Trupchuns, Schweizerischer Nationalpark. Diplomarbeit Universität Bern.
MAIN MB & COBLENTZ BE (1990): Sexual segregation among ungulates: a critique. Wildlife Society Bulletin 18, 204–210.
MAIN MB, WECKERLY FW, BLEICH VC (1996): Sexual segregation in ungulates: new directions for research. Journal of Mammalogy 77(2), 449–461.
MAIN MB (1998): Sexual segregation in ungulates: a reply. Journal of Mammalogy 79(4), 1410–1415.
MAIRE S (1995): Les bouquetins du Creux du Van. Diplomarbeit Uni Neuchâtel, 22p.
MANCEAU A (1997): Polymorphisme des séquences d'ADN mitochondrial dans le genre Capra. Application à la conservation du bouquetin des Pyrénées. Thèse de doctarat Université Grenoble 1, 89p.
MARCHANDEAU F (1992): Faune sauvage et faune domestique en milieu pastoral: une synthèse bibliographique. Gibier Faune Sauvage 9, 167–185.
MARIÉTAN I (1933): Le bouquetin en Valais: Cornes dans les alluvions de la Dixence. Bulletin de la Murithienne 50, 77–83.
MARIÉTAN I (1934): Le bouquetin en Valais: Cornes au glacier d'Otemma. Bulletin de la Murithienne 51, 117–118.
MARTINOT J-P, DELMAS M et al (1983): Contribution à la connaissance de la biogéographie et de l'éco-éthologie du bouquetin en Vanoise. Actes du VIIIe Colloque National de Mammalogie, Grenoble, 103–121.
MASCELLANI S (1997): Selezione dell'habitat e composizione dei branchi di maschi adulti di stambecco. Tesi di dottorato Universita Turino, 110p.
MATTHEE CA, BURZLAFF JD et al (2001): Mining the mammalian genom for artiodactyl systematics. Molecular Biol. 50(3), 367–390.
MEIER P (1952): Steinwildeinfänge im eidg. Bannbezirk Augstmatthorn. Schweizer Naturschutz 18, 20–21.
MENEGUZ PG, ROSSI L et al (1986): A solar radiation model for ibex relocation programs. In JOSLIN G ed, Northern Wild Sheep and Goat Council, Proc. of the Fifth Biennal Symp., 423–435.
MENEGUZ PG, ROSSO L et al (1989): Gli ungulati nelle aree protette del Piemonte: Biomasse e benessere animale. In VETRINO B ed, Reintroduction of Predators in Protected Areas, Atti del Convegno, Torino (Italy) June 24/25 1987, 21–27.
MICHALLET J, GRAND B, BONARDI J (1988): La population de bouquetins des Alpes de la réserve de Belledonne/Sept/Laux (département de l'Isère). Bulletin Mensuel de l'Office National de Chasse 125, 19–24.
MICHALLET J (1989): Le bouquetin des Alpes. Office National de Chasse, Notes Techn. Fiche no. 57, 6p.
MICHALLET J (1991): Inventaire des populations de bouquetins des Alpes en France. Bulletin Mensuel de l'Office National de la Chasse 159, 20–27.
MICHALLET J, LOISON A et al (1994): Valeur de critères biométriques externes pour la détermination de l'âge du bouquetin des Alpes: rôle du sexe et de l'habitat. Gibier Faune Sauvage, Game Wildlife 11, 99–118.
MICHALLET J, LOISON A, GAILLARD JM (1996): Valeur de critères biomètriques externes pour le rôle de l'habitat dans le développement biométrique du bouquetin des Alpes. IBEX Journal of Mountain Ecology Supplement 4(2), 1–8.
MICHALLET J, LEMBKE M, TOÏGO C (2002): Effets des pratiques pastorales sur les pelouses et landes d'altitude dans le massif de Belledonne. Rapport Scientifique 2001 ONCFS, 62–68.
MONGAZON C & GAUTHIER D (1994): Relations de dominance-subordination chez le bouquetin des Alpes. Traveaux Scientifiques du Parc National de la Vanoise 18, 125–150.
MONTAGUT G, HARS J et al (1981): Observations sur la pathologie des ruminants sauvages de montagne (chamois, bouquetins, mouflons) dans le département de la Savoie du 1er juillet 1977 au 30 juin 1980. Travaux Scientifiques du Parc National de la Vanoise 11, 202–225.
MÜLLER G (1976): Morphologische und metrische Untersuchungen an Herzen mitteleuropäischer Wildwiederkäuer Cerphus elaphus, Capreolus capreolus, Capra ibex, Cervus dama, Rupicapra rupicapra unter besonderer Berücksichtigung der Herzknochen als Mittel der Altersschätzung. Dissertation Uni Giessen.
MYSTERUD A (2000): The relationship between ecological segregation and sexual body size dimorphism in large herbivores. Oecologia 124, 40–54.
NADLER CF, HOFFMANN RS, WOOLF A (1974): G-Band patterns, chromosomal homologies and evolutionary relationships among wild sheep, goats and aoudads (Mammalia, Artiodactyla). Experientia 30(7), 744–746.
NASCETTI G, LANFRANCHI P et al (1990): Studi elettroforetici sulla variabilita e divergenza genetica di Capra i. ibex e Capra aegagrus hircus delle Alpi. In BALBO T et al, eds, Atti Conv. Int.: Lo Stambecco delle Alpi. Realta Attuale e Prospettive, Valdieri, 17–19 Sett. 1987, 11–15.
NIETHAMMER J & KRAPP F (1986): Handbuch der Säugetiere Europas, Bd. 2/II Paarhufer. Aula-Verlag Wiesbaden.
NIEVERGELT B (1964): Auswirkungen des Winters 1962/63 auf das Steinwild. Jb. d. Österreichischen Arbeitskreises f. Wildtierforschung, Graz.
NIEVERGELT B (1965): Der Alpensteinbock in seinem Lebensraum. Ein ökologischer Vergleich verschiedener Kolonien. Dissertation Uni Zürich.
NIEVERGELT B (1967): Steinwild und Steinwildhege. Schweizer Naturschutz 33(6), 154–157.
NIEVERGELT B (1974): A comparison of rutting behaviour and grouping in the Ethiopian and Alpine ibex. In GEIST & WALTHER, eds, Behaviour of ungulates and its relation to management. IUCN Morges, Switzerland 324–340.
NIEVERGELT B (1981): Ibexes in an African Environment. Ecology and social system of the walia ibex in the Simen Mountains, Ethiopia. Springer-Verlag Berlin und New York, 189p.
NIEVERGELT B, GOOD T, GÜTTINGER R (1998): A survey on the flora and fauna of the Simen Mountains national park Ethiopia. Walia, special issue, Pano-Verlag Zürich, 109p.
NOWAK RM (1991): Walkers mammals of the world. 5th ed. John Hopkins Univercity Press, Baltimore.
OTTINO M & ROSSELLI D et al (1991): Reintroduzione dello stambecco nel parco nazionale della Val Troncea: Osservazioni di dinamica della popolazione. IN PERACINO V & BASSANO B eds, Atti IV Incontro Internazionale Gruppo Stambecco Europa, Maloja Pass e Alagna Valsesia 1991, Coll. Sci. Parco Naz. Gran Paradiso no. 178, 85–93.
PEDROTTI L, TOSI G, FERRARIO G (1994): First results from an ibex. Radiotracking study in the Orobie Alps, Italy. In THOMPSON ID ed, Proc. XXI IUGB Congress, Forests and Wildlife, Halifax, Canada Aug. 1993, Vol. 2, 348–355.
PEDROTTI L, TOSI G, FERRARIO G (1994): Organizzazione di uno studio mediante Radio-tracking e analisi degli homerange: Applicazzione agli ungulati alpini. In SPAGNESI M & RANDI E, eds, Applicazioni del radio-tracking per lo studio e la conservazione dei Vertebrati, Castel San Pietro Terme, Bologna, 12 novembre 1993, Ric. Biol. Selvaggina Suppl. Vol. XXIII: 3–100.
PEDROTTI L (1995): La reintroduzione dello stambecco nelle Alpi Orobie. Occupazione dello spazio, utilizzo dell'habitat, dinamica die branchi e valutazione degli home-range. Tesi di dottorato Universita Milano, 269p.
PEDROTTI L, PICCINI S et al (1997): Approcci metodologici all'analysi degli home range: il caso dello stambecco delle Alpi Orobie. In SPAGNESI M et al eds, Atti del III Convegno Nazionale dei Biologia della Selvaggina, Bologna 9–11 feb-

braio 1995, Istituto Nazionale per la Faune Selvatica. Supplemento alle Richerche di Biologia, Suppl. XXVII, 709-721.
PERACINO V & BASSANO (1986): Relazione sullo stato delle colonie di stambecco create con l'immissione di animali provenienti dal parco nazionale del Gran Paradiso. Coll. Scient. Parco Nazionale Gran Paradiso, Torino, 59p.
PERACINO V, BASSANO B, GRIMOD I (1989): Alcuni aspetti dell'uso dello spazio, dell'organizzazione sociale e della dinamica di popolazione dello stambecco in un'area campione del parco nazionale del Gran Paradiso. Ente Parco Nazionale Gran Paradiso, Servizio Sanitario. Museo Regionale di scienze naturali, Saint Pierre, Aosta, 69p.
PERACINO V (1990): Progetto stambecco-Europa. In BALBO T et al, eds, Atti Conv. Int.: Lo Stambecco delle Alpi. Realta Attuale e Prospettive, Valdieri, 17-19 Sett. 1987, 123-127.
PERACINO V & BASSANO B (1991): Nuova metodologia di censimento di ungulati nel Parco Nazionale Gran Paradiso. In FASOLA M ed, Atti II Seminario Italiano Censimenti Faunistici dei Vertebrati, Brescia 6-9 Aprile 1989, Ric. Biol. Selvaggina Suppl. 16, 611-615.
PERACINO V & BASSANO B (1991): Interazioni sanitarie tra patrimonio faunistico e zootecnico in due zone campione del parco nazionale del Gran Paradiso. In Atti II Conv. Naz. Biologi della Selvaggina, Suppl. Ric. Biol. Selvaggina, 19, 783.
PERACINIO V & BASSANO B (1991): Risultati di un programma di reintroduzione e ripopolamento in ambiente alpino. In ANONYM, Atti I e II Corso di Aggiornamento sulla Gestione e Protezione del Patrimonio Faunistico, Brescia, 1989-1990, Cura. Istit. Qual. Aggiorn. Tecn., Prof. Agricol., Brescia, 32, 315-323.
PERACINO V & BASSANO B eds (1991): Atti Incontro Internazionale IV del Gruppo Stambecco Europa al Maloja Pass (9-10 Maggio 1991) e ad Alagna Valsesia (13-15 Giugno 1991). Coll. Sci. Parco Naz. Gran Paradiso no. 178, 218p.
PERACINO V & BASSANO B (1991): La redistribuzione dello stambecco in Italia (1985-1991). In: PERACINO V & BASSANO B eds, Atti IV Incontro Internazionale Gruppo Stambecco Europa, Maloja Pass e Alagna Valsesia 1991, Coll. Sci. Parco Naz. Gran Paradiso no. 178, 115-122.
PERACINO V & BASSANO B (1992): Status of introduced ibex in the Italian Alps. In BOBEK B et al eds, Trans. 18th Congr. IUGB, Global Trends in Wildlife Management, Krakow Poland, Aug. 1987, Vol. 2, 155-156.
PERACINO V & BASSANO B (1993): Bilan de 30 années d'expériences de capture des ongulés sauvages – bouquetin des Alpes et chamois – dans le Parc National du Gran Paradis (Italie). In DUBRAY D ed, Techniques de capture et de marquage des ongulés sauvages. Actes du Symp., Mèze (France), 20-22 mars 1990, 37-44.
PERACINO V (1994): Progetto stambecco – Europe. In PERACINO V & BASSANO B, eds, Atti Incontro Gruppo Stambecco Europe, Grenoble 24-26 Giugno 1993, IBEX spéciale 1, 1-14.
PERACINO V & BASSANO B, eds (1994): Atti Incontro Gruppo Stambecco Europe, Grenoble 24-26 Giugno 1993. IBEX spéciale 1, 99p.
PERACINO V & BASSANO B (1994): Valutazione di idoneita dei territori del Parco Naturale dell'Orsiera – Rocciavre ai fini della reintroduzione dello stambecco. In PERACINO V & BASSANO B, eds, Atti Incontro Gruppo Stambecco Europe, Grenoble 24-26 Giugno 1993, IBEX spéciale 1, 49-61.
PERACINO V (1995): La dieta di stambecco e camoscio analizzata tramite la copro-microscopia. IBEX 1, 11-32.
PERACINO V (1996): Analisi della dieta dello stambecco in base all'esame deiresidui fecali: approccio metodologico. IBEX Suppl. 4(2), 13-17.
PERCO F (1991): Lo stato delle colonie di stambecchi nel Friuli – Venezia Giulia al 31.12.90. In PERACINO V & BASSANO B eds, Atti IV Incontro Internazionale Gruppo Stambecco Europa, Maloja Pass e Alagna Valsesia 1991, Coll. Sci. Parco Naz. Gran Paradiso no. 178, 177-181.
PÉREZ JM, RUIZ I et al (1997): The dynamics of sarcoptic mange in the ibex population of Sierra Nevada in Spain – influence of climatic factors. Journal of Wildlife Research 2, 86-89.
PFEFFER P & SETTIMO R (1973): Déplacements saisonniers et compétition vitale entre mouflons, chamois et bouquetins dans la réserve du Mercantour (Alpes Maritimes). Mammalia 37(2), 203-219.
QUENETTE PY (1990): Functions of vigilance in mammals: a review. Acta Oecologica 11(6), 801-818.
RAILLARD M (1985): Nahrungswahl der Gemse auf alpinen Silikatrasen bei Davos mit Vergleich zum Steinbock. Diplomarbeit, ETH Zürich, 73p.
RATTI P (1968): Das Steinwild am Piz Albris. Bündnerwald 21 176-183.
RATTI P (1977): Der Hegeabschuss von Steinwild im Jahre 1977. Bündner Jäger-Zeitung 64(2), 330-332.
RATTI P (1978): Zur Hege des Steinbockes im Kanton Graubünden. In DESAX C, Arbeitstagung über Steinwild, Pontresina, 9.-11.2.78, 36-42.
RATTI P (1979): Bericht über den Verlauf des Hegeabschusses von Steinwild 1979. Bündner Jägerzeitung 66(12), 348-349.
RATTI P (1981): Zur Hege des Steinwildes im Kanton Graubünden. Zeitschrift für Jagdwissenschaft 27(1), 41-57.
RATTI P (1984): Zur Hege des Steinwildes im Kanton Graubünden. In CIC, Der Steinbock in Eurasien, Symposium Pontresina 1984, 112-133.
RATTI P (1987): Zur Hege des Steinwildes. Schweizerjäger 72(8), 367.
RATTI P (1988): Bericht über den Verlauf des Hegeabschusses auf Steinwild 1987. Bündner Jägerzeitung 75(3), 99.
RATTI P (1993): Wiederansiedlung und Regulation des rhätischen Steinwildes. Berichte Naturw. Ges. SG 86, 45-53.
RATTI P (1994): Vier Jahre Jagdplanung im Kanton Graubünden 1990-1993. Bündner Jägerzeitung 81(4), 122-126.
RATTI P (1995): Steinwild – Stambecco – Capricorn. Ratschläge für die Jagd. Jagd- und Fischereiinspektorat GR, Chur, 6p.
RATTI P (2003): Populationsdynamik. In: MEILE: Der Steinbock, Biologie und Jagd, 117-122.
RAUCH A (1939): Die Wiedereinbürgerung des Alpensteinwildes in der Schweiz. Der Deutsche Jäger 61 (47), 763-765.
RAYE G (1994): L'utilisation de l'espace en hiver par le bouquetin des Alpes dans le parc national de la Vanoise. Travaux Scientifiques du Parc National de la Vanoise. Cahiers du Parc, spécial bouquetins, Chambéry 18, 205-238.
RESCHE-RIGON F (1982): Ongulés sauvages et domestiques; usages multispécifique des landes et pelouses d'altitude de Mercantour. Mémoire CEMAGREF, Groupement de Grenoble, Parc National du Mercantour, Nice.
REYDELLET M (1978): Der Alpensteinbock in Frankreich. In DESAX C, Arbeitstagung über Steinwild, Pontresina 9.-11.2.78, 43-54.
REYDELLET M (1984): Der Steinbock in Frankreich. In CIC, Der Steinbock in Eurasien, Symposium Pontresina 1984, 112-133.
RICCI A (1991): Relazione sullo status delle colonie di stambecco del parco nazionale dello Stelvio. IBEX spéciale 1, 79-82.
ROCHAT N (1996): Bouquetin des Alpes: niche spatio-temporelle. Cratschla 4(1), 56-59.
ROSSI L, LANFRANCHI P et al (1985): Sull'infestazione sperimentale e spontanea di ovini e caprini con nematodi gastro-intestinali do camosci e stambecchi del Parco Nazionale Gran Paradiso. Ann. Fac. Med. Vet. Torino 30, 70-82.
ROSSI L, POZIO E et al (1992): Epidemiology of sylvatic trichinellosis in North-Western Italy. Rev. Sci. Tech. Off. Int. Epiz. 11(4), 1039-1046.
ROSSI L, LANFRANCHI P et al (1992): Sull'infestazione sperimentale e spontanea do ovini e caprini con nematodi gastro-intestinali di camosci e stambecchi del parco nazionale Gran Paradiso. Ann. Fac. Med. Vet. Torino 30, 15p.
RÜEDI D, RINDLISBACHER F, RATTI P (1985): Erfahrungen beim Einfang von Steinwild. Int. Symp. Erkrank. Zoo und Wildtere 27, 309-315.
RUSTERHOLZ M (1980): Ernährungsbiologie des Wildes. Teil 2: Reh, Rothirsch, Gemse und Steinbock. Wildbiologie für die Praxis No. 2/7, 12 p.
SCHALLER GB & MIRZA Z (1971) : On the behaviour of Kashmir markhor (Capra falconeri cashmirensis). Mammalia 35, 548-567.
SCHALLER GB & LAURIE A (1974): Courtship behaviour of wild goats.

Zeitschrift für Säugetierkunde 39, 115–127.
SCHAWALDER F-J (1997): Zur Klauenfäule beim Steinwild. Schweizerjäger 82(5), 12–16.
SCHMID E (1966): La chasse en Valais. Schweizerische Zeitschrift für Forstwesen 117 (8–9).
SCHNITTER M (1962): Beobachtungen zur Nahrungsaufnahme beim Steinwild. Verh. Schweiz. Naturf. Ges., Scuol 142, 110–112.
SCHNITTER M (1976): Der Steinbock. Schriften aus dem Zoologischen Museum der Uni Zürich, 2. Auflage, 40p.
SCHRÖDER C, BASSANO B, PERACINO V (1979): Vergleich des Verhaltens von gesunden und an Keratokonjunktivitis erkrankten Steinböcken und Gemsen im Nationalpark Gran Paradiso (Italien). Ornithologischer Beobachter 92(3), 255–256.
SCHRÖDER W & KOFLER H (1984): Coexistence and competitive exclusion between ibex and chamois. Acta Zool. Fennica 172, 87–88.
SCHRÖDER W & KOFLER H (1985): Do parasites play an important role in competition between ibex and chamois? In LOVARI S ed, The Biology and Management of Mountain Ungulates, Croom-Helm, London, 265–268.
SCRIBNER KT (1993): Conservation genetics of managed ungulate populations. In HARTL GB & MARKOWSKI J eds, Ecol. Genetics in Mammels – Current Res. and Future Persp., Symp. Lodz Univ. Poland, 3–9 Sept. 1992, Acta Theriol. 38 (Suppl. 2), 89–101.
SCRIBNER KT & STÜWE M (1994): Genetic relationship among Alpine ibex populations re-established from a common ancestral source. Biological Conservation 69, 137–143.
SEILER J (1980): Der Alpensteinbock im Freiland und in Gefangenschaft. Diplomarbeit Universität Bern.
SIGAUD J, PERRIER J, TRON EL (1994): La réintroduction du bouquetin des Alpes dans le Parc National des Écrins. IBEX spéciale 1, 73–76.
SPAGNESI M, BERTOLINI E et al (1979): La distribuzione degli ungulati e della marmotta nel parco nazionale dello Stelvio, nelle Alpi e Prealpi Lombarde e nel cantone Ticino (Svizzera). Ric. Biol. Selv. 66, 123p.
SPAGNESI M & TOSO S (1997): Analisi critica degli aspetti normative delle immissioni faunistiche. (Critical review of the legal aspects in wildlife.) In SPAGNESI M et al eds, Atti del III Convegno Nazionale dei Biologia della Selvaggina, Bologna 9–11 febbraio 1995, 39–46.
STÄHLI MR (2005): Alpensteinbock - Begegnungen mit dem König der Berge. Verlag Buchs Medien, Buchs.
STEINECK T & ONDERSCHEKA K (1995): Schilddrüsen und Nebennieren von Alpensteinwild aus Graubünden. Zeitschrift für Jagdwissenschaft 41(4), 248–255
STEINHAUF D (1960): Beobachtungen zum Brunftverhalten des Steinwildes. Säugetierkundliche Mitteilungen 7(1), 5–9.
STÜWE M & SCRIBNER K (1989): Low genetic variability in reintroduced Alpine ibex population.s. Journal of Mammalogy 70(2), 370–373.
STÜWE M & NIEVERGELT B (1991): Recovery of Alpine ibex from near extinction: the result of effective protection, captive breeding and reintroductions. Applied Animal Behaviour Science 29(1–4), 379–387.
STÜWE M, SCRIBNER K, ALKON PU (1992): A comparison of genetic diversity in Nubian ibex. Zeitschrift für Säugetierkunde 57(2), 120–123.
STÜWE M, SCRIBNER K, GAUTHIER D (1994): Caractéristiques génétiques des populations françaises de bouquetin des Alpes et conséquences sur leur gestion. Travaux Scientifiques du Parc National de la Vanoise 18, 33–44.
SWISS WILDLIFE INFORMATION SERVICE (SWIS) Schweizerische Jagdstatistik, Wildbestände. www.wild.unizh.ch.
SZANIAWSKI A (1984): Der Sibirische Steinbock in der Mongolei. In CIC, Der Steinbock in Eurasien, Symposium Pontresina 1984, 143–152.
SZEMKUS B (1993): Zum Verhalten von männlichen Alpensteinböcken unter dem Einfluss von Flugobjekten, insbesondere Gleitschirmen, am Augstmatthorn im Berner Oberland. Lizentiatsarbeit Universität Bern, 48p.

TATARUCH F & KLANSEK E (1990): First results of physiological and botanical examinations of ibex in Switzerland (Grisons). In BALBO T et al, eds, Atti Conv. Int.: Lo Stambecco delle Alpi. Realta Attuale e Prospettive, Valdieri, 17–19 Sett. 1987, 17–20.
TATARUCH F (1991): Ergebnisse der Steinwilduntersuchungen in Graubünden. In PERACINO V & BASSANO B eds, Atti IV Incontro Internazionale Gruppo Stambecco Europa, Maloja Pass e Alagna Valsesia 1991, Coll. Sci. Parco Naz. Gran Paradiso no. 178, 161–167.
TATARUCH F & ONDERSCHEKA K (1995): Untersuchungen zur Schwermetallbelastung des Steinwildes in Graubünden. Zeitschrift für Jagdwissenschaft 41(2), 110–113.
TATARUCH F & ONDERSCHEKA K (1996): Untersuchungen zur Kondition des Steinwildes. Zeitschrift für Jagdwissenschaft 42(2), 97–103.
TENGER E (1937): Von der Steinwildkolonie am Augstmatthorn. Schweizer Naturschutz 3(2), 29–31.
TENGER E (1946): Zur Blutauffrischung in den Steinwildgehegen. Schweizer Naturschutz 12, 112–113.
TEN HOUTE DE LANGE SM (1971): Zur Futterwahl des Alpensteinbockes. Diplomarbeit Universität Zürich, 49+22p.
TERRIER G (1988): Premier suivi de bouquetins des Alpes par satellite-système ARGOS. Suivi par radiotélémétrie des vertébrés terrestres. Actes du colloque international, 12–13 déc. 1988, Monaco 35–44.
TERRIER G & CHÂTAIN G (1989): Localisation de bouquetins des Alpes par satellite (Système ARGOS): Résultats préliminaires obtenus dans les massifs de l'Argentera – Mércantour et du Vercors. In DENDALETCHE C ed, Biocenoses d'Altitude 3: Montagnes d'Europe, Coll. Intern. Université Pau 18–20 Nov. 1989, Acta Biol. Mont. 9, 53–60.
TERRIER G & POLAERT F (1990): Occupation de l'éspace par le bouquetin des Alpes: Une approche par différentes méthodes de suivi individuel. Premiers résultats obtenus dans le Parc National du Mércantour. In BALBO T et al, eds, Atti Conv. Int.: Lo Stambecco delle Alpi. Realta Attuale e Prospettive, Valdieri, 17–19 Sett. 1987, 39–51.
TERRIER G, BRET E et al (1991): La réintroduction du bouquetin des Alpes dans les parcs du Mercatour, du Vercors et des Ecrins: Premier bilan. In PERACINO V & BASSANO B eds, Atti IV Incontro Internazionale Gruppo Stambecco Europa, Maloja Pass e Alagna Valsesia 1991, Coll. Sci. Parco Naz. Gran Paradiso no. 178, 41–51.
TERRIER G (1992): Principales mesures techniques relatives au lâcher d'ongulés sauvages. L'exemple du bouquetin des Alpes. Office National de Chasse, Bulletin Mensuel no. 167, 35–42.
TERRIER G & TRON (1993): Expérimentation d'un collier auto-détachable et/ou extensible pour bouquetins des Alpes. In DUBRAY D ed, Téchniques de capture et de marquage des ongulés sauvages. Actes du Symp., Mèze (France), 20–22 mars 1990, 324–326.
TERRIER G & ROSSI P (1994): Le bouquetin dans les Alpes Maritimes franco-italiennes: occupation de l'espace, colonisation et régulations naturelles. Travaux Scientifiques du Parc National de la Vanoise 18, 271–288.
TERRIER G, CHOISY JP et al (1994): Approche comparative des modalités d'occupation de l'espace par les populations de bouquetins des Alpes Françaises. Travaux Scientifiques du Parc National de la Vanoise 18, 249–270.
TOBLER I, RUHLÉ C, HINDENLANG K (1994): Long-term rest-activity recording in two female ibex in the wild. Contr. 12th European Sleep Res. Congr.
TOÏGO C (1994): Ségrégation sexuelle et variation des tactiques de reproduction entre les sexes: mise en évidence dans une population de bouquetins des Alpes. Rapport de DEA, Institut national agronomique de Paris-Grignon.
TOÏGO C (1998): Stratégies biodémographiques et sélection sexuelle chez le bouquetin des Alpes. Thèse de doctorat Université Claude Bernard, Lyon 1, 180p.
TOÏGO C (2002): Aménagements durables des espaces montagnards: impact sur la faune sauvage. Rapp. INTERREG II ONCFS, 54p.
TOSI G, SCHERINI G et al (1986): Gli ungulate del parco naturale dell'Argentera: analisi die popolamenti e ipotesi di gestione. Riv. Piemont. Storia Nat. 7, 77–92.

TOSI G, SCHERINI G et al (1986): Modello di valutazione ambientale per la reintroduzione dello stambecco. Ricerche di Biologia della Selvaggina 77, 80p.
TOSI G, SCHERINI G, FERRARIO G (1989): Progetto Stambecco Lombardia. Reintroduzione nelle Alpi Orobie. Regione Lombardia, Settore Agricoltura e Foreste, Milano, 42p.
TOSI G, SCHERINI G, FERRARIO G (1990): Programma di valutazione ambientale per la intoduzione dello stambecco nel territorio della Regione Lombardia. In BALBO T et al, eds, Atti Conv. Int.: Lo Stambecco delle Alpi. Realta Attuale e Prospettive, Valdieri, 17–19 Sett. 1987, 129–136.
TOSI G & PEDROTTI L (1994): Estimates of the home ranges of Alpine ibex in the Orobie Alps (Italy) by radio-tracking: Preliminary results. IN CATALINO MA et al, Actas del Congreso international del Género Capra en Europe, Ronda, 20–22 Octubre 1992, 257–259.
TRATZ E (1960): Belege für das einstige Verbreitungsgebiet des Steinwildes in Salzburg. Jub. Jahrbl. des Österr. Arbeitskreises für Wildtierforschung, 49p.
TRENSE W (1984): Stellung im System, Verbreitung, Bestand und Status, Bemerkungen. In CIC, Der Steinbock in Eurasien, Symposium Pontresina 1984, 153–161.
TRÖSCH B (1996): Zur Reaktionsempfindlichkeit von männlichen Steinböcken. Diplomarbeit Uni Bern, 22p.
TRON L, TERRIER G, BRET E (1991): Réintroduction du bouquetin des Alpes dans les parcs nationaux des Écrins, du Mercantour et dans le parc naturel régional du Vercors 1987–1990. 116ème congrès des sociétés savantes Chambéry. Sciences naturelles et montagnes 319–339.
TRON L, TERRIER G et al (1991): Déplacements de bouquetins des Alpes au cours des 12 premiers mois après leur lâcher dans les parcs des Écrins du Mercantour et du Vercors. In PERACINO V & BASSANO B eds, Atti IV Incontro Internazionale Gruppo Stambecco Europa, Maloja Pass e Alagna Valsesia 1991, Coll. Sci. Parco Naz. Gran Paradiso no. 178, 53–83.
VAVRA IS & KLANSEK EF (1994): Availability of feeding plants for Capra ibex in Grisons (Switzerland) in comparison with the composition of rumen contents. In CATALINO MA et al, Actas del Congreso international del Género Capra en Europa, Ronda, 20–22 Octubre 1992, 263–264.
VEINBERG PI (1978): Tree-marking behaviour of the Daghesian ibex. 2nd Congressus Theriologicus Internationalis 20–27 June 1978, Brno Czechoslovakia, 306 (abstract).
VILLARET JC & BON R (1995): Social and spatial segregation in Alpine ibex in Bargy. Ethology 101(4), 291–300.
VÖLK F (1994): Der Verbiss des Rot-, Reh-, Gams- und Steinwildes. Österreichische Forstzeitung 105(11), 10–12.
VON BÜLOW G (1978): Steinwild – das Vorkommen im deutschen Alpenraum. Wild und Hund 81(2), 25–27.
VON ELSNER-SCHACK I (1984): Der Steinbock heute. Mitteilungen aus der Wildforschung 40, 1–4.
VON HARDENBERG A, BASSANO B et al (2004): Horn growth but not asymmetry heralds the onset of senescense in male Alpine ibex. Journal of Zoology 263, 425–432.
VON HARDENBERG A (2005): Dynamique de population du bouquetin des Alpes. Thèse de doctorat Université de Sherbrooke, Canada.
WALTHER F (1960): Einige Verhaltensbeobachtungen am Bergwild des G.-von-Opel-Freigeheges. Jahrbuch G.-von-Opel-Freigehege 3, 53–89.
WALTHER F (1961): Mating behaviour of the ibex. In: mating behaviour of certain horned animals. International Zoo Yearbook 3, 70–77.
WALTHER F (1966): Mit Horn und Huf. Parey Verlag Berlin, 171p.
WALTHER F (1974): Some reflections on expressive behaviour in combats and courtship of certain horned ungulates. In GEIST V & WALTHER F (eds.): The behaviour of ungulates and ist relation to management. IUCN Publications, New Series 24(1), 56–106.
WEISSBRODT M (1975): L'épopée des grands hauts – les bouquetins en pays neuchâtelois. Editions de l'Ouest.
WEYRER K (1984): Stand und Entwicklung des Steinwildes in Tirol. In CIC, Der Steinbock in Eurasien, Symposium Pontresina 1984, 168–174.

WHITE RA & GARROTT RA (1993): Analysis of wildlife radio tracking data. Acad. Press Inc, Toronto, Canada, 383p.
WIERSEMA G (1983): Ibex habitat analysis using landsat imagery. ITC Journal 1983(2), 139–147.
WIERSEMA G (1983): L'habitat saisonnier du bouquetin dans le parc national de la Vanoise. Travaux Scientifiques du Parc. Nation. Vanoise 12, 211–222.
WIERSEMA G (1983): Project ibex: ibex habitat inventory and mapping in the European Alps. Mountain Research Development 3, 303–305.
WIERSEMA G (1984): Seasonal use and quality assessment of ibex habitat. Acta Zool. Fennica 172, 89–90.
WIERSEMA G & SCHRÖDER W (1985): How to find suitable ibex habitat using landsat imagery. In LOVARY S, The biology and management of mountain ungulates, 226–230.
WIERSEMA G (1988): Climate and vegetation characteristics of ibex habitats in the European Alps. Mountain Research and Development 9(2), 119–128.
WIERSEMA G & GAUTHIER D (1990): Statut du bouquetin des Alpes: contribution à la reintroduction et à la gestion de cette espèce. Travaux Sc entifiques du Parc National de la Vanoise 17, 235–252.
WIERSEMA G & ZONNEVELD IS (1990): Land survey for land evaluation using remote sensing for the introduction and management of ibex. In BALBO T et al, eds, Atti Conv. Int.: Lo Stambecco delle Alpi. Realta Attuale e Prospettive, Valdieri, 17–19 Sett. 1987, 99–114.
WÜST M (1996): Reaktionen von Steinböcken auf das experimentelle Abschirmen von ... Salzlecken. Cratschla 4(1), 50–55.
ZAFFARONI E, MANFREDI MT, LANFRANCHI P (2003): Specie-specificita dei nematodi abomasali in ruminanti selvatici alpini. IBEX (Supplement), 7, 191–197.
ZIEGLER P (1963): Die Verbreitung des Steinbocks in der Schweiz in prähistorischer und historischer Zeit. Schweizerische Stiftung für alpine Forschung, Band 6.
ZINGG A & SCHÜTZ M (2005): Waldentwicklung im Nationalpark. Cratschla 13(2), 4–7.

Das Stichwortverzeichnis

Wer unter dem Stichwort Verhalten sucht, erschliesst sich das Verhaltensinventar (Ethogramm). Verhaltensweisen ohne englische Begriffe sind wenig erforscht.

A

Aberglauben: siehe Ausrottung (Gründe)
Abgänge: siehe Mortalität
Abessinischer Steinbock: siehe Walia Steinbock
Absturz (vgl. Mortalität/Unfälle): 42, 66f, 84, 125, 149, 151, 202f
Abwanderung (vgl. Barrieren, Genaustausch, Ortstreue): siehe Wanderungen
abweisen, abwehren (Hörner aufwärts schwingen)(hook): 68, 76f, 80, 85f, 88, 146f
Adler (Angriff, Bedeutung, Jagdtechnik, Abwehr): 29, 44f, 53, 66–68, 93, 119, 163, 166f, 171
Aggressionsverhalten (auf Kampf ausgerichtet)(vgl. drohen): siehe Schlagabtausch, Schlagabtausch auf Hinterbeinen, Parallelkampf, Halskampf, schieben, Schlag, Sichelschlag, (hornen), (Bodenhornen), verfolgen, Schonung Rangtiefer, Rangverlust
Agonistisches Verhalten: siehe Rangverhalten
Ängstlichkeit (vgl. zahm?): siehe Rudel (Vorteile), Geburtsplatzwahl, Sinne, Reaktionsdistanz, Fluchtdistanz, Fluchtstrecke, Feinde
Äsung: siehe Nahrungswahl
Aktivitätsmuster (Nachtaktivität): 23, 33, 67, 116, 118, 148, 189
Aktivitätsmuster (saisonal): 23
Aktivitätsmuster (vgl. Zeitbudget)(tageszeitlich): 17f, 23, 26
Aktivitätsmuster (wetterbedingt): 20, 23, 26
Aktivitätsrhythmus: siehe Aktivitätsmuster
Albinos («Weisslinge»): 195
Albris (Piz)(GR): siehe Piz Albris
Alpensteinbock: siehe Steinbock
Alpweideschäden: siehe Schäden
Alter (Durchschnitt): 13, 33
Alter (Lebenserwartung, «Lebenstafel»): 13, 33
Alter (Rekord Böcke): 13, 98
Alter (Rekord Geissen): 13, 98
Alter (Überlebensrate): siehe Mortalität
Altersabhängigkeit: siehe Geburtstermin, Reaktionsdistanz, Fluchtdistanz, Gewicht, Hornlänge, (erstes) Pfeifen, (erstes) Knuffen, Segregation, Rang(verhalten), Rangverlust
Altersbestimmung (Hörner): siehe Hörner
Altersbestimmung (Zahnwechsel): siehe Ausschaufelung
Altersstruktur: siehe Alterszusammensetzung
Alterszusammensetzung (in der Population)(hier auch im Rudel): 98, 173
Analdrüsen (wahrscheinlich fehlend): 29
Anpassungen (an den Fels)(vgl. Fels): siehe Kletterfähigkeiten, Hufe, Kommunalbrunft, sexuelle Dominanz, Schonung Rangtiefer
Anpassungen (an die Kälte)(vgl. Energiehaushalt): siehe Felldichte, Fellisolation, Fettreserven, Gewicht, Lebensraum, saugen, In-der-Spur-Gehen
Art (Begriff): 12
Arten (Steinböcke, Ziegen): siehe Verwandtschaftliches
auf die Hinterbeine stehen (jump-threat): 45, 83, 113f, 116, 119f
Aufmerksamkeitsverhalten (vgl. zahm?): siehe Rudel (Vorteile), Geburtsplatzwahl, Sinne, Reaktionsdistanz, Fluchtdistanz, Fluchtstrecke, Feinde
aufreiten (mount)(Paarung): siehe Paarungen
aufreiten (mounting)(Dominanzverhalten): 80, 82f, 118–121, 125, 144f, 149f
Augen (Sehvermögen): 37, 46
Augensekret lecken (rubbing): 23, 114, 138
Augstmatthorn (BE): 42, 96, 98, 132, 159, 177, 196, 207
Ausbreitungshindernisse (vgl. Genaustausch, Ortstreue, Wanderungen): siehe Barrieren
Ausrottung (Gründe): 25, 188f
Ausrottung (Verlauf): 188
Ausschaufelung (Zahnwechsel)(Altersbestimmung): 104f
Aussetzungen (erfolglose): 195f
Aussetzungen (erfolgreiche): 196ff, 206–214
Aussetzungen («Rezept»): 199f
Aussetzungen (Übersichtstabelle): 206–214

B

Barrieren (Haupttäler)(vgl. Ortstreue, Genaustausch, Wanderungen): 20
Bart: siehe Kinnbart
Bartgeier: 45
Bär: 170, 173
Bastardierung (v.a. mit Hausziegen): siehe Mischlinge
Bedeutung des Steinbocks (gesundheitspolizeilich): 173
Bedeutung des Steinbocks (ökologisch): 25, 27, 181
Bedeutung des Steinbocks (touristisch): 7, 183, 196
Bedeutung des Steinbocks (wirtschaftlich)(vgl. Ausrottung): 7, 194ff
Bedeutung des Steinbocks (Wappen, Tierkreiszeichen): 148
Belledonne/Sept/Laux (F): 70, 85, 145, 162, 212
belecken (rubbing)(vgl. Salz): siehe Augensekret lecken, Fellpflege
beriechen (Penis)(mouth penis): siehe Ersatzbefriedigung
beriechen, beschnüffeln (im Mutter-Kind- oder Werbeverhalten): siehe Geruchskontrolle
Berner Konvention: siehe Steinbock (Schutzstatus)
Bestandeszahlen (erheben): siehe Bestandeszählungen
Bestandeszahlen (weltweit): 12, (17)
Bestandesdichte: 20, (145)
Bestandesregulation (Jagd): 171ff
Bestandesregulation (natürliche): 173ff
Bestandeszählungen: 59ff
Bestandeszuwachs: 80, 173
«Bevölkerungsdichte»: siehe Bestandesdichte
Bezoarkugeln: siehe Magenkugeln
Bezoarziege: 12, 17
Bissrate (Bisse pro Minute): 28
Blauschaf (Blauziege): 12
Blinddarm (Länge): 26
Blitzschlag: siehe Mortalität (Unfälle)
Bock und Geiss unterscheiden (auch Begriffe): (11), 13, 100
Bock- und Geisskitze unterscheiden: siehe Kitze
Bockbart: siehe Kinnbart
Bockgeruch: siehe Brunftgeruch
Bockmeckern (vgl. Brunftmeckern): siehe Lautäusserungen
Bodenfeinde: siehe Wolf, Luchs, Fuchs
Bodenhornen (horning)(vgl. hornen, markieren, Drüsen): 38, 177ff
Brienzer Rothorn, Brienzergrat (BE/OW/LU): 96, 98, 132, 207
Brucellose: 163
Brüche: siehe Hornbrüche, Knochenbrüche
Brunft/Paarungszeit (allgemein): 140–151
Brunft (Dauer): 144f
Brunft (Individualbrunft): 48, 149f
Brunft (Kommunalbrunft): 48, 147, 149f
Brunft (Konkurrenz der Böcke)(vgl. Absturz, Mortalität): 149ff, 161
Brunft (östrischer Zyklus): siehe östrischer Zyklus (wiederholter Eisprung)
Brunft (Paarungen)(Ablauf): siehe Paarungen
Brunft (Paarungsbereitschaft der Geissen): siehe Paarungsbereitschaft
Brunft (Rang-Überlegenheit der Geissen nur in der Brunft): siehe sexuelle Dominanz
Brunft (Raumnutzung)(bessere, schlechtere): 171

Brunft (Termin): 144
Brunft (werben): siehe Werbehaltung (Streckhaltung, Kopfheben, Vorschritt, flippern, Brunftmeckern, Schwanz-Hochklappen), Geruchskontrolle, flehmen
Brunftgeruch (Geschlechtsgeruch der Böcke): 29, 142
Brunftkugeln: siehe Geschlechtsmerkmale Bock
Brunftmeckern: siehe Lautäusserungen
Brunftverhalten: siehe Brunft (werben)
Brustbeindrüsen: 29
butt: siehe Schlag auf Körper (mit den Hörnern)

C

Cerces (F): 20
charge, lunge: siehe Hörner in kurzem Ansturm zeigen, senken
chase: siehe verfolgen
Chromosomen (vgl. Erbgut): 12
Churfirsten: siehe Speer/Churfirsten (SG)
clash standard: siehe Schlagabtausch
clash rear: siehe Schlagabtausch auf Hinterbeinen

D

Dagestan Tur: siehe Ostkaukasischer Steinbock
Darmlänge: 26
Dichte («Bevölkerungsdichte»): siehe Bestandesdichte
Dichteregulation (natürliche): siehe Bestandesdichte
dösen (vgl. Schlaf): siehe Liegestellungen, Liegeplatzwahl, Aktivitätsmuster
Dominanzverhalten (vgl. sexuelle Dominanz): siehe aufreiten, flippern, (imponieren), (paralleles Laufen), schubsen, Werbehaltung
Dominanzverhalten (Überlegenheitsverhalten)(Begriff)(vgl. drohen): 120
«Doublepas»: siehe Kletterfähigkeiten im Fels
drohen: siehe Hörner zeigen (evtl. in kurzem Ansturm), abweisen, auf die Hinterbeine stehen
«Drohsprung» (jump-threat): siehe auf die Hinterbeine stehen
Drohverhalten (Begriff)(vgl. drohen): 119f
Drüsen: siehe Analdrüsen, Brustbeindrüsen, Horndrüsen, Kinnbartdrüsen, Klauendrüsen, Leistendrüsen, Milchdrüsen, Schwanzdrüsen, Schweissdrüsen, Vorhautdrüsen
Duftdrüsen: siehe Drüsen
Duftmarken: siehe markieren, hornen, Bodenhornen, Duftstoffe
Duftstoffe (Pheromone)(vgl. Drüsen): 142
Durchfall: siehe Magen- und Darmwürmer
Durchschnittsalter: siehe Alter
Düsenflugzeuge: siehe Reaktion auf Flugobjekte

E

Eigergletscher (BE): 183
«ein Entwirrungsversuch» (Definitionen zum Rangverhalten): 119ff
Einstandsgebiet: siehe Lebensraum
Einzelgänger: siehe Rudel
Eiweiss (in der Milch): Gehalt unbekannt
Eiweiss (in der Nahrung): 26f, 34
Eiweiss (für den Fellaufbau): 30
Eiweiss (für den Hornaufbau): 93ff
Energiehaushalt (Sommer): siehe Trächtigkeit, Säugen, Reaktion auf Hitze, schwitzen, Fellwechsel
Energiehaushalt (Winter): siehe Gewicht, Fettvorräte, Felldichte, Fellisolation, Hörner (Wärmeverlust), saugen, Höhlennutzung, Lebensraum, In-der-Spur-Gehen
Entwöhnung: siehe saugen
Erbgutvielfalt (vgl. Inzucht, genetische Drift, Genaustausch, Mischlinge): 194f
Erkennen (individuelles): siehe persönliches Kennen
Erkennen (Feinde): siehe Feinderkennung

Ernährung: siehe Nahrungsaufnahme, Nahrungsbedarf, Nahrungswahl, wiederkäuen
Erosion: siehe Schäden
Ersatzbefriedigung: 149
Erstlingsgeissen: siehe Geschlechtsreife
Erstlingskitze: siehe Kitze
Ethogramm (Verhaltensinventar): 31
Euter (und Zitzen)(Euterbeurteilung): 172f
Exposition (Hangausrichtung): siehe Lebensraum

F

Fährte (Spur): siehe Trittsiegel, In-der-Spur-Gehen
Fallwild: siehe Mortalität
Farbsehen: 46
Fassungsvermögen: siehe ökologisches Fassungsvermögen
fechten: siehe kämpfen
fegen: siehe Hirsch, Reh
Feinde: siehe Wolf, Luchs, Adler, Fuchs (vgl. Bartgeier)
Feinderkennung: siehe Sinne, Feinde
Feindverhalten: siehe Feindvermeidung, Rudel (Vorteile), Sinne, Pfiffe, Reaktionsdistanz, Fluchtdistanz, Fluchtstrecke
Feindvermeidung: siehe Rudel (Vorteile), Lebensraum (Wahl), Geburtsplatzwahl
Felldichte (vgl. Wollhaare): 31
Fellfarbe: 24, 30f, 58f, 89, 106, 136
Fellisolation: 24, 158, 162
Fellpflege (kratzen, lecken, reiben): 27, 30f, 85, 93, 138
Fellwechsel (Kitze)(vgl. Wollhaare): 28–31, 89
Fellwechsel (Übrige)(vgl. Wollhaare): 23, 30f, 89, 164f
Fels (vgl. Anpassungen, Absturz): siehe Geburtsplatzwahl, Feindvermeidung, Lebensraum (Wahl), Kletterfähigkeiten, Hufe
Fettgehalt der Milch: unbekannt
Fettreserven (Böcke): 155f
Fettreserven (Geissen): unbekannt
Fitness: siehe Fortpflanzungserfolg
flehmen (lip curl): 163, 194
flippern (züngeln)(tongue flick)(im Werbeverhalten): siehe Werbehaltung
flippern (züngeln)(tongue flick)(im Dominanzverhalten): siehe «ein Entwirrungsversuch»
Fluchtdistanz: 38f, 41–43
«Fluchtreflex»: (39), 74
Fluchtstrecke: 39, 42
Fluchtverhalten (vgl. flüchten): siehe Sinne, Reaktionsdistanz, Fluchtdistanz, Fluchtstrecke, Ausrottungsgründe, Reaktion auf Menschen, Flugobjekte, Gleitschirme, natürliche Feinde
Fluebrig (SZ): 195, 209
flüchten (Geiss vor Böcken)(Paarungszeit)(vgl. verfolgen, Fluchtverhalten): 146f
Flugobjekte (Reaktion darauf): siehe Reaktion auf Flugobjekte, Gleitschirme
Forschungslücken: siehe offene Fragen
Fortpflanzung: siehe Brunft, Geburt, Geschlechtsreife, Nachwuchsrate
Fortpflanzung (obere Grenze Geissen): siehe Fruchtbarkeit
Fortpflanzungserfolg (alte Böcke): 31, 92, 123, 148f
Fortpflanzungserfolg (Geissen): 31, 80, 145
Fortpflanzungserfolg (junge Böcke): 147–151
Fragen: siehe offene Fragen
«Freizeit» (vgl. Zeitbudget): 26
Frühjahrsfellwechsel (im Sommer): siehe Fellwechsel
Fruchtbarkeit: siehe Geschlechtsreife, Nachwuchsrate
Fruchtbarkeit (obere Grenze Geissen): 23
Fuchs (Bedeutung, Abwehr): 45, 165f
Fütterung (Heutristen)(vgl. Salz): 180, 182f

G
Galtjahr-Hornzuwachs: siehe Hörner
Gämsblindheit: 149–151, 162f
Gämse (und Steinbock)(Begegnungen, Konkurrenz): 125ff, 170
Gämse (hornen, markieren)(im Vergleich): 177ff
Gämsräude: 163
Gasterntal (BE): 29, 207
Gebietstreue (vgl. Genaustausch, Barrieren): siehe Ortstreue
Gebiss: siehe Ausschaufelung (Altersbestimmung), Wiederkäuer
Geburt: 66
Geburtsgewicht: siehe Gewicht
Geburtsplatzwahl: 66f
Geburtsrate: siehe Nachwuchsrate
Geburtszeit (Dauer): 70, 144
Geburtszeit (Termin): 70
Gefahrenbewusstsein (Lawinen, Steinschlag): 47, 157f
Gehör: siehe Ohren (Hörvermögen)
Gehörn: siehe Hörner
Geiss und Bock unterscheiden (auch Begriffe): siehe Bock und Geiss unterscheiden
Geiss- und Bockkitze unterscheiden: siehe Kitze
Geissen nach Kitzverlust: 48, 62, 74, 77, 88, 145
Geissmeckern: siehe Lautäusserungen
Gemmenalphorn (Justistal)(BE): 155, 192, 207
Genaustausch (durch Wanderungen, Abwanderung): 133, 149
Genetik: siehe Erbgutvielfalt, Inzucht, Mischlinge, Genaustausch, genetische Drift
genetische Drift: 195
Geruch (der Böcke in der Paarungszeit): siehe Brunftgeruch
Geruchsinn (Individualgeruch): Geruchskontrolle, persönliches Kennen
Geruchsinn (Riechdistanz Feinde): siehe Nase
Geruchskontrolle (naso-anogenital contact)(Geiss-Kitz): 29, 74–77, 123, 142
Geruchskontrolle (naso-anogenital contact)(Bock-Geiss)(vgl. flehmen): 144, 147
Geruchskontrolle (naso-nasal contact)(Geiss-Kitz): 75f
Gesäuge: siehe Euter
Geschlechtertrennung (Segregation)(sexuelle): siehe Rudel, Nahrungsaufnahme, Wanderungen
Geschlechterverhältnis (bei Geburt): 70
Geschlechterverhältnis (in der Population): 161f
Geschlechterverhältnis (jagdlich gesehen): 171–175
Geschlechtsdimorphismus (vgl. Hitzetoleranz, Nahrungsaufnahme): siehe Bock und Geiss unterscheiden
Geschlechtsgeruch: siehe Vorhautdrüsen (Geschlechtsgeruch)
Geschlechtshormone: siehe Hörner (Jahrringe)
Geschlechtsmerkmale (Bock): 148
Geschlechtsmerkmale (Geiss): siehe Euter, Hörner
Geschlechtsmerkmale (Kitze): siehe Bock- und Geisskitze unterscheiden
Geschlechtsreife (Böcke)(vgl. Fortpflanzungserfolg, Zeugungsfähigkeit): 145
Geschlechtsreife (Geissen)(Erstlingsgeissen): 145
Geschlechtsunterschiede: siehe Bock und Geiss unterscheiden, Kitze
Geschwindigkeit: unbekannt
Gewicht (bei Geburt): 70
Gewicht (Bock, Geiss, Kitz): siehe Bock und Geiss unterscheiden, Gewichtshöhepunkt, Gewichtsverlauf
Gewicht (Fettanteil): siehe Fettreserven
Gewicht (Hörner): siehe Hörner
Gewichtshöhepunkt (im Jahresverlauf): 34, 155, 158
Gewichtshöhepunkt (mit dem Alter): 13, 155
Gewichtstiefpunkt (nach Winter): 156, 158
Gewichtsverlauf (mit dem Alter): 13, 70, 155–158
Gleitschirme: siehe Reaktion auf Gleitschirme
Gran Paradiso (I): 28f, 44, 59, 66, 70, 80, 84, 98, 110, 118, 144, 148f, 155f, 158, 161, 163, 173, 192–196, 199, 210
Grössenunterschiede: siehe Kitze, Geschlechtsdimorphismus
Gruppen: siehe Rudel
Gummfluh (BE/VD): siehe Tscherzis/Gummfluh, Pierreuse/Gummfluh

H
Haare: siehe Felldichte, Fellisolation
Haartypen: siehe Wollhaare, bzw. WEBER (Seite 22), COUTURIER 1962
Haarwechsel: siehe Fellwechsel
Halskampf (neck-fight): 119
Halskrause (helle Haare am Nacken): 31
Handelswert: siehe Hörner (Marktwert)
harnen: 13, 143, 194
Harn lecken: siehe Salz
Harn versprühen (spraying urine): 142/144
Hausschafe (Zahl, Konkurrenz): siehe Schafe
Hausziegen: siehe Ziegen
Heissluftballone: siehe Reaktion auf Flugobjekte
Helikopter: siehe Reaktion auf Flugobjekte
Herbstfellwechsel (nur bei Kitzen): siehe Fellwechsel
Herzfrequenz (Maximalpuls, Ruhepuls): siehe Puls
Herzknochen (Herzkreuz)(vgl. Aberglauben): 25, 192
Heubauch: 27, 65
Heumäder: siehe Schäden (das Bsp. Augstmatthorn)
Heutristen: siehe Fütterung
Hierarchie: siehe Rangordnungssystem
Hinterhorndrüsen: siehe Gämse, bzw. Horndrüsen
Hirsch (und Steinbock)(Begegnungen, Konkurrenz): 125
Hirsch (fegen, schlagen, markieren)(im Vergleich): 177–181
Hitze (Östrus): siehe Paarungsbereitschaft
Hitzetoleranz (Lufttemperatur): siehe Reaktion auf Hitze
Hoden: siehe Geschlechtsmerkmale Bock
Höchstalter: siehe Alter
höchste publizierte Meereshöhe: siehe Lebensraum
Höchstgewichte: siehe Gewichtshöhepunkt, Horngewicht
Höchstlängen: siehe Hornlänge
Höhe: siehe Lebensraum, Schulterhöhe
Höhlennutzung: 155
«Homing» (Rückwanderung nach Aussetzung): siehe Wanderungen
hook: siehe abweisen, abwehren (mit den Hörnern)
Hormone: siehe Hörner (Jahrringe), lebensgefährliche Auseinandersetzungen
Hornbrüche: 92, 94–96, 118
Horndrüsen: 29, 177–179
hornen (horning)(vgl. Bodenhornen, markieren): 176–181
Hörner (als Hindernis im Fels): 130
Hörner (Altersbestimmung): 100–103, 106–109
Hörner (Bau, Stabilität, Form): siehe Hornwuchs
Hörner (Einsatz, Kampf): siehe kämpfen
Hörner (Einsatz gegen Adler): siehe Adler
Hörner (Galtjahr-Zuwachs): 101
Hörner (Jahrringe): 92f, 100–103
Hörner (Jahrringe)(unechte): 101, 103
Hörner (Kiel): 102
Hörner (Knoten): 13, 92, 100f, 103, 106–109, 111, 171, 192
Hörner (Marktwert): 110
Hörner (Meldepflicht): 110
Hörner (Unterschiede): siehe Hornwachstum, Hornwuchs
Hörner (Vererbung): 93, 195
Hörner (Wärmeverlust): 158
Hörner (Wülste): 106–109, 111
Hörner in kurzem Ansturm zeigen, senken (lunge, charge): nicht beschrieben

Hörner kreuzen: siehe Schlagabtausch
Hörner zeigen, senken (horn present, horn threat)(vgl. abweisen, abwehren): 114, 147
Hornfarbe: 100, 195
Horngewicht: 31, 92, 96, 100
horning: siehe hornen, Bodenhornen
Hornjahre (gute, schlechte): 93f
Hornknochen (Knochenzapfen, Stirnzapfen): 92, 100
Hornlänge: 92f, 95f, 106–109
horn present: siehe Hörner zeigen, senken
horn pull: siehe Parallelkampf
horn push: siehe schieben
horn-threat: siehe Hörner zeigen, senken)
Hornumfang: 92
Hornwachstum (gute, schlechte Jahre): siehe Hornjahre
Hornwachstum (individuelle Unterschiede): 93–96
Hornwachstum (Jährlinge): 100, 106f
Hornwachstum (Kitze): 96, 106
Hornwachstum (Zweijährige): 100, 108f
Hornwuchs (abnormaler): 94, 96
Hornwuchs (Bau, Stabilität): 92, 100
Hornwuchs (Form)(Bilder): 93–96
Hornwuchs (kolonientypischer): 93, 95, 111, 192
Hörvermögen: siehe Ohren
Hubschrauber (Helikopter): siehe Reaktion auf Flugobjekte
Hufe (Beschaffenheit): 24f
Hufe (Drüsen): siehe Klauendrüsen
Hufe (Eignung im Fels): siehe Kletterfähigkeiten, Absturz
Hufe (Spreizfähigkeit): 24, 190f
Hufe (Abdruck, Fährte, Spur): siehe Trittsiegel, In-der-Spur-Gehen
husten: 48

I
Iberischer Steinbock (Pyrenäen-Steinbock): 12, 28, 121, 194
imponieren (nicht vorkommend): siehe «ein Entwirrungsversuch»
In-der-Spur-Gehen: 131
Individualbrunft: siehe Brunft
Individualgeruch: siehe persönliches Kennen
Individualdistanz: siehe Körperkontakte
individuelles Kennen: siehe persönliches Kennen
Inzucht (Fortpflanzung unter nahen Verwandten)(vgl. Erbgutvielfalt, Genaustausch): 142f
Irrtümer: 28f

J
Jagd (Ablauf in der Schweiz): 175
Jagd (Biologisches): 171–175
Jagd (Ethisches): 176
Jagd (Euterbeurteilung): siehe Euter
Jagd (Jagddruck): 173
Jagd (ökologisches Fassungsvermögen): siehe ökologisches Fassungsvermögen
Jagd (Politisches): 170
Jagd (saugende Jährlinge): siehe saugen
Jagd (Überbejagung): 171
Jagd (Verwechslungen von Bockjährlingen mit Geissen): 107
Jährling (saugen): siehe saugen
Jährling (Vorjahreskitz): siehe Rudel
Jahrringe (am Horn): siehe Hörner
jump-threat: siehe auf die Hinterbeine stehen
Justistal (Gemmenalphorn)(BE): siehe Gemmenalphorn

K
Kälte (vgl. Energiehaushalt): siehe Anpassungen
Kampf (Ablauf)(vgl. kämpfen): 113–119
Kampf (Begriff): 114–120
Kampf (Geschlechterspezifisches): 114, 121
Kampf (Spiel)(Kitze): 82f
Kampf (Ritual): 116, 118
Kampf (Schonung): siehe Schonung Rangtiefer
Kampf (Sieger, Besiegter): 118f, 121
kämpfen (vgl. drohen): siehe Schlagabtausch, Schlagabtausch auf Hinterbeinen, Parallelkampf, Halskampf, schieben, Schlag, Sichelschlag, (hornen), (Bodenhornen)
kauen: siehe wiederkäuen
Kennen (individuelles): siehe persönliches Kennen
kick stiff intentional, kick flexed («Laufschlag»): siehe Vorschr tt (Werbehaltung)
Kiel (am Horn): siehe Hörner
Kinderhort (Kitz-Hütesystem): 80
Kinnbart: 11
Kinnbartdrüsen: 11, 29, 144
Kitz (Ablösung von der Mutter): 88
Kitz (Annektion, Entführung): 74f
Kitz (Begriff): 13
Kitz (Mortalität): siehe Mortalität
Kitz (Nachfolgeverhalten)(vgl. «Fluchtreflex»): 74
Kitz-Hütesystem: siehe Kinderhort
Kitzmeckern: siehe Lautäusserungen
Kitzrate: siehe Nachwuchsrate
Kitze (Erstlinge): siehe Geschlechtsreife (Erstlingsgeissen)
Kitze (Geschlechtsunterschied): 13, 89, 106
Kitze (Grössenunterschiede): 84f, 106
Kitze (Häufigkeit): siehe Nachwuchsrate
Kitze (Wilderei für Aussetzungen): siehe Wildern
Kitze (Zwillinge): 70, 84f
«Klagelaute»: siehe Lautäusserungen
Klauen: siehe Hufe
Klauendrüsen: 29
Klauenfäule: siehe Moderhinke
Kletterfähigkeiten (im Fels)(vgl. Absturz, Sichern von Kitzen): 22–25, 149ff
klettern auf Bäume: siehe Kletterfähigkeiten
Klimagrenze (Niederschläge): siehe Irrtümer, Ausrottungsgründe
Knochenbrüche (Beine, Schädel)(vgl. Mortalität/Unfälle): 95, 164f
Knochenzapfen: siehe Hornknochen
Knoten und Wülste: siehe Hörner
knuffen: siehe Lautäusserungen
Kolkrabe: 165
Kolonie (Begriff): 20, 61
Kolonien (Übersicht-Tabelle): 206–214
Komfortverhalten: siehe Wohlfühlverhalten
Kommunalbrunft: siehe Brunft
Konkurrenz: (Böcke unter sich): siehe Brunft, Absturz, Mortalität
Konkurrenz (auf andere Arten): siehe Gämse, Hirsch
Konkurrenz (durch andere Arten): siehe Hirsch, Schaf, Ziege
Konkurrenz (soziale): 171/173
Kontaktliegen: 22, 60, 68
Kontaktverhalten: siehe Körperkontakte, Lautäusserungen
Kopfheben (twist rear): siehe Werbehaltung
Körpergewicht: siehe Gewicht
Körpergrössenunterschiede: siehe Kitze, Geschlechtsdimorphismus
Körperhöhe: siehe Schulterhöhe
Körperkontakte: siehe Mutter-Kind-Verhalten, Spiel, Rangverhalten, Augensekret lecken

Körperlänge: 13
Körpermerkmale (Geschlechtsunterschiede): siehe Bock und Geiss unterscheiden, Kitze
Körpertemperatur: 156
Kot: siehe Losung
Krankheiten: siehe Lungenentzündung, Gämsblindheit, Gämsräude, Klauenfäule (Moderhinke), Brucellose, (Magen- und Darmparasiten)
kratzen: siehe Fellpflege
Kuban Tur: siehe Westkaukasischer Steinbock

L
Labmagen: siehe Magenkugeln
Laktation: siehe saugen
Landwirtschaftsschäden: siehe Schäden (Alpweiden, Bsp. Augstmatthorn)
«Laufschlag»: siehe Vorschritt (Werbeverhalten)
Lautäusserungen (Brunftmeckern, Bockmeckern): 48, 147
Lautäusserungen (Geissmeckern, Kitzmeckern): 48
Lautäusserungen («Klagelaute»): 48
Lautäusserungen (knuffen): 47, 48
Lautäusserungen (pfeifen): 47
Lauterbrunnen (BE): siehe Schiltwaldfluh
Lawinen: siehe Mortalität (Unfälle), Gefahrenbewusstsein
Lebenserwartung: siehe Alter
lebensgefährliche Auseinandersetzungen: 125
Lebensraum (allgemein): 12/20
Lebensraum (Böcke): 12/20, 54, 130f
Lebensraum (Geburtsplätze): siehe Geburtsplatzwahl
Lebensraum (Geissen): 12/20, 53f, 80, 131
Lebensraum (Grösse): 20
Lebensraum (Meereshöhe): 12
Lebensraum (Nutzung)(siehe auch Brunft, Wanderungen): 20, 171
Lebensraum (ökologisches Fassungsvermögen): siehe ökologisches Fassungsvermögen
Lebensraum (Sommer)(Nordhänge): 12/20, 26, 30, 80, 135
Lebensraum (Wahl, Gründe): 46, 51, 66, 130
Lebensraum (Winter)(Südhänge): 12/20, 26, 133, 141, 155
Lebensweise: siehe Verhalten
lecken: siehe Salz, Augensekret, Fellpflege
Leistendrüsen: 29
Leittiere: 62
liegen: siehe Kontaktliegen, Liegestellungen, «Freizeit», Schlaf, Aktivitätsmuster, wiederkäuen
Liegeplatzwahl: 23, 60, 68
Liegestellungen (Schlafstellungen): 60, 92f, 170
lip curl: siehe flehmen
Literatur (spezielle Empfehlungen): 34
Literatur (weiterführende): 221–228
Literatur (zitierte): 215–220
Losung (Kot): 24f, 164f
low-stretch (Streckhaltung): siehe Werbehaltung
Luchs (Bedeutung): 46, 51, 66, 130
Luftfeinde: siehe Adler, Wolf, (vgl. Bartgeier)
Lufttemperatur (Hitzetoleranz)(vgl. schwitzen): siehe Reaktion auf Hitze
lunge, charge: siehe Hörner in kurzem Ansturm zeigen, senken
Lungenentzündungen: 163f

M
Macun (im Schweizerischen Nationalpark): 91, 95, 192f, 207
Magen: siehe Pansen(-Magen), Labmagen
Magen- und Darmparasiten: 164f

Magenkugeln (Bezoare): 192
Mähnenspringer: 12
Markhor: siehe Schraubenziege
markieren, Markierverhalten: siehe Horndrüsen, Drüsen, hornen, Bodenhornen, Harn versprühen
Marktwert: siehe Hörner
Masturbation (masturbation): siehe Ersatzbefriedigung
Maurienne (F): 188
Maximum: siehe Alter, Gewichtshöhepunkt, Hornlänge, Horngewicht, Lebensraum (höchste Meereshöhe)
meckern: siehe Lautäusserungen
Meereshöhe (Höhennutzung)(vgl. Klimagrenze): siehe Lebensraum
Meldepflicht: siehe Hörner
Menschenscheu (fehlende?): siehe Reaktion auf Menschen, Ausrottungsgründe
Milch (Menge): 84f
Milch (Zusammensetzung): 33
Milchdrüsen (vgl. saugen): siehe Euter
Mischlinge (mit Hausziegen): 196, 200
Mischlinge (unter Capra-Arten allgemein): 12
Moderhinke (Klauenfäule): 164
Mondlicht: siehe Aktivitätsmuster (Nachtaktivität)
Mont Pleureur (VS): 20, 145, 177, 199, 208
Mortalität (altersabhängige): 23, 84, 158, 162
Mortalität (geschlechtsabhängige): 162
Mortalität (Jagd): 173
Mortalität (Kitze)(erstes Lebensjahr): 84, 158
Mortalität (Krankheiten): 163
Mortalität (Lebenserwartung): siehe Alter
Mortalität (Neugeborene)(erste Lebenstage): 84
Mortalität (Prädation): siehe Adler, Wolf, Luchs, Fuchs (vgl. Bartgeier)
Mortalität (Überlebensrate)(jährliche): 162
Mortalität (Unfälle: Lawinen, Absturz, Tiefschnee, Blitzschlag, Steinschlag): 66, 149/151, 159f, 202f
Motorflugzeuge: siehe Reaktion auf Flugobjekte
mount: siehe Paarungen
mounting: siehe aufreiten (Dominanz)
Mutter-Kind-Verhalten: siehe saugen, Kinderhort, Geruchskontrolle, persönliches Kennen, Kitz-Annektion, stützen, (sichern im Fels fehlt)

N
Nachtaktivität: siehe Aktivitätsmuster (Nachtaktivität)
Nachwuchsrate (Begriff, Bandbreite): 80f
Nahrungsaufnahme: siehe Zeitbudget, Aktivitätsmuster, Schäden
Nahrungsbedarf (Menge): 26
Nahrungsbedarf (Unterschiede Bock, Geiss): 28
Nahrungswahl (allgemein): 26–28
Nahrungswahl (Böcke): 130f
Nahrungswahl (Geissen): 27, 34
Nahrungswahl (Sommer): 28
Nahrungswahl (Winter): 28, 180
naso-anogenital contact: siehe Geruchskontrolle
naso-nasal contact: siehe Geruchskontrolle
Nationalpark (Schweizerischer): 27, 61, 70, 80, 91, 93, 123, 125, 132, 138, 158f, 161, 170, 173, 180, 186f, 192f, 198, 207
neck-fight: siehe Halskampf
Neugeborenen-Sterblichkeit: siehe Mortalität
Niederschläge: siehe Regen, Schnee, Klimagrenze
niesen: 48
Nordhänge (Sommer): siehe Lebensraum
Nubischer Steinbock: 16f, 28, 84, 121, 148

Nutzung von Höhlen: siehe Höhlennutzung

O

Offene Fragen: 12, 29, 33, 46f, 123, 142, 144, 148f
Ohren (Hörvermögen): 47
Ökologie: siehe Lebensraum, Energiehaushalt, Anpassungen, Nahrungsaufnahme, Geschlechtsdimorphismus, Raumnutzung, Wanderungen, Wettereinfluss, Höhlennutzung, Klimagrenzen, ökologisches Fassungsvermögen, Reaktion auf ..., Schäden, Krankheiten, Mortalität
ökologisches Fassungsvermögen: 27, 271
Ortstreue (Gebietstreue)(vgl. Genaustausch, Barrieren): 20, 132
Ostkaukasischer Steinbock (Dagestan Tur): 16f
östrischer Zyklus (wiederholter Eisprung): 28, 146
Östrus (vgl. östrischer Zyklus): siehe Paarungsbereitschaft

P

Paarungen (Ablauf)(mount): 148–150
Paarungsbereitschaft (der Geissen)(vgl. Geruchskontrolle Bock-Geiss, flehmen): 146f
Paarungserfolg (alte Böcke)(vgl. Zeugungsfähigkeit): siehe Fortpflanzungserfolg
Paarungserfolg (junge Böcke)(vgl. Geschlechtsreife): siehe Fortpflanzungserfolg
Paarungsverhalten: siehe Werbeverhalten
Paarungszeit: siehe Brunft/Paarungszeit
Paläontologisches (vorhistorische Steinbockfunde)(vgl. Verwandtschaftliches): 12
Pansen(-Magen): 26, 192
Parallelkampf (horn pull, push-fight): 118f
paralleles Laufen (demonstrativ)(parallel walk)(Auftreten fraglich): 120
parallel walk: siehe paralleles Laufen
Parasiten: siehe Gämsräude, Magen- und Darmparasiten
Partnerwahl (vgl. Inzucht): 33, 92f, 142f, 147–149
paw: siehe stampfen
Penis: siehe Geschlechtsmerkmale Bock
persönliches Kennen (im Zusammenhang mit dem Rang): 123
persönliches Kennen (ohne Zusammenhang mit dem Rang): 123
pfeifen: siehe Lautäusserungen
Pheromone: siehe Duftstoffe
Pierreuse/Gummfluh (VD): 196, 208
Piz Albris (GR): 27f, 31, 39, 61, 70, 80, 96, 132, 145, 158, 177, 180f, 195, 207
Populationsdichte («Bevölkerungsdichte»): siehe Bestandesdichte
Populationsregulation: siehe Bestandesregulation
Populationswachstum: siehe Bestandeszuwachs
Prädation/Predation (die Bedeutung von Beutegreifern): siehe Adler, Wolf, Luchs, Fuchs (vgl. Bartgeier)
Pro Natura: siehe Schweizerischer Bund für Naturschutz
Proteine: siehe Eiweiss
Puls (maximal, minimal): 31
push-fight: siehe Parallelkampf
Pyrenäen-Steinbock: siehe Iberischer Steinbock

R

Rangordnung (allgemein): 112–127
Rangordnung (Details): siehe Rangordnungssystem, Rangverhalten
Rangordnungssystem: 121f
Rangverhalten (agonistisches Verhalten): siehe Aggressionsverhalten (kämpfen), Drohverhalten, Dominanzverhalten, sexuelle Dominanz, Spiel, Unterordnungsverhalten, Werbehaltung, Schonung Rangtiefer, Rangverlust
Rangverlust: 84f, 123
Räude: siehe Gämsräude
Räumliches Sehen: siehe Augen
Raumnutzung: siehe Brunft, Lebensraum, Wanderungen
Reaktion auf Flugobjekte (allgemein): 42f, 68
Reaktion auf Gleitschirme (speziell): 37, 42f
Reaktion auf Hitze: 12, 17, 20, 23, 26, 52–58, 80, 131, 134f, 155
Reaktion auf Menschen (vgl. Ausrottungsgründe): 38–41
Reaktion auf natürliche Feinde: siehe Adler, Wolf, Luchs, Fuchs (vgl. Bartgeier)
Regen (Wettereinflüsse): siehe Aktivitätsmuster, Wanderungen, Klimagrenze
Reh (fegen, schlagen, markieren)(im Vergleich): 177–179, 181
reiben, scheuern (vgl. markieren): siehe Fellpflege, Fellwechsel
Reissaus nehmen: siehe flüchten, (verfolgen), (Rückzieher)
Rekorde: siehe Alter, Hornlänge, Horngewicht, Lebensraum (höchste Meereshöhe)
Reproduktion: siehe Fortpflanzung
retreat: siehe Rückzieher (Bock beim Werben)
Revier, Revierverteidigung: siehe Brunft (Individualbrunft), markieren
riechen: siehe Nase, Geruchskontrolle
Riechgähnen: siehe flehmen
Riechvermögen (Individualgeruch)(vgl. flehmen): siehe persönliches Kennen, Geruchskontrolle
Riechvermögen (Wind, Witterung): siehe Nase
ritueller Kampf: siehe Kampf
Rothirsch: siehe Hirsch
Routenkenntnis, Routenwahl: siehe Wanderrouten
rubbing: siehe Salz
Rückwanderung ausgesetzter Tiere («Homing»): siehe Wanderungen
Rückzieher (Bock vor Bock)(Paarungszeit)(chase): siehe verfolgen
Rückzieher (Bock vor Geiss)(beim Werben)(retreat): siehe Vorschritt
Rückzieher (Geiss vor Böcken)(Paarungszeit): siehe flüchten
Rudel (Anschluss nach der Geburt): 73
Rudel (Anschlussverlust nach Flucht): 48
Rudel (Begriff): 50, 52
Rudel (Bockrudel): 23, 52 ...
Rudel (Einzelgänger): 62
Rudel (Geissenrudel): 23, 52 ...
Rudel (Grösse): 59
Rudel (in der Paarungszeit): 54, 142
Rudel (Jährlinge): 58f, 88
Rudel (Kinderhort, Spielgruppen der Kitze): siehe Kinderhort
Rudel (Koordination): 62
Rudel (persönliche Bindungen): 61, 65
Rudel (Stabilität): 52, 61
Rudel (Typen, Zusammensetzung): 52, 58
Rudel (Vorteile): 50–52
ruhen: siehe «Freizeit», Schlaf, Aktivitätsmuster, wiederkäuen, Liegestellungen
Ruheplatzwahl: siehe Liegeplatzwahl
Rute: siehe Geschlechtsmerkmale Bock

S

Safiental (GR): 200, 207
Salz: siehe Augensekret lecken (rubbing)
Salz (Harnstellen): 136, 139
Salz (Leckstellen)(vgl. Ausrottungsgründe): 89, 134, 138, 189/192
Sarre (I)(Jagdschloss): 98
saugen (allgemein): 33, 75–77, 84f, 88f, 123, 155f, 172
saugen: siehe auch säugen
saugen (bei zwei Geissen): 123
saugen (Entwöhnung, Säugeperiode): 33, 48, 158
saugen (Euterbeurteilung): siehe Euter
saugen (Jährling): 88f
saugen (Milchmenge): siehe Milch
saugen (Milchzusammensetzung): siehe Milch
saugen (Verhalten): 84

saugen (Zwillinge): 84f
Säugen (Grundumsatzerhöhung): 84
säugend, nichtsäugend: siehe Euter
Säugeperiode: siehe saugen (Entwöhnung)
Schäden (auf Alpweiden)(das Bsp. Augstmatthorn): 177
Schäden (Begriff, ökologische Bedeutung): 27, 177, 181
Schäden (durch Tritt, Erosion): 25, 170
Schäden (im Wald)(Verbiss, Hornen): 177–183
Schafe (Hausschafe)(Zah., Konkurrenz): 163, 192
Schalen: siehe Hufe
schälen (Rindenfrass): 180
scharren (im Schnee): 156
Schaufeln (Zahnwechsel, Altersbestimmung): siehe Ausschaufelung
Scheu (fehlende?): siehe Reaktion auf Menschen, Ausrottungsgründe
scheuern, reiben (vgl. markieren): siehe Fellpflege, Fellwechsel
schieben (gegenseitig mit den Hörnern)(horn push): 116
Schiltwaldfluh (Lauterbrunnen): 180, 182f
Schlaf (Dauer unbekannt)(vgl. liegen): 60, 131, 155
Schlafstellungen: siehe Liegestellungen
Schlag auf Körper (mit den Hörnern)(butt): 82f
Schlagabtausch (clash standard): 114
Schlagabtausch auf Hinterbeinen (clash rear): 113, 116f
schlagen (mit dem gefegten Geweih): siehe Hirsch, Reh
Schmuckringe (Hörner)(vgl. Jahrringe): siehe Hörner (unechte Jahrringe)
Schnee (Lawinen, Tiefschnee): siehe Mortalität
Schnee (Wettereinflüsse): siehe Aktivitätsmuster, Wanderungen, Klimagrenze
schnüffeln: siehe Geruchskontrolle
Schonung Rangtiefer (vgl. lebensgefährliche Auseinandersetzung: 22, 121, 125, 140, 143
schöpfen: siehe trinken
Schraubenziege (Markhor): 17
Schrittrate (Schritte pro Minute): 27
schubsen: siehe Schlag, stubsen
Schulterhöhe: 13
Schutzstatus: siehe Steinbock
Schwanzdrüsen: 29, 46, 75, 142f
Schwanzhaltung (Böcke in Brunft)(tail up vertical): siehe Schwanz-Hochklappen
Schwanzhaltung (Geissen): siehe Paarungsbereitschaft
Schwanz-Hochklappen (Böcke in Brunft)(tail up vertical): 140, 142–144, 146, 150
Schwarz Mönch (BE): 98, 111, 171, 183, 196, 207
Schweizerischer Alpenclub (SAC): 195
Schweizerischer Bund für Naturschutz (SBN, heute Pro Natura): 177
Schweizer Gesellschaft für Vogelkunde und Vogelschutz (heutige Ala): 198
schwitzen (Schweissdrüsen): 23, 29
Segregation (Geschlechtertrennung): siehe Rudel, Nahrungsaufnahme, Wanderungen
Sehvermögen: siehe Augen
Selbstregulation (der «Bevölkerungsdichte»): siehe Bestandesregulation (natürliche)
Selektion (Kitze): siehe Mortalität (Kitze)
Selektion (Böcke): siehe Brunft (Konkurrenz), Absturz, Mortalität
Setzplätze: siehe Geburtsplatzwahl
Setzzeit: siehe Geburtszeit
sexuelle Dominanz (Rang-Überlegenheit der Geissen nur in der Brunft): 114, 121, 146f
sexuelle Segregation (Geschlechtertrennung): siehe Rudel, Nahrungsaufnahme, Wanderungen
Sibirischer Steinbock: 12, 16f, 88, 114
Sichelschlag (mit den Hörnern)(vgl. Bodenhornen): 38, 41, 119, 177, 179
sichern: siehe Wachsamkeitsverhalten
Sichern von Kitzen im Fels (fehlt): 68

Siesta (vgl. Schlaf): siehe Liegestellungen, Liegeplatzwahl, Aktivitätsmuster, «Freizeit»
Sinne: siehe Augen, Nase, Ohren, persönliches Kennen, Geruchskontrolle, flehmen, Drüsen
Sommer: siehe Reaktion auf Hitze, Fellwechsel, Lebensraum
Sommerfell: siehe Fellwechsel
Sommerhitze: siehe Reaktion auf Hitze, schwitzen
Sommerlebensraum: siehe Lebensraum
Sommernahrung: siehe Nahrungswahl
Soziale Organisation (räumlich): siehe Rudel, Wanderungen, Geburtszeit, Reaktion auf Hitze
Soziale Organisation (zeitlich): siehe Aktivitätsmuster, Zeitbudget
Sozialverhalten: siehe Brunft, Kinderhort, Kontaktverhalten, Körperkontakte, Lautäusserungen, Markierverhalten, Mutter-Kind-Verhalten, persönliches Kennen, Rangverhalten, Rudel, Spiel, Schonung Rangtiefer
Speer/Churfirsten (SG): 20, 23, 191, 207
Spiel (spielerisch)(vgl. Kinderhort): 23, 25, 34, 47, 80, 82, 142, 178
Spillgerten (BE): 42, 70, 73, 101, 155, 207
spraying urine: siehe Harn versprühen
Sprungkraft, Sprungtechnik («Doublepas»): siehe Kletterfähigkeiten, Absturz
Spur: siehe Trittsiegel, In-der-Spur-Gehen
Stammesgeschichte: siehe Paläontologisches, Verwandtschaftliches
stampfen (paw, stamp): 39
Steinadler (Angriff, Bedeutung, Jagdtechnik): 29, 44f, 53, 66–68, 93, 165–167, 171
Steinbock (Arten, Verwandte): siehe Ziegen
Steinbock (Begriff): 11, 12, 13, 23
Steinbock (Schutzstatus)(Berner Konvention): 171, 175, 189, 193, 195, 198
Steinbock (Tierkreiszeichen): siehe Bedeutung (des Steinbockes)
Steinbock (Verbreitung): siehe Verbreitungskarten
Steinbock (Wappen): siehe Bedeutung (des Steinbockes)
Steinschlag: siehe Gefahrenbewusstsein, Mortalität (Unfälle)
Steinwild (Begriff): siehe Steinbock
Steinwild im Wald: siehe Schäden (im Wald), Lebensraum
Steinwildfang (Forschung)(vgl. Ausrottungsgründe): 33, 128, 189
Sterblichkeit: siehe Mortalität
Stereosehen: siehe Augen
Stirnzapfen: siehe Hornknochen
Störungen (Gleitschirme, Deltasegler, Heissluftballone ...): siehe Reaktion auf
Streckhaltung (low stretch): siehe Werbehaltung
Streifgebietsgrösse: siehe Lebensraum
Stress: siehe Reaktion auf Gleitschirme
stubsen (mit den Hörnern auf den Hintern)(vgl. Schlag): 82f, 121
Sturz: siehe Absturz
Südhänge: siehe Lebensraum
Systematik: siehe Verwandtschaftliches

T

Tagesablauf: siehe Aktivitätsmuster
Tagesrhythmus: siehe Aktivitätsmuster
Tahre: 12, 17
tail up vertical: siehe Schwanz-Hochklappen
Talgdrüsen: siehe Drüsen
Tantermozza (im Schweizerischen Nationalpark): 186f
Temperatur (Körper): siehe Körpertemperatur
Temperaturtoleranz (Luft): siehe Reaktion auf Hitze, Energiehaushalt
Territorium, Territorium verteidigen: siehe Brunft (Individualbrunft), markieren
Todesursachen: siehe Mortalität
tongue flick (züngeln): siehe flippern
Tragzeit (Dauer): 70, 144f
Tragzeit (Grundumsatzerhöhung): 84

Tränensekret lecken (rubbing): siehe Augensekret lecken
trinken (Milch): siehe saugen
trinken (Wasser): 139
Trittschäden: siehe Schäden
Trittsiegel (Hufabdruck, Spur): 24
Trophäenwilderei: siehe Wildern
Trupchun (im Schweizerischen Nationalpark): 70, 132, 159, 180
Tscherzis/Gummfluh (BE): 161, 196, 207f
Tschlin (GR): 148f
twist rear (Kopfheben): siehe Werbehaltung

U
Überlebensrate: siehe Mortalität
Überlegenheit: siehe Dominanz
Unfälle: siehe Mortalität, Absturz
Unterarten: siehe Verwandtschaftliches
Unterlegenheitshaltung (Unterwerfungshaltung)(inexistent): siehe «ein Entwirrungsversuch»
Unterordnungsverhalten (vgl. «ein Entwirrungsversuch», rubbing): siehe aufreiten (lassen)
Urin lecken: siehe Salz
Urin versprühen(spraying urine): siehe Harn versprühen
urination: siehe harnen
urinieren (urination): siehe harnen

V
Valdieri (I): 20
Vanoise (Nationalpark)(F): 121, 145, 212
Verbiss (im Wald): siehe Schäden
Verbreitung (Karten): 14–17
Verbreitungshindernisse (vgl. Ortstreue, Genaustausch, Wanderungen): siehe Barrieren
verfolgen (Bock einen Bock)(Paarungszeit)(chase)(vgl. flüchten): 42, 118–120
Verhalten: siehe Feindverhalten, Markierverhalten, Rangverhalten, Sozialverhalten, Werbeverhalten, Wohlfühlverhalten
Verhalten gegenüber Feinden, Flugobjekten, Gleitschirmen, Menschen: siehe Reaktion auf …
Verhaltensanpassungen (an den Fels): siehe Kletterfähigkeiten, Kommunalbrunft, sexuelle Dominanz, Schonung Rangtiefer
Verhaltensinventar (vgl. Verhalten): siehe Ethogramm
Verwandtschaftliches (vgl. Paläontologisches): 12
Vorhautdrüsen: 142
Vorschritt («Laufschlag»)(kick stiff intentional, kick flexed): siehe Werbehaltung
Vorsicht: siehe Wachsamkeitsverhalten, Gefahrenbewusstsein

W
Wachsamkeitsverhalten (vgl. zahm?): siehe Rudel (Vorteile), Geburtsplatzwahl, Sinne, Reaktionsdistanz, Fluchtdistanz, Fluchtstrecke, Feinde
Wahl des Partners (vgl. Inzucht): siehe Partnerwahl
Wahrnehmungsfähigkeiten: siehe Augen, Ohren, Nase, persönliches Kennen, Geruchskontrolle, Duftstoffe, flehmen
Waldschäden: siehe Schäden
Waldsteinwild: 20, 180–183
Walia Steinbock (Abessinischer Steinbock): 17
Wanderrouten (Routenkenntnis, Routenwahl): 53, 62, 66, 133f, 151, 161, 181
Wanderungen (allgemein)(vgl. Barrieren, Ortstreue, Genaustausch): 128–138, 161
Wanderungen (Böcke): 23, 28, 52, 129, 132, 134
Wanderungen (Distanzen): 132
Wanderungen (Geissen): 66, 80, 132f, 136
Wanderungen (Gründe): 28, 128, 130, 133
Wanderungen (jahreszeitliche): 23, 128–132, 161
Wanderungen (Rückwanderung nach Aussetzung, «Homing»): 200
Wanderungen (wetterbedingte)(vgl. Reaktionen auf Hitze): 133f
Wanderungen (Zuwanderung)(Bildung neuer Kolonien): 20, 58, 132, 199f
Wärmeverlust: siehe Hörner
Weideschäden: siehe Schäden (Alpweiden)
Wengen (BE): 183
Werbehaltung (low-stretch)(Begriff)(vgl. «ein Entwirrungsversuch»): 147
Werbehaltung (low-stretch)(Bilder): 144, 146–148, 150f
Werbeverhalten: siehe Werbehaltung (Streckhaltung, Kopfheben, Vorschritt, flippern, Brunftmeckern, Schwanz-Hochklappen), Geruchskontrolle, flehmen
Westkaukasischer Steinbock (Kuban Tur): 16f
Wettereinfluss: siehe Aktivitätsmuster, Reaktion auf Hitze, Wanderungen
Wetterhorn (BE): 155, 207
Wiederaussetzungen: siehe Aussetzungen
wiederkäuen (allgemein): 28f, 33
Wiederkäuen (erstes)(Kitze): 34
Wiederkäuer: (12), 104
Wildern (Kitze für die Wiederaussetzungen): 196ff
Wildern (Trophäen)(vgl. Ausrottung): 39, 98, 110, 162f, 194
Wildziegen: siehe Ziegen
Wind (Riechvermögen)(Geruch, Witterung): siehe Nase, persönliches Kennen, flehmen
Wind (Wettereinflüsse): 32, 60, 126, 154–156
Winter: siehe Energiehaushalt, Felldichte, Fellisolation, Fettreserven, Gewicht, Lebensraum, saugen, In-der-Spur-Gehen, Mortalität (Unfälle), Krankheiten
Winterfell: siehe Felldichte, Fellisolation
Winterfütterung (Heutristen): siehe Fütterung
Winterkälte (vgl. Energiehaushalt): siehe Anpassungen
Winterlebensraum: siehe Lebensraum
Winternahrung: siehe Nahrungswahl
Wohlfühlverhalten: siehe Fellpflege, Liegestellungen, Liegeplatzwahl, Reaktion auf Hitze, Augensekret lecken, (Salz), (Nahrungsaufnahme), (Feindvermeidung), (Wanderungen)
Wolf (Bedeutung): 43, 46, 51, 53, 66, 130, 170, 173
Wollhaare (vgl. Haartypen, Fellisolation, Fellwechsel): 24, 30, 136, 158, 181
Wülste (und Knoten)(am Horn): siehe Hörner

Z
zählen (von Steinböcken): siehe Bestandeszählungen
zahm (oder scheu?): siehe Reaktion auf Menschen, Ausrottungsgründe
Zähne (Zahnwechsel, Altersbestimmung): siehe Ausschaufelung
Zähne: siehe wiederkäuen
Zeitbudget (für einzelne Aktivitäten): 23, 28, 52/58
Zeugungsfähigkeit der Böcke (im Jahresverlauf): 148
Ziegen (Hausziege)(Zahl, Konkurrenz): 192, 200
Ziegen, Steinböcke (Wildziegen, Hausziege)(Arten, Verwandtschaft): 12, 16f
Ziegen, Steinböcke (Wildziegen, Hausziege)(Bestand): 12, 15, 17
Ziegen, Steinböcke (Wildziegen, Hausziege)(Mischlinge): siehe Mischlinge
Ziegen, Steinböcke (Wildziegen)(Verbreitung): siehe Verbreitungskarten
Ziegenbart: siehe Kinnbart
Zierwülste (vgl. Knoten): siehe Hörner (Wülste)
Zitzen: siehe Euter
züngeln: siehe flippern
Zuwanderung (Bildung neuer Kolonien): siehe Wanderungen
Zwillinge: siehe Kitze (Zwillinge)

Naturfoto Peter W. Baumann, 3770 Zweisimmen

Bilder für Werbung, Zeitschriften, Zeitungen, Bücher, Fotokarten, Institutionen, Diavorträge und ganze Reportagen – sachlich fundiert vom Biologen (Telefon 033 722 23 71)

Faltkartenangebot

Alle Karten mit starkem, zartgelbem Couvert in Klarsichthülle
Trauerkarten mit weissem Couvert/Trauerrand in Klarsichthülle
Stückpreis Fr. 3.50 plus Porto./Rabatte für Firmen und Wiederkäufer

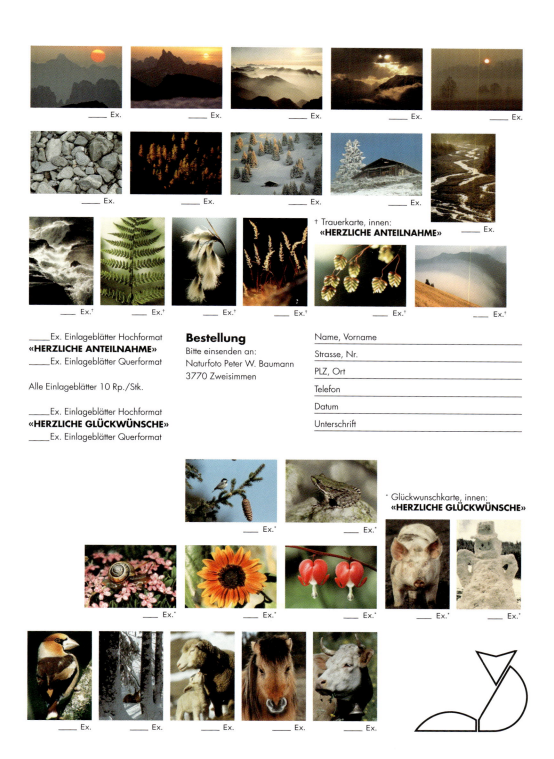

Peter W. Baumann

Die Alpen-Gämse
Ein Leben auf Gratwanderung 2. Auflage

In aller Stille haben wir uns von der Gämse verabschiedet, nicht nur in der Schreibweise, sondern auch der Sache nach. An ihre Stelle sind zwei Gämsen getreten: die Alpen-Gämse und die Pyrenäen-Gämse. Wir sind unterwegs mit dem Biologen und Naturfotografen Peter W. Baumann. Durch seine Kamera erleben wir die Gämse bei Paarung, Geburt und Tod, den Luchs auf Gämsjagd, die Böcke beim Kampf. Das Buch erschliesst mit traumhaften Farbfotos und thematischen Kurztexten das Leben der Gämse. Allein die Fotos und ihre Erläuterungen vermitteln schon ein abgerundetes Gämsbild. Zusammen mit den Hintergrundtexten ergibt sich ein Schlüssel zum Verhalten und zum Verstehen der Gämse als Tierart mit Bezug zum aktuellen Wissensstand. Leben und Verhalten der Gämsen bergen bis heute Unentdecktes: so ist die regelmässige Aktivität um Mitternacht erst seit kurzer Zeit bekannt. Auch kennen sich Gämsen persönlich, aber die Wissenschaft steht noch weit entfernt vom Beweis. Im Frühsommer betreiben Gämsen Kinderhorte, die bisherigen Gämsbücher erwähnen dies kaum. Berggräte spielen eine wichtige Rolle im Leben der Gämsen. Aber letztlich ist im Berglebensraum ihr Leben selbst eine Gratwanderung: hohe Investitionen in die nächste Gämsgeneration bringen die Eltern öfters an die Grenzen ihrer Möglichkeiten oder sogar aus dem Gleichgewicht.

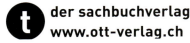

der sachbuchverlag
www.ott-verlag.ch